AF533536

LAUFEN AM LIMIT

PHILIPP PFLIEGER MIT BJÖRN JENSEN

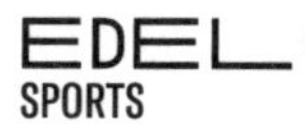

Warum Marathon die größte Herausforderung für Läufer ist

INHALT

TEIL 5 TEMPO VERSCHÄRFEN

TEIL 6 AUF DEN KÖRPER HÖREN

TEIL 7 MANN MIT DEM HAMMER

TEIL 8 DURCHZIEHEN

TEIL 9 ENDSPURT

EINLEITUNG

DAS RENNEN MEINES LEBENS

Die Nacht sollte der Freund des Athleten sein, der Körper regeneriert im Schlaf am besten. Doch diese Nacht ist ein Alptraum. Ich liege wach unter meiner Decke und schaffe es einfach nicht, das Gedankenkarussell zu stoppen. Immer wieder schaue ich auf mein Handy. Wie viel Uhr ist es? Wann hat dieses Warten endlich ein Ende? Frustriert sinke ich ins Kissen, weil die Ewigkeit nur eine halbe Stunde dauerte. Im Bett neben mir, in diesem Doppelzimmer in einem Berliner Hotel, liegt Jonas Fischer, mein langjähriger Teamgefährte und Freund. Er schläft. Er weiß, was mir am nächsten Tag bevorsteht. Er weiß nicht, dass ich deshalb kein Auge zukriege. Aber was würde es auch helfen? Besser, er schläft, dann ist immerhin einer von uns beiden fit. Schließlich geht es um alles.

Das ist, was mich von schönen Träumen abhält. Diese Endgültigkeit. Ich kann sehr konsequent sein. Und in den Tagen vor diesem Rennen am 27. September 2015 habe ich entschieden, dass ich meine Läuferkarriere beenden werde, für die ich fast 20 Jahre lang alles gegeben habe, sollte es nicht funktionieren. Sollte ich beim anstehenden Marathon scheitern und die Zeit, die ich mir vorstelle, nicht schaffen. Dann ist ein für alle Mal Schluss mit dem Laufen als Profi, noch hier, in Berlin.

Mit 20 dachte ich, Marathon sei etwas für Läufer, die zu langsam für die Bahn sind. Meine Strecke waren damals die 5000 Meter. Im Laufe der Jahre änderte sich das jedoch und ich stellte fest: Marathon ist die Königsdisziplin des Laufens. Denn die Marathondistanz vereint zwei Anforderungen: Ausdauervermögen, gepaart mit Tempohärte in einem Belastungszeitraum von etwas mehr als zwei Stunden.

2014 nahmen mein Trainer Kurt Ring und ich mein Marathon-Debüt in Angriff. Ich meldete mich für den Frankfurt-Marathon an, der traditionell am letzten Oktober-Wochenende stattfindet. Ab Ende Juli begann ich mit der Vorbereitung. Kurt war skeptisch. Er sah, dass ich nicht in der nötigen Form war. Doch mein Ansporn – man kann auch sagen: mein falscher Ehrgeiz – war größer. Ich wollte mir und meinem Umfeld beweisen, dass ich es schaffte. Dazu musste ich, so dachte ich, einfach nur mehr Umfänge trainieren als vor einem Zehner oder einem Halbmarathon. Um andere entscheidende Dinge bei einem Marathon wie Ernährung und Flüssigkeitszufuhr machte ich mir keine Gedanken.

Ich rannte sozusagen in mein Verderben und bekam prompt die Quittung. Ich lief in einer Gruppe mit Julian Flügel, damals bereits ein arrivierter Marathon-Läufer. Bis Kilometer 30 blieb ich an ihm dran, dann aber verlor ich den Kontakt, und alles verschwand im Nebel. Ich ignorierte sämtliche Warnsignale des Körpers. Schwindel, ein Kribbeln in den Händen? Einfach weiterlaufen! Ich erinnere mich gerade noch, wie ich bei Kilometer 35 nahe der Messe an unserem Teamhotel vorbeirannte. Zwei Kilometer weiter lag ich auf der Straße, nichts ging mehr. Kreislaufkollaps, Zusammenbruch, Filmriss. Passanten, erzählte man mir später, führten mich in den Sanitäterbereich. Eine neue Definition von Scheitern.

Ich brauchte gut zwei Monate, bis ich wieder Laufschuhe anziehen konnte. Mein sportlicher Lebenstraum seit Kindertagen war die Teilnahme an den Olympischen Spielen. In dieser Phase fehlte mir jegliche Vision dafür. Ein neuer Marathon-Versuch war damals so weit weg für mich wie Donald Trump vom Friedensnobelpreis. Ich war in dieser Zeit unausstehlich, haderte mit mir und zweifelte an allem.

Es war Felix Plinke, mein langjähriger Teamgefährte der mich wieder ans Laufen brachte. Ohne mein Wissen buchte er zusammen mit meinem Trainer für Januar einen Flug ins Trainingslager nach Portugal. Und dort reifte der Plan, im September 2015 in Berlin die Olympianorm für Rio 2016 anzugreifen. Der Verband setzte sie auf 2:12:15 Stunden an. Eine Zeit, die für mich zu jenem Zeitpunkt kaum erreichbar schien.

Wir nutzten das Frühjahr, um zuerst meine Halbmarathon-Zeit zu verbessern und meine Tempohärte zu trainieren. Was das Wichtigste war: Ich trainierte jetzt mit einer ganz anderen Einstellung und nahm den Marathon endlich so ernst, wie es notwendig ist. Es klingt komisch, aber statt drei sehr intensiver Einheiten pro Woche machte ich nur noch zwei und hatte zwei ganze Tage Regeneration dazwischen. In der Folge verringerte sich das Verletzungsrisiko und erhöhte sich mein Leistungsoutput.

Was ich unter „sehr intensiver Einheit" verstehe? Darauf werde ich später gesondert noch eingehen. Aber auch wenn es die perfekte Marathon-Vorbereitung nicht gibt, weil man immer etwas findet, das man beim nächsten Mal anders machen würde, die Umstände jeweils andere sind: Ich *fühlte* mich perfekt vorbereitet, als es in Richtung Berlin ging.

Warum ich mir diesen riesigen Druck auferlegte, als ich mir sagte, ich würde aufhören, sollte es in Berlin schiefgehen, kann ich im Rückblick nicht so genau sagen. Mein Gefühl war: Du hast alles an Energie hineingesteckt, mehr geht nicht. Aber auch in ökonomischer Hinsicht war es eine schwierige Zeit. Ich hatte zwar ein paar kleinere Sponsorenverträge, am Jahresende blieb aber nicht mehr als die schwarze Null – wenn es gut lief. Dieses Gesamtpaket wog schwer. Vielleicht brauchte ich diesen Druck aber auch, um mich zu pushen. Leistungssportler sind ja oftmals Extremisten, suchen diesen besonderen Kick, dieses Entweder–Oder, Hopp oder Topp. Tod oder Gladiolen, wie es der frühere Bayern-Trainer Louis van Gaal formuliert hat.

In den grauen Morgenstunden, die kein Ende nehmen, denke ich daran, was ich aufs Spiel setze. Was mache ich mit meinem Leben, wenn der Sport nicht mehr ist? Ich habe keinen Plan B. Nur einen Bachelor in Politik-, Medienwissenschaft und Geschichte. Ganz okay, aber die Miete zahlt er dir nicht. Was also, wenn es schief geht? Um 4.30 Uhr wälze ich mich endlich aus dem Bett. Vor einem Wettkampf, der im Marathon klassisch am Morgen beginnt, steht der Athlet grundsätzlich früh auf.

Der Kreislauf muss in Gang gebracht werden. Für mich ist es eine Erlösung.

Mit Jonas laufe ich durch das noch dunkle Berlin Richtung Tiergarten. Die Morgenluft tut gut. Zum Frühstück würge ich zwei Semmeln herunter. Ich habe keinen Appetit, leichte Übelkeit schnürt mir die Kehle zu. Aber Jonas, der an diesem Tag die Verpflegung mit dem Fahrrad an den dafür vorgesehenen Stationen für mich bereithalten wird, zwingt mich zum Essen, zur Energiezufuhr. Ich würde am liebsten *ihn* fressen, aber ich weiß, ich sollte ihm dankbar sein.

Nach dem Frühstück gehen wir nochmal aufs Zimmer, bis der Shuttlebus uns vom Hotel in den Startbereich bringt. Wettkampfequipment kontrollieren, zusammenpacken. Die Fahrt ist wie der Weg zum Schafott: Was mache ich hier eigentlich? Warum tue ich mir das an? Neben dem abgesperrten Elitebereich, wo die Spitzenläufer ihre Sachen deponieren, hat die ARD ihren Übertragungspunkt aufgebaut. Ralf Scholt, der Moderator, und die Lauflegende Dieter Baumann, der als Experte fungiert, beobachten die ankommenden Athleten. In der Übertragung werden sie sagen, der Pflieger habe ängstlich ausgesehen – angesichts meines psychischen Zustandes halte ich das bis heute für eine freundliche Untertreibung.

Es widerstrebt mir kolossal, das Warm-up zu beginnen, denn es führt zwangsläufig an die Startlinie. Doch dann kommt die Wende. Bald merke ich: Die Beine fühlen sich gut an. Und das Wetter ist top! Kühl, aber sonnig und vor allem windstill. So wie ich es mag. Zehn Sekunden Countdown bis zum Start, sie fühlen sich an wie eine Ewigkeit – als der Schuss fällt, bin ich bereit.

Wie ist es möglich, dass genau in dem Moment, wenn es beginnt, der Fokus auf dem Rennen liegt? An einem Tag mit so wenig Schlaf? Es ist ein Wunder, für das ich keine rationale Erklärung habe.

Nach der zweiten Verpflegungsstation oder zehn Kilometern bin ich voll im Rennen und komplett bei mir, befinde mich in dem sagenumwobenen Flow-Zustand. Nichts kann mich ablenken. Ich habe diesen Zustand nicht oft erreicht, doch an diesem Tag fühle ich mich als Herr der Lage, weiß, dass ich alles schaffen kann.

Der Knackpunkt kommt erneut nach 30 Kilometern. In unserer zwölfköpfigen Gruppe, die sich aus deutschen und internationalen Läufern zusammensetzt, sind drei Tempomacher, zwei Kenianer und Simon Stützel, ein guter Freund und Teamkollege von Julian Flügel, dem Mann, dem ich ein Jahr zuvor in Frankfurt nicht folgen konnte. Simon steigt bei der Halbmarathon-Distanz aus, die Kenianer bei 25 beziehungsweise 30 Kilometern. Ich habe mich aus der Defensive, aus der ich gestartet war, in die Mitte vorgekämpft. Als der letzte Hase aussteigt, passiert, was oft passiert, wenn die Tempomacher das Rennen verlassen und sich die Gruppe neu sortieren muss: Kilometer 31 ist zehn Sekunden langsamer als die Kilometerzeiten davor, was wir auf einer Uhr sehen, die auf dem vor uns fahrenden Führungsfahrzeug angebracht ist.

Plötzlich schießt ein Läufer aus der Gruppe an mir vorbei, ein weiterer folgt ihm. Es sind Willem van Schuerbeeck und Florent Caelen, zwei Belgier. Aus einem Reflex heraus nehme ich die Verfolgung auf. Schnell lassen wir die anderen neun hinter uns. Den 32. Kilometer laufen wir in 3:02 Minuten – ein Tempo, das einer Zielzeit von 2:08 Stunden entspricht. Das werde ich niemals durchhalten können. „Jetzt ist dein ganzer Rennplan hinüber“, schießt es mir durch den Kopf.

In Gruppen zu laufen, macht Sinn. Man teilt sich die Tempoarbeit und kann im Windschatten laufen. Jetzt bin ich die letzten elf Kilometer mit den beiden Belgiern unterwegs, deren Taktik sich mir nicht ansatzweise erschließt. Immer wieder verschärfen sie abwechselnd das Tempo. Wollen sie den anderen demoralisieren? Und warum bleibe ich dran? Aus purem Trotz? Ein solch langer Dreikampf in der Endphase eines Marathons ist nicht gerade alltäglich. Aber der Rest der Gruppe macht keinerlei Anstalten aufzuschließen, und so bleibt mir keine Wahl: Wenn ich eine starke Zeit laufen will, muss ich dranbleiben. Adrenalin schießt mir ins Blut.

Als das Brandenburger Tor in Sicht kommt, überflutet mich ein Glücksgefühl. Ich ziehe das Tempo noch einmal an, in der Überzeugung, dass hinter dem Berliner Wahrzeichen der Zieldurchlauf sei. Tatsächlich liegt er 400 Meter weiter … Mit fast 42 Kilometern in den Beinen können 400 Meter eine Tortur sein. Mein ganzer Körper brennt. Aber es geht alles gut. 150 Meter vorm Ziel ist klar, ich laufe eine 2:12. Sollte das die Zeit gewesen sein, die ich nie mehr im Leben verbessern werde, dann ist das okay. Für mich war es ein perfektes Rennen.

Bei 2:12:50 Stunden bleibt die Uhr für mich stehen. Eine Sekunde vor mir läuft Willem als 15., eine Sekunde hinter mir Florent als 17. ins Ziel. Ich habe die Norm für Olympia um 35 Sekunden verpasst. Aber es ist eine gute Zeit, und ich weiß: Ich werde weitermachen mit dem Laufen!

Kurz danach kommt der Schmerz. 42,195 Kilometer bin ich über die Straßen Berlins gelaufen, in dem Moment, in dem ich aufhöre, sticht es in meinem rechten Fuß. Das Sprunggelenk ist nicht einverstanden mit den Strapazen. Ein Ödem kündigt sich an, das mich in den nächsten Wochen plagen wird. Im Sanitäterzelt ziehe ich meine schwarzen Laufschuhe aus. Meine Socken sind vorne tiefrot, sie triefen vor Blut. Der Stoff hat sich ins Fleisch meiner Zehen gebrannt. Während des Laufs habe ich davon nichts gemerkt. Neben den Schmerzen ist da aber noch ein Gefühl, das alles überstrahlt: tiefe Genugtuung.

Als Athlet hat man kaum Zeit, Erfolge zu genießen. Es stehen Interviews an, mit denen man nicht rechnet. Es gibt Siegerehrungen, Pressekonferenzen, jeder will irgendwas von einem. Erst nachmittags gegen 16 Uhr sitze ich mit meinen Eltern, Jonas und meinem Trainer in der Hotelbar und trinke zwei Bier. Geduscht habe ich da noch nicht, keine Zeit. Mit meiner Freundin Barbara telefoniere ich zwischen Tür und Angel. Sie hat das Rennen im Fernsehen verfolgt.

Abends gibt es eine After-Show-Party in einem Berliner Club. Jonas und ich geben mächtig Gas bis in die Morgenstunden. Verrückt, wozu der menschliche Körper imstande ist. 24 Stunden am Stück bin ich wach gewesen, habe einen Marathon in weniger als 2:13 Stunden geschafft und dann die Nacht durchgefeiert.

Die Quittung bekomme ich nach nur vier Stunden Schlaf, weil der Trainer nach Regensburg zurückwill. Meine Oberschenkel tun so dermaßen weh, dass ich beim Aufstehen direkt wieder ins Bett zurückfalle. Die paar Meter ins Bad sind die Hölle. Auf dem Weg zum Frühstücksraum treffe ich Eliud Kipchoge, den Marathon-Star aus Kenia, den Sieger des Rennens, und spreche ihn an: „Stairs or elevator?" „Elevator", ruft er, „elevator!" Auch dem besten Marathon-Läufer der Welt tun nach einem Rennen die Beine weh. Finde ich sehr erleichternd.

Auf der After-Show-Party erfahre ich übrigens, was die beiden Belgier angetrieben hat, wie um ihr Leben zu rennen: Sie waren beide der Auffassung, dass nur der Bessere von ihnen zu Olympia nach Rio fahren dürfe, da es in ihrem Team noch einen anderen Läufer gab, dem die Norm locker zugetraut wurde, der allerdings nicht in Berlin am Start war. Die Ironie des Ganzen: Ihr Landsmann verpasste die Norm und am Ende fuhren sie beide nach Brasilien. Ich traf sie bei den Olympischen Spielen in Rio wieder. Aber Berlin war das Rennen unseres Lebens, das uns irgendwie immer verbinden wird. Bis heute sage ich, dass es das wichtigste sportliche Ereignis meines Lebens war.

Warum Marathon bei aller Plackerei, aller Schmerzen und Entbehrungen eine so riesengroße Faszination ausübt, nicht nur auf mich, sondern auf so viele Millionen Menschen, weltweit? Warum ich überhaupt bei Olympia in Rio 2016 dabei war, wo ich doch in Berlin die Norm, wenn auch super knapp, verpasst hatte? Warum ich auch in Tokio 2020 wieder dabei sein will? Das sind einige der Fragen, denen ich in den nächsten 42,195 Kapiteln nachgehe.

TEIL 1
STARTPHASE

KILOMETER 1

AUFWACHSEN

Es gibt eine Reihe von Klischees und Vorurteilen, mit denen Leistungssportler konfrontiert werden. Zum Beispiel die Annahme, man müsse aus einer besonders leistungsorientierten oder extrem sportlichen Familie stammen. Auf mich trifft das nicht zu.

Meine Eltern Brigitte und Roland haben durchaus etwas für Sport übrig. Meine Mutter war in ihrer Jugend Leichtathletin, ihre Spezialdisziplin war der Hochsprung. Mein Vater war Sportschütze. Ein ziemlich guter wohl, wie mein eineinhalb Jahre jüngerer Bruder Roman und ich feststellten, als wir einmal auf dem Dachboden in einer Kiste alte Urkunden, Medaillen und Pokale fanden. Nach meiner Geburt hörte unser Vater von einem auf den anderen Tag mit dem Rauchen auf und begann mit dem Laufen. Seit 30 Jahren schnürt er die Laufschuhe und hat mittlerweile auch einige Marathons absolviert.

Meinen Eltern ging es nie um Hochleistung. Für sie war Sport ein Hobby, das Spaß machte. Und in diesem Sinn wurden Roman und ich erzogen.

Ich bin im Juli 1987 in Sindelfingen geboren, einer Kreisstadt mit 65.000 Einwohnern, 15 Kilometer südwestlich von Stuttgart. Der Ministerpräsident von Baden-Württemberg hieß Lothar Späth, der Bundeskanzler Helmut Kohl. Meine Eltern lebten in der 7000-Einwohner-Gemeinde Ehningen in einem Eigenheim, das man als Mehrgenerationenhaus bezeichnen könnte: Meine Oma, die Mutter meines Vaters, wohnte in der oberen Etage. Mein Bruder und ich teilten uns zehn Jahre lang ein Kinderzimmer mit einem Doppelstockbett. Nachdem unsere Oma gestorben war, zogen wir in das obere Stockwerk. Da hatte dann jeder sein eigenes Zimmer, außerdem gab es ein Bad und Omas ehemaliges Wohnzimmer – mit Fernseher.

Was für eine Freiheit das bedeutete, lernten wir schnell zu schätzen. Manche Tage bekamen unsere Eltern uns außer zum Essen kaum zu Gesicht. Am Wochenende sahen wir bis in die Nacht fern, am liebsten die Musiksender MTV und VIVA, und redeten dabei über Gott und die Welt. Diese Zeit war wunderbar. Obwohl mein Bruder und ich sehr unterschiedliche Typen waren – und bis heute sind –, ist unser Verhältnis sehr innig. Er ist beruflich viel in der Welt unterwegs. Wir sind heute vielleicht nicht ganz so regelmäßig in Kontakt wie andere Geschwister, aber wir wissen beide, dass wir uns aufeinander verlassen können.

Als Kind war ich ziemlich schüchtern, ja geradezu ängstlich, was sich viele, die mich heute kennenlernen, kaum vorstellen können. Ich war der klassische Spätentwickler, klein und schmächtig. Mein Bruder hat deutlich lauter „Hier" gerufen, als die Muskeln verteilt wurden. Sein Sport war Ringen, der perfekte Kontrast zu mir dürrem Läufer. Wir fanden es beide gut, dass wir nicht den gleichen Sport machten. Damit waren wir die Sache mit dem Vergleichen los, jeder konnte in seinem Bereich wachsen.

Roman gab das Ringen irgendwann auf und legte seinen Ehrgeiz in das berufliche Fortkommen, und wenn man sieht, wo er heute ist, war das sicher die richtige Entscheidung.

Unsere Eltern haben uns vor allem Freiheit und Vertrauen geschenkt. Unser Haus lag damals am Ortsrand von Ehningen. Als ich vor ein paar Jahren wieder einmal dort war – meine Eltern wohnen mittlerweile in Sindelfingen –, stellte ich fest, dass sich der Ort sehr verändert hat. Damals war es zum Wald nur ein kurzes Stück, und mein Bruder und ich verbrachten unsere Kindheit zum Großteil draußen. Wir waren auf dem Bolzplatz, streunten mit Freunden durchs Dorf und durch den Wald. Das änderte sich ein wenig, als wir unsere ersten Computer und eine Playstation bekamen, aber bis heute liebe ich es, draußen zu sein.

Weihnachten war das Fest, das ich wie viele Kinder am meisten liebte. Es ist mir bis heute wichtiger als mein Geburtstag, weil es eine der wenigen Gelegenheiten im Jahr ist, bei denen die ganze Familie zusammenkommt. Es braucht diese festen Tage im Kalender, finde ich, gerade in unserer durchgetakteten Welt.

Wir sind wohl das, was man als gutbürgerliche Familie bezeichnen würde. Meine Mutter hat eine Banklehre gemacht, heute ist sie bei einer Hausverwaltung beschäftigt. Mein Vater hat eine Lehre in einem Eisenwarenhandel gemacht, ist danach zu IBM gewechselt. Sein Bereich wurde später an einen US-Telekommunikationskonzern transferiert. Dort hat er betriebsbedingt mit Anfang 50 seinen Job verloren. Mittlerweile hat er als Berater und Verkäufer im Stuttgarter Laufladen *Heart and Sole* (Herz und Sohle) seine Berufung gefunden. Das freut mich sehr, denn seit ich denken kann, ist er in der Laufszene unterwegs. Aber diese Phase, in der er arbeitslos war und ich parallel zum Leistungssport studierte, hat mich geprägt.

Geld war nie ein Thema bei uns. Wir waren weder reich noch gab es jemals irgendwelche Nöte. Meinen Eltern war aber wichtig, dass wir bestimmte Dinge selbst finanzierten, wenn wir der Meinung waren, sie unbedingt haben zu wollen.

Allerdings hatte ich als Kind, und da kommt vielleicht der Schwabe in mir zum Vorschein, eine fast schon obsessive Neigung zum Sparen. Zum Weltspartag brachte ich mein gesammeltes Kleingeld zur Bank. Das Gefühl, eine Reserve für später anzusammeln, beruhigte mich irgendwie – auch wenn ich keinerlei Vorstellung davon hatte, was das genau bedeutete. Als wir von unseren Großeltern als Jugendliche einen für unsere Verhältnisse stattlichen Betrag geschenkt bekamen, wäre mir nie eingefallen, das Geld anzutasten. Das habe ich erst viel später getan, um mir meinen Traum von der Olympiateilnahme zu erfüllen. Ich hätte mir so gewünscht, dass meine Großeltern das noch erleben.

Als mein Vater seinen Job verlor, setzte das in mir bis dahin unbekannte Emotionen frei. Seitdem ist da ein innerer Antrieb, dem Geldverdienen eine gewisse Bedeutung zuzuschreiben. Dass Geld nicht wichtig sei, können vermutlich diejenigen Menschen leicht sagen, die genug davon haben. Wer wenig hat, der spürt schnell, wie unverzichtbar es eben doch ist. Vielleicht auch deshalb lege ich seit einigen Jahren einen Fokus darauf, nicht nur mit dem Sport über die Runden zu kommen, sondern auch in anderen Bereichen wirtschaftlich Fuß zu fassen. Mein Leitmotiv ist, nicht darauf zu warten, dass das Glück mich findet, sondern dass ich mein Schicksal selbst in die Hand nehme. Wer den Sprung ins kalte Wasser nie wagt, wird nie schwimmen lernen. Meine Eltern haben mich oft zu diesem ersten Schritt ermutigt.

Beim Essen habe ich meiner Mutter allerdings das Leben schwergemacht. Jahrelang waren Spätzle mit brauner Soße so ziemlich das Einzige, wovon ich mich ernährte. Natürlich ist das nicht so geblieben. Die Ernährung – darauf gehe ich in einem späteren Kapitel ein – ist für einen Leistungssportler ein wichtiger Erfolgsbaustein. Heute esse ich alles, und mit Erleichterung kann ich sagen, dass ich auch alles vertrage und nicht auf die im Leistungssport so moderne gluten- und/oder laktosefreie Kost angewiesen bin. Mein Leibgericht sind immer noch Spätzle, am liebsten mit Linsen. Da kommt wieder der Schwabe in mir durch.

Leider war es so, dass ich mich für die Schule und die meisten Dinge, die mir dort beigebracht werden sollten, nicht ganz so ausgeprägt interessierte. Eine Vier auf dem Zeugnis war für mich genau das, was sie bedeutet: ausreichend. Meine Priorität lag auf dem Sport und dem Training.

Am Stiftsgymnasium in Sindelfingen machte ich mein Abitur. Da diese Schule eine sogenannte Partnerschule des Leistungssports ist, hatte ich mir erhofft, für Kaderlehrgänge vom Unterricht freigestellt zu werden. Mein bester Kumpel und Vereinskamerad beim VFl Sindelfingen, Bastian Franz, ging auch dorthin. Wir hatten eine super Abi-Zeit, den Unterricht und meine Abschlussnote mal außen vorgelassen. Ich wählte den naturwissenschaftlichen Zweig, aber außer Biologie interessierte mich davon eigentlich nichts. Mir fiel das Lernen nie so leicht wie meinem Bruder, der ein Schulbuch nur anzuschauen brauchte, um zu wissen, was drinstand. Ich musste mir alles erarbeiten, aber weil ich Profisportler werden wollte, sah ich dazu wenig Veranlassung.

Warum ich mein Abitur nicht in Sport gemacht habe? Klingt vielleicht komisch: Weil ich keine Sportskanone war. Ich konnte laufen, keine Frage. Aber Ballsportarten waren nicht unbedingt meins, beim Schwimmen wäre ich gnadenlos untergegangen, und Bodenturnen lehnte ich ab. Natürlich gibt es Athleten, die alle Sportarten draufhaben. Zu denen zählte ich nicht.

Mein Glück war, dass ich in der Oberstufe einen Sportlehrer hatte, der früher selbst Leistungssportler gewesen war. Herr Takac hatte in der serbischen Nationalmannschaft Basketball und Volleyball gespielt, er erzählte großartige Geschichten aus dieser Zeit. Er konnte den Spirit, den Basti und ich hatten, nachvollziehen, deshalb nahm er es hin, wenn wir ab und zu fehlten. Dazu kam – und auch darüber erzähle ich später mehr –, dass ich unter heftigen Wachstumsproblemen litt. Bevor ich mir mein Abitur dadurch noch mehr versaute, dass ich wegen einer Verletzung nicht zur Sportprüfung hätte antreten können, entschied ich mich eben für den naturwissenschaftlichen Schwerpunkt. Das Resultat war ein Abiturschnitt von 3,1. Dank des damals gewährten Nachteilsausgleichs für Spitzensportler wurde diese Note zwar auf 2,9 nach unten korrigiert, Grund zum Stolzsein hatte ich aber höchstens deshalb, weil ich es überhaupt geschafft hatte.

Als Spätentwickler kam ich erst während der Oberstufe mit den Dingen in Berührung, die die coolsten Typen meines Jahrganges natürlich schon längst hinter sich hatten. Mädchen fand ich lange Zeit eher nicht so spannend, meine erste Beziehung hatte ich mit 16. Alkohol und Partys kamen mit 17 oder 18 Jahren dazu. Aber nicht an jedem Wochenende. Mein erster Gedanke war immer: Wann ist das nächste Training, wann der nächste Wettkampf? Für den Sport erst so hart trainieren, um das mit einem durchsoffenen Wochenende wieder zunichtezumachen? Bestimmt nicht!

KILOMETER 2

ERSTE LAUFERFAHRUNGEN

Laufen, als Sport, hat sich durch meinen Vater in mein Bewusstsein geschlichen. Fast jeden Tag habe ich ihn als Kind nach der Arbeit die Laufschuhe anziehen sehen. Anfangs schaffte er als ehemaliger Raucher kaum den Kilometer von unserem Haus in Ehningen bis zum Waldrand. Mittlerweile hat er eine ganze Reihe an Marathons gefinisht, sogar unter drei Stunden. Seine Bestzeit liegt bei 2:51 Stunden. Er hat an vielen Wettkämpfen teilgenommen, auch im Ausland, und viele Jahre den „Naturpark Schönbuchlauf" mitorganisiert, ein bekanntes Event in unserer Region.

Mein Bruder Roman und ich waren oft bei seinen Wettkämpfen dabei, verteilten Getränke und halfen beim Auf- und Abbau. Bereits als Kind gehörte Laufen für mich wie selbstverständlich zum Leben dazu. Als wir einmal, ich war fünf Jahre alt, am Bodensee waren und in einem Gasthof zum Essen saßen, wurde mir langweilig. Ich quengelte und wollte alleine in die Ferienwohnung zurücklaufen. Eine Strecke von ungefähr zwei Kilometern. Meine Eltern nahmen das natürlich nicht ernst und schickten meinen Bruder und mich raus auf den Spielplatz. Ich rannte ohne zu zögern los, sie fanden mich später spielend auf dem Bauernhof wieder. Ich verstand damals gar nicht, warum sich meine Eltern anschließend so darüber aufregten.

Nach dieser Geschichte nahm mich mein Vater regelmäßig mit auf seine Läufe, zunächst bis zum Waldrand, dann immer weiter. Er wählte ständig andere Strecken aus. Damit legte er die Grundlagen, von denen ich bis heute zehre. Laufen muss für mich abwechslungsreich sein und draußen stattfinden. Natürlich absolviert man als Leistungssportler auch Einheiten auf der Bahn oder, bei ganz fiesem Wetter, auch mal auf dem Laufband. Aber für mich ist beim Laufen eigentlich das Wichtigste, die frische Luft zu spüren.

Das Wetter war und ist mir bis heute völlig egal. „Es gibt kein schlechtes Wetter, nur schlechte Kleidung", pflegte mein Vater zu sagen, und auch wenn der Spruch abgedroschen klingt, ist er doch wahr. Sich zu überwinden und den Schritt vor die Tür zu machen, ist die größte Hürde. Nach spätestens einem Kilometer ist einem sowieso warm, und alles ist gut. Die Umgebung hat für mich mindestens den gleichen Stellenwert wie das reine Laufen. Ich frage mich manchmal, ob ich denselben Weg eingeschlagen hätte, wenn ich in der Stadt aufgewachsen wäre. Naturnahe Laufstrecken direkt vor der Haustür haben meine Leidenschaft für diesen Sport mit Sicherheit befördert.

Der Antrieb, besser zu werden, zielgerichteter zu trainieren, entwickelte sich relativ schnell. Meine Karriere im Vereinssport begann jedoch zunächst wie bei den meisten Jungs: mit Fußball. Mit sieben Jahren wurde ich Mitglied im TSV Ehningen – bis meine Talentfreiheit am Ball zu offensichtlich wurde. Ich konnte ausdauernd laufen, was ich auf dem Platz auch tat. Aber ich konnte leider nichts mit dem Ball anfangen. Der Trainer gab mir sehr bald den Rat, es doch lieber mit Leichtathletik zu versuchen.

So wechselte ich nach nur einem Jahr zum TSV Dagersheim in die Leichtathletik-Abteilung, die über einen sehr engagierten, jungen Trainer verfügte. Björn Holst ist dort bis heute tätig. Er sorgte für meine leichtathletische Grundausbildung. Wäre es nach mir gegangen, wäre ich nur gelaufen, aber ich musste auch die Wurfdisziplinen und Hochsprung trainieren, was ich hasste. Im Rückblick war das eine sehr wichtige Zeit für mich. Das Laufen kristallisierte sich allmählich als meine Disziplin heraus. Es hat mir von Beginn an den meisten Spaß gemacht. Ich fühlte mich dabei so, als würde ich schweben.

Dass ich kein sportlicher Überflieger war, sollte sich einmal mehr zeigen, als ich zwei Jahre später an einem Sichtungsprogramm beim VfL Sindelfingen teilnehmen wollte. Der VfL war der wichtigste Verein in unserer Region. 1977 wurde in Sindelfingen der Glaspalast gebaut, ein hochmodernes Trainingszentrum mit 200-Meter-Laufbahn. Beim VfL hielt die Sprinterin und Hürdenläuferin Birgit Hamann (geborene Wolf), die 1996 in Atlanta über 100 Meter Hürden an den Olympischen Spielen teilnahm, Sichtungslehrgänge ab. Gemeinsam mit meinem Grundschulfreund Andreas nahm ich an einem solchen Lehrgang teil. Wir wurden auf unsere motorischen und athletischen Fähigkeiten getestet – und ich versagte auf ganzer Linie. Im Gegensatz zu Andreas, der eine Einladung erhielt, zum VfL zu wechseln. Da er das nur in Begleitung seines besten Freundes machen wollte, kam ich mit viel Glück doch noch zum VfL Sindelfingen, obwohl es eine ganze Menge talentierterer Kinder gab. Heute, 22 Jahre später, ist von den damaligen Athleten außer mir keiner mehr im Leistungssport. Denn außer Talent ist der Umgang mit Widrigkeiten offenbar ein ganz wichtiger Faktor auf dem Weg in die Spitze.

Für den VfL Sindelfingen bestritt ich erste 1000-Meter-Wettkämpfe auf Kreis- und Bezirksebene. Damals gab es Teamwettbewerbe, bei denen man als Verein gegen andere Vereine in allen Leichtathletik-Disziplinen antrat. Alle mussten besetzt werden, es konnten aber Athleten auch mehrfach starten. Die 1000-Meter-Läufe waren traditionell bei fast allen megaunbeliebt, deshalb hatte ich, der diese Distanz liebte, ein gutes Standing im Team. Manchmal musste ich auch in der Staffel mitsprinten. Aber nur auf der Langstrecke war ich richtig gut und konnte Punkte fürs Team sammeln.

An den Tag, an dem ich meine erste Urkunde erhielt, erinnere ich mich genau. Es war im Sommer 1996, ich war noch nicht ganz neun Jahre alt. Bei einem Lauf-Cup in unserer Region nahm auch mein Vater teil. Manche boten zusätzlich Kinderläufe an, und bei einem solchen erhielt ich meine erste Auszeichnung. Ich hatte es als Dritter aufs Podium geschafft. Obwohl nach 400 Metern meine Lunge und die Beine gebrannt hatten, wollte ich dieses Gefühl wieder erleben. Der Schmerz war das eine. Aber zu spüren, dass man das, was man liebt, auch gut kann, war ein riesiger Ansporn. Von diesem Tag an habe ich zielgerichtet trainiert und versucht, immer besser zu werden.

Als 13-Jähriger stand ich dann zum ersten Mal bei einem Sichtungslehrgang für den Landeskader Württembergs an der Schwelle zum Leistungssport.

KILOMETER 3

VORBILDER

Genauso ungeklärt wie die Frage, ob die Henne zuerst da war oder das Ei, ist für mich das Rätsel, wie ein Mensch seinen Sport findet. Sucht er ihn sich selbst aus? Oder kommt der passende Sport zum Menschen? Ich glaube, dass vieles über Vorbilder passiert. Wäre mein Vater nicht passionierter Läufer, dann wäre ich möglicherweise nicht der, der ich heute bin. Oft sind es aber auch Freunde, manchmal Lehrer, die einen prägen oder den entscheidenden Anstoß geben. Oder es sind Sportler, die man im Fernsehen oder sogar live sieht und die einen so tiefen Eindruck hinterlassen, dass man alles tut, um ihnen nachzueifern.

Ein solches Erweckungserlebnis war für mich der überraschende Sieg von Jan Fitschen über 10.000 Meter bei der Leichtathletik-EM 2006 in Göteborg. 1500 Meter vor dem Ziel drohte er den Kontakt zu den beiden Spaniern José Manuel Martinez und Juan Carlos de la Ossa zu verlieren, doch immer wieder lief er die Lücke zu, blieb dran und rannte die beiden im Endspurt in Grund und Boden. Unglaublich! Diese mentale Härte fand ich sehr beeindruckend, sie hat viele junge Athleten wie mich inspiriert, der gesamten deutschen Laufszene einen Boost gegeben und steht exemplarisch für das, was der Sport für die Charakterbildung bedeutet. Durchhaltevermögen, Ehrgeiz und Biss sind Eigenschaften, die man im Leben braucht, um sich zu behaupten.

Grundsätzlich habe ich ein gespaltenes Verhältnis zu sogenannten Idolen, und ich erkläre auch, warum. Zunächst einmal halte ich es für schwierig, sich von anderen Sportlern etwas abzuschauen, um es auf sich zu übertragen. Man kann sich natürlich vornehmen, der beste Spurter zu werden, der die Rennen auf der Zielgeraden entscheidet, so wie Jan Fitschen. Aber wenn einem die Anlagen dafür nicht gegeben sind, kann man sich das nicht antrainieren. Sich an Vorbildern abzuarbeiten, die unerreichbar sind, ist frustrierend.

In meiner Jugend gab es – abgesehen von meinem Vater und meinen Trainern, auf die ich in einem eigenen Kapitel eingehen möchte – zwei Leitfiguren, die meine Laufleidenschaft geprägt haben. Die eine war Haile Gebrselassie, der Wunderläufer aus Äthiopien. Der Mann hat insgesamt 26 Weltrekorde aufgestellt, darunter hielt er von 2007 bis 2011 die schnellste je gelaufene Marathon-Zeit der Welt. Er war in den 1990er-Jahren über die 10.000 Meter nicht zu schlagen, er war Olympiasieger in Atlanta 1996 und Sydney 2000. Bei einem Sportfest in der Stuttgarter Schleyer-Halle habe ich ihn einmal live laufen sehen, da war ich 13 oder 14 Jahre alt und von seinem eleganten Laufstil schwer beeindruckt. Live sieht Laufen nochmal anders aus als im Fernsehen, weil man das Tempo besser einschätzen kann und die Atmosphäre aufsaugt. Und Haile Gebrselassie war ein Phänomen.

Aber da war auch eine Distanz. Äthiopien, das war für mich ganz weit weg, und deshalb konnte Haile für mich kein Vorbild sein, dem ich nacheifern wollte. Ich wusste, dass ich niemals auch nur annähernd an ihn heranreichen würde. Auch seine Lebensgeschichte und sein Werdegang waren für mich nicht mal im Ansatz mit dem in Deckung zu bringen, was für meine Karriere wichtig werden könnte. Deshalb blieb er mir emotional eher fremd.

Die zweite Leitfigur war Dieter Baumann, ein Mann aus meiner Heimat, von der Schwäbischen Alb. Ich schaute zu ihm auf, er war der einzige Mensch, von dem ich sogar ein signiertes Poster in meinem Zimmer hängen hatte. Kein Popstar, Schauspieler oder Fußballer hat das geschafft, nur der Mann, der 1992 in Barcelona Olympiagold über seine Spezialstrecke 5000 Meter holte. Damals war ich zwar erst fünf Jahre alt und hatte das Ereignis am Fernseher nicht miterlebt. Aber als ich mit dem Laufen anfing, da war er allgegenwärtig. Das erste Mal, dass wir uns trafen, war bei einer Landesmeisterschaft: Er führte eine Siegerehrung durch und schüttelte mir die Hand! Nach meinem Wechsel nach Regensburg lernten wir uns kennen. Heute kommentiert er als TV-Experte u.a. den Berlin-Marathon, bei dem ich mitlaufe.

Aber, und das erklärt die Ambivalenz, die mich beim Thema Vorbilder umtreibt: Da gab es ja noch diesen Dopingfall, der als

Zahnpastaaffäre bekannt geworden ist. Im Herbst 1999 wurde Dieter Baumann positiv auf das verbotene anabole Steroid Nandrolon getestet. Er, der sich stets als engagierter Vorkämpfer gegen den Missbrauch verbotener Substanzen präsentiert hatte, sollte nun selbst Täter gewesen sein. Seine Erklärung, die Zahnpasta sei manipuliert worden, wurde in der ganzen Welt diskutiert. Der Deutsche Leichtathletik-Verband (DLV) sprach ihn im Sommer 2000 von den Vorwürfen frei, nachdem er in Nachtests Haarproben ohne Befund abgegeben hatte. Der Weltverband jedoch stellte sich gegen den DLV und sperrte Dieter Baumann bis Januar 2002.

Für mich war das damals ein Schock. Und der Moment, der mich ins Grübeln brachte. Das erste Mal war für mich ein Schatten auf den Leistungssport gefallen. Ich zweifelte und fragte mich, was an den Vorwürfen dran sein könnte. Ich habe viele Geschichten gehört, die mich bis heute bestärken, an seine Unschuld zu glauben. Und als ich im Sommer 2002 bei der Leichtathletik-EM in München die Siegerehrung des 10.000-Meter-Rennens live erlebte, war zu spüren, dass die meisten Fans diese Meinung teilten. Baumann war im ersten EM-Rennen nach seiner Sperre Zweiter geworden. Als er das Podium betrat, erhoben sich die Zuschauer von ihren Sitzen und feierten ihn frenetisch. Das war ein berührender Moment, den ich ihm sehr gegönnt habe.

Über die Jahre haben mich die vielen Dopingfälle in allen möglichen Sportarten zu dem Schluss kommen lassen, dass der Hochleistungssport wirklich leider nicht als die Hochglanzwelt betrachtet werden darf, als die er gern verkauft wird. Deshalb bin ich mit den Begriffen Idol oder Vorbild vorsichtig. Ich weiß andererseits, dass gerade Kinder durch Stars oftmals den ersten Impuls erhalten, den Schritt in ihren Sport zu gehen, und das ist enorm wichtig.

Angesichts meiner kritischen Einstellung fällt es mir nicht leicht, mit der Tatsache umzugehen, dass ich mittlerweile von einigen Menschen selbst als Vorbild betrachtet werde. Es zeigt sich in Gesprächen oder Reaktionen in den sozialen Medien, und ich gebe zu, dass diese Rolle für mich eine Mischung aus Belastung und

Ansporn darstellt. Ich bin zum Beispiel in meiner Trainingsgruppe einer von wenigen, die das Laufen noch mit über 30 Jahren auf hohem Niveau betreiben. Viele sind in der Altersgruppe 20 bis 25, in der es die meisten Drop-outs gibt, also Entscheidungen, den Sport zugunsten von Beruf oder Familienleben aufzugeben.

Ich habe einige Zeit gebraucht, um zu begreifen, dass ich mir diese Vorbildrolle nicht aussuchen kann. Also habe ich versucht, einen Weg zu finden, damit so verantwortungsvoll wie möglich umzugehen. Für mich bedeutet das, auf Augenhöhe Ratschläge zu geben. Ich sehe mich selbst beileibe nicht als Sportstar. Und ich stehe auch nicht morgens auf und denke: „Heute bin ich mal wieder Vorbild."

Es passiert eher selten, dass ich in der Öffentlichkeit erkannt und um ein Autogramm oder Selfie gebeten werde. Aber wenn es passiert, tue ich das gern. Wen es interessiert, der kann über die sozialen Medien an meiner Karriere teilhaben. Das Internet birgt Gefahren, die mir sehr wohl bewusst sind, ich stand selbst schon im Shitstorm. Ich versuche es zu nutzen, um denen, die mit mir verbunden sind, etwas zu bieten. Und wenn ich dann Nachrichten von fremden Menschen erhalte, für die meine Karriere eine Inspiration ist, lässt mich das jedes Mal innehalten.

Als ich beim Berlin-Marathon 2017 auf dem Weg, meine Bestzeit zu brechen, einen Kreislaufkollaps erlitt, der live im Fernsehen übertragen wurde, waren im Nachgang 97 Prozent aller Nachrichten an mich positiv. Die meisten haben aus meinem Scheitern Motivation gezogen, weil sie gesehen haben, dass auch ein Leistungssportler nur ein Mensch ist. Vorbilder müssen keine Lichtgestalten sein, denen unter ihren Händen alles zu Gold wird. Aber sie müssen wieder aufstehen, neu angreifen und vielleicht sogar stärker zurückkommen. Ich habe das mehrmals durchlebt. Das erste Mal, als ich ein Teenager war – und mein Laufsport fast beendet war, bevor er überhaupt richtig begonnen hatte.

KILOMETER 4

ERSTER RÜCKSCHLAG

Morbus Osgood-Schlatter. Klingt harmlos, könnte ein norwegischer Biathlet sein oder ein britischer Aktionskünstler. Ist aber laut Medizinlexikon eine „schmerzhafte Reizung des Patellasehnenansatzes am vorderen Schienbein“ – und das hätte mich um ein Haar (und mehrere Haarrisse) um den Verstand und meine Sportlerkarriere gebracht.

Als ich, der Spätentwickler, mit dem Laufen begann, waren an der Startlinie alle stets einen Kopf größer als ich. Mit 13 stand ich vor der Aufnahme in den Landeskader Württembergs, und anhand einer Messung meiner Handwurzelknochen wurde berechnet, dass ich 1,75 Meter groß werden würde, plus/minus fünf Zentimeter in beide Richtungen. Dass ich heute 1,88 Meter groß bin, sagt einiges über die Seriosität solcher Untersuchungen. Aber das wussten wir damals noch nicht.

Ich war 14, als die krassen Wachstumsschübe einsetzten. Es gab mehrere Phasen, in denen ich innerhalb weniger Monate zehn Zentimeter wuchs. Und in all diesen Phasen hatte ich extreme Knieschmerzen in den sogenannten Wachstumsfugen unterhalb der Kniescheibe, wo die Patellasehne ansetzt. Es begann mit moderaten Schmerzen unter Laufbelastung, die wir anfangs als Folge übermäßigen Trainings abtaten, weil sie abklangen, sobald ich mich schonte. Wenn ich dann wieder loslegen wollte, kehrten die Schmerzen zurück. Und zwar brutal. Am Ende war es bei jedem Schritt so schlimm, als würde jemand ein Messer in meine Knie bohren.

Anfangs versuchte ich, das Übel mit Salben, Verbänden, Globuli und Ruhe in den Griff zu bekommen. Schmerzmittel nehmen, um trainieren zu können, war für mich und meinen damaligen Trainer Harald Olbrich zum Glück keine Alternative. Schmerzmittel bekämpfen nie die Wurzel des Schmerzes, sondern nur die Symptome. Relativ schnell wurde leider klar, dass Hausmittel nicht halfen. Und so begann eine Odyssee durch die Arztpraxen unserer Region. Meine Eltern waren unglaublich geduldig mit mir, sie fuhren mich vom Heilpraktiker zum Orthopäden, wir versuchten es mit Einlagen und sonderangefertigten Schuhen. Aber es blieb dabei: Wenn ich wuchs, und ich wuchs viel, war an Laufen nicht zu denken.

Ich konnte nicht einmal die Treppe vom ersten Stock nehmen, ohne mich am Geländer abzustützen. Wie ein 80-Jähriger, gefangen im Körper eines Teenagers. Irgendwann fand ein Arzt dann heraus, dass Morbus Osgood-Schlatter die Ursache für meine Schmerzen war. Die Prognose lautete: Der ganze Mist erledigt sich, sobald du ausgewachsen bist. Das Problem: Keiner konnte sagen, wann das sein würde. Es konnte mit 15 sein, aber auch erst mit 20. Ich musste also abwägen, ob ich bereit war, im schlechtesten Fall mehrere Jahre zu leiden. Aber weil mir Laufen in jener Zeit schon am meisten Freude machte, war Aufhören für mich keine Option. Ich hatte beim VfL Sindelfingen eine tolle Trainingsgruppe, in der ich meine besten Freunde gefunden hatte. Und so hielt mich die Aussicht darauf, irgendwann meine Endgröße erreicht zu haben, in der Bahn.

Ungewissheit und fehlende Perspektive haben mich damals allerdings oft fertiggemacht. Wenn man eine Verletzung hat, die zeitlich einzugrenzen ist und durch gezielte Reha-Maßnahmen behandelt werden kann, ist das eine andere Situation. Wenn du jedes Mal, wenn die Schmerzen nachlassen, denkst, dass alles überstanden ist, und sie dann doch zurückkommen, bricht immer wieder aufs Neue eine Welt zusammen.

Das Teenageralter ist grundsätzlich eine ganz schön schwierige Phase, in der sich viele aus dem Sport verabschieden, weil andere Dinge wichtiger werden. Für mich gab es überhaupt keine Alternative zum Laufen. Ein anderer Sport war auch nicht möglich, das Knie braucht man immer. Ich habe es mal mit Basketball probiert … Das Einzige, was ich wollte, war Laufen, und das möglichst schnell.

Sobald der Schmerz mal für ein paar Wochen Pause machte, genoss ich es umso intensiver. Meist ging es im Winter besser als im Sommer, sodass ich mich auf die Crossläufe stürzte. Fast ohne Training war ich dann als Auffüller für die Crossteams unseres Vereins VfL Sindelfingen dabei. Als ich 16 war, gewannen wir in Bad Dürrheim den deutschen U-18-Meistertitel im Cross. Solche Erlebnisse waren wie ein warmer Regen und ließen mich die Schmerzen etwas besser ertragen, wenn ich im Sommer meinen Kumpels Bastian Franz, Florian Beslmeisl und Arne Lorenz nur dabei zusehen konnte, wie die Erfolge auf sie herabrieselten. Ich habe mich natürlich für sie gefreut, aber das Gefühl, nicht Teil zu davon sein, ging jedes Mal ins Herz.

Mein Glück in jenen Jahren war, neben der unglaublichen Unterstützung meiner Eltern, dass ich einen Trainer wie Harry Olbrich hatte. Er hatte mich im ersten Jahr meiner erzwungenen Auszeit noch irgendwie im Landeskader halten können, die Jahre danach ging das nicht mehr, weil ich die nötigen Leistungsnachweise nicht erbringen konnte. Aber Harry sorgte dafür, dass der Kontakt zur Gruppe nicht abriss. Er gab mir Halt und Zuversicht und machte mir in vielen Gesprächen Mut. Solche Trainer sind es, die Karrieren retten.

Dazu kam noch ein Antrieb, der aus mir selbst heraus früh entstanden war. 1996 verfolgte ich als 9-Jähriger das erste Mal so richtig bewusst die Olympischen Spiele von Atlanta im Fernsehen, und da wurde diese fixe Idee im Kopf geboren: Eines Tages wollte ich selbst an den Olympischen Spielen teilnehmen. Diese Vision sollte für viele, viele Jahre jede größere Entscheidung maßgeblich beeinflussen.

Der Frust endete, als ich 18 war. Mein Körper entschied, nicht mehr wachsen zu müssen. Nach dreieinhalb Jahren hatte ich zum ersten Mal beim Laufen das befreiende Gefühl, dass die Schmerzen nicht wiederkommen würden. Der Fehler, den ich dann machte, hätte allerdings fast meinen Durchhaltekampf ad absurdum geführt. Mit der Aussicht, im Sommer 2005 im Lohrheidestadion in Bochum-Wattenscheid an den Deutschen Staffelmeisterschaften teilnehmen zu können, trainierte ich wie besessen, sodass mein

Körper das nächste Stoppschild anzeigte. Die Muskulatur war mit den Wachstumsschüben nicht mitgekommen, zudem hatte sich mein Bewegungsmuster verändert. Diese Veränderungen hätten Zeit zur Anpassung erfordert, doch diese Zeit meinte ich nicht zu besitzen, weil ich doch den Trainingsrückstand von fast vier Jahren aufzuholen hatte.

Vor den Meisterschaften spürte ich, dass an Fuß und Unterschenkel einiges nicht so funktionierte, wie es sollte. Ich hatte Schmerzen, lief unrund, aber ich wollte es meinem Trainer partout verschweigen. Natürlich merkte er irgendwann, dass ich das Bein nicht voll belasten konnte, trotzdem leugnete ich es und biss auf die Zähne. Durch die lange Phase des erzwungenen Ausfalls hatte ich die Grenzen meiner Schmerztoleranz nicht nur zu spüren, sondern auch zu überschreiten gelernt. Was, wie ich feststellen musste, nicht immer die richtige Wahl ist.

Im Vorlauf in Wattenscheid stieg mir zu allem Überfluss in der Startphase ein Konkurrent von hinten in die Hacken. Dadurch verlor ich einen Schuh, aber da Aufgeben keine Option war, lief ich das Rennen ohne Schuh durch, worüber der malade Fuß auch nicht gerade erfreut war. Das Finale erreichten wir locker, doch mir war klar, dass ich nicht nur eine Überlastung der Muskeln hatte, sondern richtig etwas kaputt gegangen war. Den Endlauf überstand ich nur mit Ach und Krach, es reichte für unsere Staffel zum vierten Platz. Alle waren sauer auf mich, weil ich die Schwere meiner Verletzung verschwiegen hatte.

Am Montag nach dem Rennen fuhr mich meine Mutter zum Arzt, der eine Knochenszintigrafie durchführte. Dabei wird ein schwach radioaktives Kontrastmittel gespritzt, um die Beschaffenheit der Knochen zu untersuchen. Das Ergebnis: Ich hatte zwei Stressfrakturen, eine im Mittelfuß und eine im Wadenbein. Meine Mutter wäre fast vom Stuhl gefallen, als sie das hörte. Später am Abend saßen wir gemeinsam mit meinem Vater und meinem Trainer am Küchentisch, und ich heulte. Würde ich meine Dämonen denn nie loswerden?

Es war klar, dass ich professioneller an meine Aufgaben herangehen musste, wenn ich wirklich etwas erreichen wollte.

KILOMETER 5

IN DEN LEISTUNGSSPORT

Ich bin ein Freund des Bauchgefühls. Ein kühler Kopf, der zu rationalen Gedanken fähig ist, gefällt mir zwar auch gut, aber ich habe in meiner Laufkarriere schon mehrmals erlebt, dass es das Bauchgefühl war, das mir den richtigen Weg gewiesen hat. So war es auch, als ich an der Schwelle zum Leistungssport stand.

Im Herbst 2005 entschied Harry Olbrich, dass seine Trainingsgruppe so groß geworden sei, dass er Unterstützung brauchte. Sein früherer Laufkollege Frank Zimmermann, zu der Zeit Ingenieur beim Mercedes Benz, war in den 1970er-Jahren einer der besten deutschen Langstreckenläufer gewesen, hatte mehrfach den deutschen Meistertitel über 5000 Meter gewonnen und mit 13:18 Minuten über 5000 und 27:42 Minuten über 10.000 Meter wahnsinnig starke Bestzeiten erreicht, die ihn noch immer weit oben in der ewigen deutschen Bestenliste platzieren.

Wir lernten uns in einem Trainingslager im Schwarzwald kennen. Frank wollte nur Leute in seiner Gruppe, die es ernst meinten, damit sich sein Aufwand, die Trainingsarbeit zusätzlich neben dem Hauptberuf zu machen, auch lohnte. Das konnte ich nachvollziehen, und wir entwickelten sofort einen guten Draht zueinander. Also beschloss ich, weil mein Bauch auch zustimmte, gemeinsam mit meinem Teamkollegen Arne Lorenz bei Frank zu trainieren.

Die ersten Monate nach einer jahrelangen unbeständigen Phase, die mir meine Wachstumsprobleme beschert hatten, sind enorm wichtig für den Wiedereinstieg. Frank, der seine eigene Karriere Mitte 20 wegen anhaltender Beschwerden im Knie und an der Achillessehne hatte beenden müssen, fand genau die richtige Mischung aus behutsamem Aufbau und forderndem Anspruch. Anfangs lief ich nur auf Rasen, um die Ermüdungsbrüche in Fuß und Wadenbein nicht überzubelasten. Es ging nicht um wahnsinnige Umfänge, sondern um einen sinnvollen Aufbau, und so trainierte ich sechsmal die Woche vor allem Grundlagenausdauer und Athletik. Der Plan war, dass ich mich zunächst auf den kürzeren Distanzen wie 1500 und 3000 Meter verbessern sollte, um meine Schnelligkeit zu trainieren. Wir arbeiteten mit Bergläufen und Fahrtspielen, setzten die Tempoläufe aus dem klassischen Mittelstreckentraining eher dosiert ein, weil Frank zunächst eine solide Basis aufbauen wollte.

Dass uns das gelungen war, konnten wir wenige Monate später bei den deutschen Crossmeisterschaften im März 2006 in Regensburg sehen. Ich rannte erstmals in die Top acht der Einzelwertung der männlichen Jugend A, was eine großartige Bestätigung für unsere Arbeit war. Beim Einstieg in die Bahnsaison verbesserte ich meine Bestzeit über 3000 Meter auf 8:33 Minuten, und so war Frank davon überzeugt, dass ich auch bei den Deutschen A-Jugend-Meisterschaften im Juli in Wattenscheid eine gute Leistung zeigen konnte.

Schon die Anreise dorthin hatte Stil: Frank konnte von seinem Arbeitgeber Testfahrzeuge übers Wochenende privat nutzen. Und so reisten wir in einem sehr gut motorisierten Mercedes höchst komfortabel ins Ruhrgebiet. Unsere Zielsetzung war, den achten Rang der Cross-DM zu bestätigen, aber wenn ich ehrlich bin, wussten wir beide überhaupt nicht, auf welchem Stand ich wirklich war und wie ich mit der Konkurrenz würde mithalten können. Trotz meiner 19 Jahre waren das meine ersten deutschen Einzelmeisterschaften in einem Stadion.

Das Rennen ging über die in der Jugend klassische 3000-Meter-Distanz. Mit am Start waren auch Thorsten Baumeister aus Trier und Rico Schwarz aus Erfurt, die als die Jungstars der Szene galten. Sie hatten zwei Tage zuvor auch schon die 5000 Meter unter sich ausgemacht und wirkten auf mich sehr siegessicher. Wie bei taktischen Meisterschaftsrennen üblich waren die ersten 1000 Meter noch recht gemächlich, das Feld sortierte sich. Bei den zweiten 1000 ging es langsam zur Sache, und auf den letzten 1000 blieb ich so lange an Thorsten und Rico dran, dass wir innerhalb einer Sekunde gemeinsam ins Ziel liefen. Rico als Erster in

8:21,82 Minuten, dann Thorsten in 8:22,20 und als Dritter ich in 8:22,91. Ich konnte es kaum fassen, ich hatte meine Bestzeit um zehn Sekunden verbessert!

Genauso fassungslos waren auch Rico und Thorsten, weil da auf einmal jemand mit ihnen mitgehalten hatte, den sie gar nicht kannten. Es ist in dieser Altersklasse durchaus ungewöhnlich, wenn aus dem Nichts jemand aufs Treppchen läuft. Normalerweise kennt man seine Konkurrenten von vielen anderen Wettkämpfen aus den Jahren zuvor. Aber da ich in der Jugend nicht an Wettkämpfen hatte teilnehmen können, war es für Rico und Thorsten ein bisschen so wie in einem Sketch, in dem der Stadionsprecher ins Mikrofon brüllt: „Das, meine Damen und Herren, war Philipp Pflieger, wie Sie ihn noch nie gesehen haben! Und zwar, weil Sie ihn noch nie gesehen haben!"

Ganz nebenbei hatte ich die Norm für den Bundeskader, von deren Existenz ich bis dato überhaupt keine Kenntnis hatte, um nur eine Sekunde verpasst. Das rief den Bundestrainer auf den Plan, der mich logischerweise auch nicht kannte. Detlef Uhlemann kam also zu mir und fragte, ob ich in Sindelfingen bei Harry Olbrich trainieren würde. Nein, antwortete ich, der sei zwar lange mein Coach gewesen, inzwischen würde ich aber mit Frank Zimmermann arbeiten. „Ich kannte auch mal einen Frank Zimmermann, gegen den bin ich früher Rennen gelaufen", sagte Detlef Uhlemann. Und so kam es, dass sich zwei frühere Konkurrenten nach Jahrzehnten wiedertrafen …

Im Rückblick war diese Zeit für meine Entwicklung ein Wendepunkt. Das Gefühl, dass sich das Durchhalten gelohnt hatte, gab mir ein gewisses Maß an Zufriedenheit zurück. Es war eine Genugtuung, dass ich in der deutschen Spitze meiner Altersklasse mithalten konnte. Gleichzeitig war es ein riesiger Ansporn, jetzt richtig durchzustarten. Ich war ein unbeschriebenes Blatt; dass ich mich so rasant verbessert hatte, war angesichts meiner Vorgeschichte wahrscheinlich gar nicht so überraschend. Mein heutiger Trainer sagte dazu einmal: „Du hast einen Porsche-Motor in einem Trabi-Chassis", was bedeutete, dass mein Körper für das, was in ihm steckte, noch nicht gebaut war. Es war klar, dass ich viel tun musste, um das zu ändern.

Der Profisport war zu dieser Zeit trotzdem noch sehr weit weg. Und ich war kein Jahrhunderttalent. Meine Eltern waren immer hinterher, dass ich der Schule und später dem Studium Vorrang geben sollte. Und auch Frank teilte diese Einstellung, die sich sicherlich aus seiner eigenen Erfahrung speiste. Er warnte davor, das gesamte Leben in den Schatten des Sports zu stellen.

Trotzdem war das ein tolles Gefühl, wie sich die ersten Erfolge auswirkten. Vom VfL Sindelfingen gab es nach der Medaille bei der U-20-DM erste kleine Zuschüsse, und wenn die anderen in meinem Jahrgang von ihren Schülerjobs erzählten, erzählte ich, dass ich mein erstes Geld mit meinem Sport verdiente. Natürlich haben meine Eltern den Löwenanteil finanziert, und sie haben nicht nur Geld investiert, sondern vor allem eine Menge Zeit, und dafür kann ich ihnen bis heute nicht genug danken.

Das erste Geld, das ich mit dem Laufen verdiente, wollte ich in jedem Fall in meine Sportkarriere investieren, auch wenn ich 2006 keinen blassen Schimmer hatte, in was genau. Für mich stellte sich zunächst die konkretere Frage, was im Sommer 2007 nach dem Abi anstand. Die Idee war, gemeinsam mit meinem besten Kumpel Basti Franz in einer Schule für behinderte Kinder in Sindelfingen den Zivildienst zu leisten und weiter bei Frank zu trainieren, denn dort lief es gut.

Ich fuhr also zur Musterung ins Kreiswehrersatzamt. Sechs Monate vorher hatte ich mich bei der Bundeswehr mal nach den Kriterien für die Aufnahme in die Sportfördergruppe erkundigt, diesen Gedanken aber angesichts der gemeinsamen Pläne mit Basti wieder verworfen. Also fragte ich die Dame am Empfang, wo man sich melden müsse, wenn man den Kriegsdienst verweigern wolle. „Ach, Sie wollen verweigern? Sie hatten doch Interesse an der Sportfördergruppe!“, war die Antwort. Interessant, was die über mich wissen, dachte ich. Gemustert werden muss man natürlich trotzdem, und diese Musterung hat mein Leben in einem Maße verändert, dass ich den kurzen Dialog nicht vergessen habe.

Arzt: „Herr Pflieger, treiben Sie Sport? Ich: „Gelegentlich." Arzt: „Ihr Sehtest war nicht gut. Für Ihre Körpergröße sind Sie an der Grenze zum Untergewicht. Außerdem haben Sie eine Verkrümmung der Wirbelsäule. Würde es Ihnen etwas ausmachen, wenn wir Sie ausmustern?" Ich: „Nein." Und schon hatte ich Tauglichkeitsstufe 5, für den Wehrdienst ungeeignet. Jackpot!

Die Konsequenz wurde mir erst auf der Rückfahrt bewusst. Was war jetzt der Plan B? Berufsausbildung oder Studium? Gut ist es dann, wenn man aufmerksame Eltern hat. Mein Vater hatte im Internet auf leichtathletik.de einen Artikel gesehen, dass es in Regensburg ein neues Projekt gab: ein Athletenhaus in unmittelbarer Nähe zur Universität, das der Verein LG Telis Finanz Regensburg für fünf Sportler anmieten würde, die Sport und Studium verbinden wollten.

Ich hatte zwar keinerlei Kontakte nach Regensburg und damals eigentlich auch keine Ambitionen, meine Trainingsgruppe zu verlassen, dennoch schrieb ich eine E-Mail und erhielt Antwort von Kurt Ring, der dann mein Trainer werden sollte: Ich solle doch mal zu einem Probetraining kommen, Und was soll ich sagen? Das Konzept hat mich total überzeugt. Einerseits wegen der sportlichen und universitären Infrastruktur, andererseits, weil ich das Gefühl hatte, dort – genauso wie in Sindelfingen – keine Nummer auf dem Papier zu sein, sondern in ein sehr menschliches, familiäres Umfeld eingebunden zu werden.

Für manche wirkte meine Entscheidung damals vielleicht überstürzt. Ich weiß, dass auch nicht jeder verstanden hat, warum ich mein funktionierendes Umfeld in Sindelfingen verlassen habe. Harry hat mir das ein Jahr lang übel genommen. Frank hat gespürt, wie ernst es mir war, und ihm hat das Konzept in Regensburg auch so gut gefallen, dass er mir zugeraten hat. Auch weil er wusste, dass der VfL Sindelfingen mir eine solche Möglichkeit mit der Vereinbarkeit von Sport und Studium nicht bieten konnte.

Meine Freunde aus der Trainingsgruppe haben mich ebenfalls mehrheitlich bestärkt. Na ja, ein Abschied eines guten Kumpels reißt ja immer irgendwie eine Lücke, das wäre bei jedem anderen in der Gruppe genauso gewesen. Bis heute habe ich mit den Sindelfinger Jungs am zweiten Weihnachtsfeiertag einen festen Termin in einer Bar in der Heimat, zu dem auch Harry kommt, und das ist mir sehr wichtig.

Menschen zurückzulassen, die mir etwas bedeuten und die mir sehr viel geholfen haben, fällt mir bis heute schwer. Aber es war richtig, nicht den bequemen Weg zu wählen, sondern den, der mich meinem Ziel näher brachte. Und so hörte ich wieder einmal auf mein Bauchgefühl und brach im Herbst 2007 auf zum Abenteuer Regensburg.

#VERPFLEGUNG 1

MENTALE VORBEREITUNG

Die Frage, wann der richtige Zeitpunkt ist, mit dem Laufen zu beginnen, kann ich mit einem Wort beantworten: sofort! Es gibt keinen Grund zu warten, vorausgesetzt, man leidet nicht unter orthopädischen Einschränkungen wie zum Beispiel einer Verletzung am Knie, an der Hüfte oder am Rücken. Grundsätzlich gilt: Wer noch nie gelaufen ist oder nach einer langen Pause wieder anfängt, sollte sich vor dem Einstieg sportmedizinisch untersuchen lassen, um abzuklären, ob Herz-Kreislauf-System und Bewegungsapparat für sportliche Aktivitäten bereit sind.

Zu viel Gewicht gilt nicht als Ausrede, um das Laufen immer wieder zu verschieben. Es mag anfangs sehr schwerfallen, und der eine oder andere fühlt sich vielleicht auch unwohl bei dem Gedanken, seinen Körper in Sportbekleidung zur Schau zu stellen. Aber da zur Gewichtsabnahme neben einer Ernährungsumstellung auch Bewegung unabdingbar ist, ist Laufen eine wunderbare Möglichkeit, den Körper an regelmäßige Bewegung zu gewöhnen.

Besonders wichtig ist, dass Laufanfänger nicht zu schnell zu viel wollen. Das heißt: Man sollte sich vier bis sechs Wochen Zeit geben, um sich an das Laufen zu gewöhnen und Effekte auf die körperliche Konstitution zu erwarten. Vier bis sechs Wochen, in denen man mindestens zwei- bis dreimal pro Woche läuft, sind als Eingewöhnungsphase optimal. Jeden Tag laufen zu gehen würde ich Anfängern nicht empfehlen, damit überlastet man den Körper eher, als dass man sich Gutes tut. Man spürt schon, wenn der Körper bereit ist, die Dosis zu erhöhen.

Anfangs ist es auch nicht notwendig, die gesamte Trainingsdauer durchzulaufen. Es ist völlig okay, nach einem Kilometer Laufen den nächsten Kilometer zu gehen. Hauptsache in Bewegung bleiben.

Außerdem empfehle ich, anfangs nicht nach Distanz zu laufen, sondern sich eine Zeitspanne vorzunehmen. Die innerhalb dieser Spanne absolvierte Strecke sollte noch keine Rolle spielen, es geht ums Durchhalten über eine festgelegte Zeit. Wichtig ist, sich die Chance zu geben, Fortschritte zu erkennen. Denn nur durch Fortschritte läuft man sich in eine positive Aufwärtsspirale hinein, die dazu führt, dass die nötige Motivation fürs Weiterlaufen aufkommt.

Wer es dann irgendwann schafft, regelmäßig dreimal in der Woche für eine Stunde laufen zu gehen, kann sich innerhalb von sechs Monaten auch für einen Marathon fitmachen. Wichtig: Überschätzt euch nicht und lasst nicht die Zwischenschritte aus, die es auf dem Weg zur Königsdisziplin braucht. Wer das beachtet, wird viel Freude am Laufen entwickeln.

TEIL 2
TEMPO FINDEN

KILOMETER 6

TRAINER

Zählt man zu den glücklichen Menschen, die gesund sind, dann ist Laufen wahrscheinlich der einfachste Sport, den man sich aussuchen kann. Trainingsklamotten überwerfen, Schuhe anziehen – und los geht's! Wer einmal laufen gelernt hat, verlernt es in der Regel nicht mehr. Deshalb mag es auch unter euch einige geben, die sich diese Frage stellen: Wofür braucht ein professioneller Läufer überhaupt einen Trainer?

Nationale Konkurrenten wie der deutsche Marathon-Rekordhalter Arne Gabius oder der mehrfache deutsche 5000-Meter-Meister Richard Ringer haben keine Trainer mehr und kommen damit gut zurecht. Gute Gründe, mit einem Trainer zusammen zu arbeiten, gibt es trotzdem.

Der wichtigste Grund ist: Als Leistungssportler fehlt einem oft die nötige Objektivität, die eigene Leistung zu beurteilen. In kritischen Situationen, sei es eine Formschwäche oder eine Verletzung, neigt man dann zu falschen Entscheidungen. Vor allem ist die Gefahr groß, dass man in solchen Phasen mehr trainiert, als einem guttut. Das bewusste Zurückschalten, um dem Körper eine notwendige Pause zu verschaffen, funktioniert bei vielen nicht, wenn es nicht eine neutrale oder, besser gesagt, objektive Instanz gibt, die auf solche Dinge achtet. Und das ist für mich ein Trainer.

Mein langjähriger Trainer Kurt Ring musste seine eigene Karriere mit Ende 20 aufgrund anhaltender Verletzungsprobleme beenden. Im Hauptberuf war er Grundschullehrer, er unterrichtete auch Sport und wusste deshalb, dass ihm die Arbeit mit jugendlichen Sportlern liegt. Er hat nie einen der höheren Trainerscheine gemacht, die man braucht, um Bundestrainer zu sein, aber er hat mittlerweile mehr als 40 Jahre Erfahrung im Coaching.

Was braucht es, damit eine Symbiose zwischen Trainer und Sportler gelingt? Ich bin überzeugt: Nur bilaterales Vertrauen und Offenheit können zu gemeinsamem sportlichem Erfolg führen. Gerade in der osteuropäischen Schule findet man Verhältnisse, in denen der Trainer eine Art Diktator ist, der seinen Sportlern Befehle zubellt, die diese dann befolgen. Dass in einer solchen Beziehung intime Gespräche möglich sind, wage ich zu bezweifeln. Solche Gespräche aber muss man führen können, um das Maximum aus dem Athleten herauszukitzeln. Deshalb kann ich für mich behaupten, dass ich nie mit einem Trainer arbeiten könnte, der mir nicht das Gefühl vermittelt, auf gegenseitiges Vertrauen zu bauen.

Ich bin ein Mensch, der Beständigkeit sucht. Es gibt Sportler, die alle zwei Jahre den Verein – und damit auch den Trainer – wechseln. Ich war zwölf Jahre in Regensburg beim selben Coach, war davor zehn Jahre beim VfL Sindelfingen und hatte dort mit Harry Olbrich und Frank Zimmermann nur zwei Trainer. Ich schätze mich sehr glücklich, dass ich stets mit Trainern arbeiten durfte, zu denen ich ein persönliches Verhältnis aufbauen konnte. Allen dreien verdanke ich sehr, sehr viel, sie haben mich geprägt und auf meinem Weg, mich im Profisport zu behaupten, leidenschaftlich begleitet.

Auf dem Papier sind sie „Trainer“, in der Realität und durch das gemeinsam Erlebte aber viel mehr für mich. Bei Frank und seiner Frau saß ich oft beim gemeinsamen Abendessen, und wir haben über alles Mögliche geredet. Kurts Frau Doris kümmert sich in Regensburg um das Athletik- und Koordinationstraining sowie die Planung und Organisation der Trainingslager. Ich habe mich nie gefühlt wie eine Vertragsnummer auf einem Blatt Papier, sondern immer als Mensch mit all seinen Stärken und Schwächen. Natürlich ändert sich die Beziehung, je länger sie dauert, ein 18-Jähriger fordert seinen Trainer ganz anders, als es ein 30-Jähriger tut, der mehr Eigenverantwortung mitbringt, aber auch mehr hinterfragt. Letztlich geht es doch darum, dass man sich die Verantwortung für die Karriere teilt und gemeinsam daran bastelt, sie zum bestmöglichen Ergebnis zu bringen.

„Jetzt ist der Trainer als Psychologe gefordert", das ist so ein Satz, den jeder aus den Medien kennt. Ich mag ihn nicht besonders, weil es für die Arbeit, die Psychologen tun, ja längst auf Leistungssport spezialisierte Mentaltrainer gibt. Allerdings wird deren Arbeit in Deutschland noch zu oft stigmatisiert – wer einen Mentaltrainer braucht, hat eine Schraube locker. Und deshalb stimmt der obige Satz eben doch ein Stück weit, denn häufig übernimmt der Trainer, wenn er das nötige Gespür für menschliche Bedürfnisse, sprich: Empathie besitzt, die Aufgabe eines seelischen Entwicklungshelfers.

Fakt ist: Wenn der Kopf nicht frei ist, wenn also der Athlet Streit in der Familie hat oder Zukunftsängste, wenn er sich vor der zu hohen Norm fürchtet oder ihn eine Verletzung hemmt, dann ist physische Höchstleistung nicht erreichbar. Ein guter Trainer spürt das und sucht das Gespräch. Ein guter Athlet kommt ihm zuvor und erzählt von sich aus. Das kann alles nur gelingen, wenn Vertrauen da ist.

Ja, natürlich muss ein Trainer auch eine Autoritätsperson sein. Er ist der Chef, der am Ende die Entscheidungen trifft, und auf diese muss sich ein Athlet dann auch verlassen. Aber weil Kurt und ich uns schon lange kennen, konnte ich auch mit ihm vor der Gruppe über Trainingsinhalte diskutieren, und zwar ergebnisoffen. Wenn wir nicht übereinstimmen, überließ ich ihm in der Regel das letzte Wort. Aber das Gefühl, bei diesen Entscheidungsprozessen mitgenommen zu werden, ist ein gutes.

Ich gebe euch ein Beispiel. In einem Wintertrainingslager in Portugal hatte Kurt am letzten Tag eine sehr intensive Einheit angesetzt. Ich war müde von den zehn Trainingstagen und bezweifelte, dass ich den Plan zu unserer Zufriedenheit würde durchziehen können. Kurt war anderer Meinung. Darüber diskutierten wir, mit dem Ergebnis, dass ich es versuchen sollte. Es gelang, sogar sehr gut. Kurt war zufrieden, dass es gelungen war. Ich war zufrieden, weil er Vertrauen in mich gesetzt hatte, das ich erfüllen konnte. Er hatte mir wieder einmal gezeigt, wie gut er darin ist, Menschen einzuschätzen.

Obgleich ich die psychische Komponente als wichtigsten Grund dafür ansehe, mit einem Trainer zu arbeiten, will ich den fachlichen Einfluss natürlich auch würdigen. Zum einen sorgt ein Trainer dafür, dass sich die Inhalte der Übungseinheiten verändern und dadurch stets neue Reize gesetzt werden, ohne die der Athlet irgendwann stagnieren würde. Zum anderen ist die Expertise, die ein Coach während der Einheiten oder Wettkämpfe einbringt, sehr wichtig, auch wenn sie in ihrer Intensität durchaus variiert.

Lasst mich an dieser Stelle schon mal kurz beschreiben, wie mein Training überhaupt aufgebaut und konzipiert wird. Aus der Analyse der vorangegangenen Saison entwickelt man eine Strategie mit Zwischen- und Hauptzielen für die neue. Daraus entwirft der Trainer einen groben Trainingsplan, der später Tag für Tag an die Bedürfnisse und den Gesundheitszustand angepasst wird. Grundsätzlich ist es so, dass Kurt nicht bei jeder Laufeinheit dabei war. Wenn ich morgens an einem sogenannten „Zwischentag" meinen Plan ablaufe, brauche ich niemanden, der mich dabei auf dem Rad begleitet.

Aber bei den Vereinstrainings am Montag-, Mittwoch- und Freitagabend ist er immer dabei, genau wie seine Frau, die das Warm-up anleitet. Am Mittwoch- und Samstagvormittag stehen zudem die härtesten Einheiten der Woche auf dem Programm, samstags ein besonders langer Lauf, wo Kurt meist auch anwesend ist. Am Ende jeder Trainingswoche schicke ich ihm mein Trainingsprotokoll, das ich jeden Tag aktualisiere. Daraus leitet er dann die Schlussfolgerungen für die nächste Woche ab. Ihr merkt: Vertrauen ist auch hier unabdingbar. Würde der Athlet falsche Angaben machen, die der Trainer nicht kontrollieren kann, würde das den Plan der Folgewoche negativ beeinflussen.

Und nicht dass ihr denkt, unehrliche Sportler würden einfach ein paar Kilometer mehr angeben, als sie tatsächlich gelaufen sind, oder ihre Zeiten ein paar Sekunden besser machen, als sie waren. Nein, die meisten Athleten neigen dazu, ihre Leistungen eher schlechtzureden, weil sie das Gefühl haben, mehr machen zu müssen, als der Trainer ihnen abverlangt. Der Trainer muss also seine Sportler eher bremsen als antreiben. Das ist nicht leicht, Fußfesseln wären Freiheitsberaubung, und wer nicht jede Einheit kontrolliert, muss damit leben, dass ein Trainingsplan nicht immer zu 100 Prozent umgesetzt wird.

Aber niemand kann jeden Tag mit 110 Prozent Leistung fahren, das Pedal stets bis auf den Boden durchtreten. Kurt sagt gern, dass nicht jeder Tag Wettkampf ist und niemandem geholfen ist, wenn er an den „Zwischentagen“ mit regenerativem Training mit Sonderschichten zu glänzen versucht. Der Körper nimmt sich seine Pausen sonst in Form von Krankheiten oder Verletzungen. Da ist es besser, wenn man die Pausen selbst bestimmt. Das musste ich lernen, und dabei hilft ein Trainer ungemein.

Auch der direkte Einfluss eines Übungsleiters ist nicht zu unterschätzen. Wenn wir im Training auf der Bahn oder im Gelände eine festgelegte Distanz auf Zeit laufen, hat jeder eine Uhr dabei, auf der er seine Runden- oder 1000-Meter-Zeit kontrolliert. Der Trainer überwacht das und kann eingreifen, wenn das Tempo verschärft oder gebremst werden sollte. Es kam auch nach 20 Jahren in meinem Sport noch vor, dass er meinen Laufstil korrigierte. Ich bin als Bahnläufer groß geworden und habe auch jetzt noch den unverkennbaren Laufstil: hohe Knie, gutes Anfersen (das Heben der Ferse in Richtung Po). Das ist ein guter Stil, um schnell zu laufen. Absolute Laufstil-Ästheten, was das anbelangt, sind zweifellos Topstars wie Kenenisa Bekele oder Mo Farah.

Weil das allerdings auch ein sehr aufwändiger Stil ist, ist er für den Marathon, wo es in erster Linie auf Ausdauer und nicht auf Schnelligkeit ankommt, nicht unbedingt geeignet. Deshalb erinnert mich Kurt im Training bisweilen daran, dass ich flacher bleiben muss, um den Körperschwerpunkt möglichst nah am Boden zu halten. Das ist ökonomischer. Den Laufstil nachhaltig zu verändern, ist sehr schwierig. Er ist fast wie ein Fingerabdruck: Wir laufen, wie es uns in die Wiege gelegt wurde. Aber korrigierend einzugreifen, ohne Grundlegendes zu ändern, das ist schon möglich. Es funktioniert zum Beispiel auch nach Verletzungen, wenn man aus Schonhaltungen heraus anders belastet, als es natürlich wäre. Auch das sieht ein guter Trainer und wird darauf hinarbeiten, dass der Läufer zum gewohnten Stil zurückgelangt.

In solchen Fällen wird ausnahmsweise auch mal mit Videoanalyse gearbeitet, um dem Athleten seine Fehler zu verdeutlichen. Im Allgemeinen ist Videoanalyse bei uns Langstrecklern nicht verbreitet. Sprinter und vor allem Springer nutzen sie deutlich mehr, weil es bei ihnen auf die einzelnen Schritte ankommt. Für uns sind ganz normale Besprechungen der Einheiten das Mittel der Wahl, um gemeinsam Anpassungen am Trainingsplan zu erarbeiten. Im Trainingslager gibt es diese Gespräche täglich, im Alltag nach Bedarf.

Eine Besonderheit stellt das Coaching im Wettkampf dar. In der Vorbereitung unterscheiden wir zwei Arten von Rennen. Bei dem einen muss man eine möglichst schnelle Zeit laufen. Da ist vorher wenig zu besprechen, denn jeder Läufer kennt seinen Fahrplan, die entsprechenden Zwischenzeiten und weiß aus seiner Erfahrung und instinktiv, wo er sich im Feld einordnen und wann er sein Tempo anziehen kann, um so die optimale Zeit zu erlaufen.

Die zweite Art sind die Rennen, die man taktisch läuft; in der Regel sind das Meisterschaftsrennen, wo es rein um die Platzierung geht. Vor diesen Rennen ist deutlich mehr Vorbesprechung notwendig, damit der Athlet in den entscheidenden Rennsituationen die richtige Entscheidung treffen kann.

Warum das alles in Vorgesprächen abgearbeitet werden muss? Ganz einfach: Weil im Rennen selbst ja oft keine Möglichkeit der Verständigung besteht. In kleineren Stadien hört man die Stimme seines Trainers schon, darauf ist man in gewisser Weise konditioniert. Aber in größeren Arenen ist es laut, der Abstand zwischen Bahn und Bande oder Tribüne ist groß. Also muss vor den Rennen, in der Regel bereits am Vorabend, alles besprochen sein.

Beim Marathon gibt es zudem die Regel, dass Coaching von außen nicht erlaubt ist. Nicht einmal der begleitende Helfer, der mit dem Rad von Verpflegungsstation zu Verpflegungsstation vorausfährt, um Getränke und Nahrung zu reichen, darf den Athleten ansprechen. Kurt saß bei Marathons deshalb meist im Führungsfahrzeug. Das ist das Auto mit der großen Digitaluhr auf dem

Dach, das der Gruppe der Eliteläufer voranfährt, um ihnen die Zeit anzuzeigen. Von dort hat er Einblick in das gesamte Rennen, was von einer Position irgendwo an der Strecke nicht der Fall wäre. Aber weil das Auto eben vorneweg fährt, hätte er auch gar nicht die Möglichkeit, Kontakt mit mir aufzunehmen, selbst wenn es gestattet wäre.

Dass es hier und da auch mal Konflikte in der Trainer-Athleten-Beziehung, ist nicht ungewöhnlich. Reibereien gibt es immer mal, das gehört dazu. Kurt zum Beispiel ist ein Trainer der alten Schule, der mit den heutigen Auswüchsen des kommerziellen Profisports wenig anfangen kann. Das mag auch darin begründet sein, dass er schon erleben musste, wie seine Schützlinge betrogen wurden. Ich erinnere hierbei ungern an Corinna Harrer, die 2012 bei den Olympischen Spielen im Halbfinale über 1500 Meter Siebte wurde und den Endlauf nur um 23 Hundertstelsekunden verpasste. Heute weiß man: Sie wäre Sechste geworden, und zwar insgesamt. Alle anderen Konkurrentinnen vor ihr wurden nachträglich des Dopings überführt.

Solche Erlebnisse schmerzen empathische Trainer wie Kurt sehr, sodass ich seine gemischten Gefühle zu meiner Entscheidung, auf die Profikarte zu setzen, nachvollziehen kann. Denn er weiß, dass im internationalen Profisport eben nicht jeder nach den Regeln spielt und man als sauberer Sportler trotzdem gegen ebenjene schwarzen Schafe antreten wird. Dennoch hat er meinen Traum von der Olympiateilnahme geteilt und mit Leidenschaft mitgelebt. Diese Erfahrungen und diese Unterstützung möchte ich nicht missen und werde sie auch nie vergessen.

KILOMETER 7

ZURECHTFINDEN IM TEAM

Läufer sind Individualisten. Wir stehen allein am Start. Niemand anders ist, wenn der Schuss fällt, dafür verantwortlich, dass wir unsere Leistung abrufen. Läufer sind deshalb auch Egoisten, sie müssen es sein, wenn sie erfolgreich sein wollen. Und trotzdem gibt es in der Karriere eines jeden Läufers diese unverrückbare Erkenntnis: Ohne dein Team bist du nichts. In gewissen TV-Sendungen müsste ich jetzt wohl das Phrasenschwein füttern. Lasst uns mal tiefer schauen als nur bis zu den einfachen Wahrheiten.

Es gibt zwei Arten von Team. Das eine ist das Funktionsteam, das ich mir selbst wähle. Das andere ist das Vereinsteam, in das ich hineingebeten oder in manchen Fällen sicherlich auch hineingezwungen werde. Beginnen wir mit Letzterem. Jeder Trainer stellt sich eine Trainingsgruppe aus Athleten zusammen, die er sich als homogene Einheit vorstellen kann, in der jeder den anderen zu Höchstleistungen zu animieren versucht. Das ist das Idealbild einer Trainingsgruppe, und ich darf zu meinem großen Glück sagen, dass ich sowohl beim VfL Sindelfingen als auch in Regensburg in einer Gruppe war, die diesem Idealbild nahe gekommen ist.

Als echte Mannschaft agieren wir nur, wenn wir auf Meisterschaften in Staffel- oder Teamwettkämpfen antreten. Wenn das persönliche Ergebnis in die Mannschaftswertung einfließt und nicht nur individuell gewertet wird, bekommt es eine Bedeutung, die wir als Einzelsportler sehr selten spüren. Mir persönlich geben diese Wettkämpfe einen besonderen Kick, und wenn ich mich an die Partys auf Rückfahrten nach gewonnenen Mannschaftstiteln erinnere, bin ich mir sicher, dass es auch den Kollegen so geht. Gemeinsam Siege zu feiern macht den Spruch „Geteiltes Leid ist halbes Leid, geteilte Freude ist doppelte Freude“ greifbar.

Die meiste Zeit jedoch sind die Mitglieder einer Trainingsgruppe natürlich auch Konkurrenten. Das ist im Verein zwar längst nicht so ausgeprägt wie bei Kaderlehrgängen, wo sich die Elite trifft und die Stimmung mitunter deutlich angespannter ist, weil jeder den anderen in gewisser Weise belauert. Aber auch im Verein gibt es in Trainingsgruppen Kameraden, gegen die man in Wettkämpfen antreten muss. Wer seinen Sport ernst nimmt, der wird im Wettkampf gegen seine Teamkollegen genauso hart laufen wie gegen jeden anderen Kontrahenten auch. Ich erwarte diese Einstellung auch von jedem meiner Kollegen.

Dazu gibt es eine Anekdote: Mein Kumpel Jonas Koller war mit 17 ins Athletenhaus nach Regensburg gezogen, er kam aus dem Fußball, musste sich ans Laufen und an die gesamte neue Umgebung gewöhnen. Dabei haben Ältere wie ich ihn zu unterstützen versucht. Es hatte etwas von Schüler-Lehrer-Verhältnis. Ein paar Jahre später starteten wir bei einem kleinen Crosslauf-Cup in der Region. Ich hatte einen schlechten Winter hinter mir, fühlte mich zu dem Zeitpunkt nicht in Form. Dazu kam, dass der Untergrund vereist war, was mir mit meinen 1,88 Metern und dem hohen Körperschwerpunkt absolut nicht in die Karten spielte. Jonas dagegen, kleiner als ich und nur knapp über 50 Kilo schwer, kam damit viel besser zurecht. Rund 300 Meter vor dem Ziel überholte er mich. Noch während des Zieleinlaufes schien ihn die Dimension des gerade Erlebten niederzudrücken. Er sah sich im Zielbereich entgeistert nach mir um und blieb dort mit weit aufgerissenen Augen stehen. Der Ausdruck in seinem Gesicht sagte: Was habe ich da bloß angestellt? Als wenn er einen großen Fehler gemacht hätte, weil er seinen Freund besiegte!

Ich nahm ihn in den Arm und gratulierte ihm, aber er konnte sich gar nicht freuen, obwohl ich ihm sagte, wie stolz ich sei, dass er endlich das umgesetzt hatte, was ich ihm immer vermitteln wollte. Im Rennen, das muss klar sein, gibt es keine Freunde. Da muss jeder gewinnen wollen. Das ist ein heikler Punkt für manche Teamgefährten. Aber schlussendlich ist es mir doch lieber, von einem Teamkameraden besiegt zu werden als von einem anderen

Konkurrenten. Jonas hat das verstanden. So richtig gefreut hat er sich aber trotzdem nicht.

Eine Trainingsgruppe ist optimal besetzt, wenn sich ihre Mitglieder als Schicksalsgemeinschaft verstehen, die sich gemeinsam zu Höchstleistung pusht. Wenn du selbst keine Lust aufs Training hast, weißt du doch, dass da zehn andere darauf zählen, dass du deine Leistung bringst. Ein Teamplayer reißt sich dann zusammen und trainiert ordentlich. Und ich bin überzeugt davon, dass der Einzelne nur dann seine Bestleistung erreichen kann, wenn er selbst auch im Team funktioniert.

Genau wie im Mannschaftssport gibt es in der Trainingsgruppe eine Hackordnung, innerhalb deren die Rollen verteilt werden. In Sindelfingen gehörte ich zu den Jungen, die zu den beiden älteren Generationen aufschauten und einen natürlichen Respekt vor deren Leistungen mitbrachten. Heute habe ich eher das Gefühl, dass der Respekt der jüngeren Generation kleiner geworden ist. Alter (und mit ihm einhergehend die Erfahrung des Alters) per se wird nicht mehr als Qualifikation angesehen. Dadurch werden Hierarchien flacher. Ob das gut ist oder schlecht, liegt dann oft auch an der Führungsstärke eines Trainers.

Nichtsdestotrotz gibt es innerhalb jedes Teams Strukturen, die sich herausbilden. Es gibt die Häuptlinge, die durch Leistung vorangehen oder durch verbale Äußerungen. Es gibt die Indianer, die ihre Arbeit machen, aber nicht führen wollen. Es gibt auch die Klassenclowns, die für die Stimmung in der Gruppe sorgen. Die Dynamik, die durch diese Prozesse entsteht, hat mich immer wieder aufs Neue fasziniert. Als ich nach Regensburg wechselte, war ich – in aller Bescheidenheit gesagt –, der einzige männliche Kaderathlet mit dem Anspruch, in der nationalen Spitze mitzulaufen. Weil ich keine interne Konkurrenz hatte, richtete sich viel nach mir aus.

Doch schon innerhalb der ersten zwei Jahre erhöhte sich die Leistungsdichte dermaßen, dass sich meine Rolle änderte. Ich wurde schnell eine Mischung aus Leistungsträger und Wortführer, würde ich sagen. Ich bin keiner, der taktische Ratschläge erteilt, denn dafür ist der Trainer da, aber bei Teamevents stelle ich mich gern in den Dienst der Mannschaft. Ich versuche auch, meine Erfahrungen einzubringen und auf diesem Weg als Ratgeber zu helfen, möglichst nur, wenn dies gewünscht ist.

Ein guter Trainer lässt den dynamischen Prozessen in seiner Gruppe so lange wie möglich freien Lauf. Er greift ein, wenn die Situation aus dem Ruder zu laufen droht. Aber wenn die Gruppe aus sich heraus versteht, dass sie durch Kooperation am stärksten ist, dann zieht auch der Trainer daraus den größten Profit.

Mit zunehmender Erfahrung macht man sich weniger abhängig von äußeren Einflüssen. Rollen ändern sich, und Teams ändern sich. Denn alles hat seine Zeit, im Sport sowieso. Und ich gespannt, wer einmal meine Rolle in Regensburg übernehmen wird.

Jetzt habe ich viel über das Team im Verein geschrieben, die Trainingsgruppe und die Gruppendynamik. Ebenso wichtig ist das eigene Funktionsteam, das die Karriere maßgeblich mitgestaltet. Dazu gehören die Trainer, Physiotherapeuten, Ärzte oder Sportwissenschaftler genauso wie der Wettkampfmanager, eine Marketingagentur oder die Freundin, die häufig besonders viel in Kauf nehmen muss. Gerade in diesem Bereich ist mir Harmonie sehr wichtig, deshalb arbeite ich nur mit Menschen zusammen, mit denen ich mich auch privat gut verstehe.

Ich empfinde es als Privileg, schon seit Jahren mit Koryphäen auf ihren Gebieten zusammenarbeiten zu dürfen. Dazu zähle ich zum Beispiel meinen Physiotherapeuten Jan Kerler, der neben seiner Praxis in Regensburg heute auch in der A-Nationalmannschaft des DFB tätig ist. Christoph Kopp ist ebenfalls eine absolute Konstante in meinem Team und mit seiner jahrzehntelangen Erfahrung zuständig für die Verhandlung, Planung und Organisation meiner Rennen. Genauso gehören dazu Trainingstherapeuten, Leistungsdiagnostiker, Chiropraktiker und viele mehr. Was ich damit deutlich machen möchte? Auch jemand, der als Einzelsportler im Wettkampf antritt, spielt im Team.

In meinem Funktionsteam lege ich deshalb größten Wert darauf, mich einzuordnen. Klar, mir ist bewusst, dass bei einem wichtigen Rennen alle Leute um mich herum nur deshalb da sind, weil ich dieses Rennen laufe. Trotzdem bin ich nicht der Fixstern, um den sich alles dreht.

Ob im Funktionsteam oder in der Trainingsgruppe: Ich bin dankbar für die Hilfe, die ich schon von vielen Seiten bekommen habe. Sie ist ein großes Glück und ein Privileg, das nicht selbstverständlich ist.

KILOMETER 8

LEISTUNGSDRUCK

Wer eine Studie über die Bedeutung der psychischen Stabilität für die Leistungsstärke im Sport erstellen möchte, sollte mal vor einem Langstreckenrennen den Callroom aufsuchen. Das ist der Bereich, in dem die Eliteathleten auf den Start warten. Manche behaupten, dort würde mehr Theater gespielt als in der Wiener Burg oder im Moskauer Bolschoi. Ich glaube, dass man an diesem Ort wunderbar beobachten kann, wie sich Leistungsdruck auf Menschen auswirkt.

Natürlich gibt es immer Sportler, die durch übertriebene Mätzchen versuchen, ihre Unsicherheit zu überspielen. Oder es gibt jene, die mit Psychospielchen versuchen, in die Köpfe ihrer Gegner zu kriechen. Psychologische Kriegsführung wird das manchmal genannt, kein schöner Begriff, denn Krieg und Sport sollten nicht in einen Zusammenhang gestellt werden. Grundsätzlich bin ich davon überzeugt, dass die meisten Athleten im Callroom – kurz bevor es um alles geht – ihren wahren Charakter offenbaren.

Im Callroom findet man sich rund 20 Minuten vor dem Start ein, was wichtig ist, damit der Zeitplan eingehalten werden kann. Die Ausrüstung und die Spikes, sofern man auf der Bahn läuft, werden überprüft, man fühlt sich ein wenig eingepfercht, wie Rennpferde, die hinter dem Startauto mit den Hufen scharren. In diesem Moment kam und kommt es für mich immer darauf an, mich auf mein Rennen zu fokussieren. Ich bin heute nicht mehr so verbissen wie noch mit 18, 19, 20 Jahren. Damals habe ich krampfhaft versucht, alles um mich herum auszublenden. Heute nehme ich durchaus wahr, was um mich herum passiert, grüße andere Sportler oder Bekannte in meinem Blickfeld. Ich bin sogar in der Lage, für Fotos mit Fans kurz vor dem Start zu lächeln. Das wäre vor zehn Jahren noch undenkbar gewesen.

Die Frage, wie Leistungsdruck entsteht, habe ich mir erst in der Entstehungsphase dieses Buches ernsthaft gestellt. Es gibt wohl zwei Arten von Druck: den inneren, den man sich selbst auferlegt, und den äußeren, der im Umfeld oder durch äußere Einflüsse entsteht. Ich kann für meine persönliche Karriere sagen, dass ich Druck von außen eigentlich so gut wie nie gespürt oder auferlegt bekommen habe. Meine Eltern haben mich in meiner sportlichen Ambition unterstützt, aber niemals mehr Leistung eingefordert. Auch meine Trainer gehören und gehörten nicht zu denen, die ständig unzufrieden sind und Druck auf ihre Athleten projizieren.

Geschichten solcher Abhängigkeitsverhältnisse, in denen Athleten unter der harten Hand ihrer Trainer zwar Höchstleistung abrufen, aber darunter über kurz oder lang zerbrechen, gibt es reichlich. Meine Trainer sind wirklich verständige, menschliche Übungsleiter, die mich auf Augenhöhe coachen. Wir haben uns ein gemeinsames Ziel gesteckt, hinter dem beide Seiten stehen. Und das versuchen wir dann zusammen zu erreichen.

Druck von außen kann natürlich, aber nicht nur durch das persönliche Umfeld, also Familie, Partnerin oder Trainingsgruppe, erzeugt werden. Auch die Medien, heute insbesondere die sozialen Netzwerke, spielen eine Rolle. Das Internet hat in den vergangenen Jahren Tür und Tor geöffnet für Menschen, die unreflektiert und unter dem Deckmantel der Anonymität eine unsachliche, polemische und leider oft auch verletzende Kritik raushauen. Die verselbstständigt sich mitunter sehr schnell und ist schwer wieder einzufangen.

Wer empfänglich dafür ist, sich von so etwas beeindrucken lässt, ist vielleicht gut beraten, weitgehend auf Social Media zu verzichten, weil diese einem sonst zu viel Energie rauben. Ich habe schnell gelernt, mir nur Kritik der Menschen zu Herzen zu nehmen, die mich und die Umstände meiner Leistungen kennen. Ein Shitstorm im Netz lässt mich dann relativ unbeeindruckt.

Apropos Sturm: Natürlich zählt auch das Wetter zu den äußeren Einflüssen, die Druck erzeugen können. Bei extremen Distanzen wie bei einem Marathon kann das Wetter das Erreichen einer gesteckten Bestzeit unmöglich machen, auch wenn man in der Vorbereitung alles getan hat und in der Form seines Lebens ist.

Für Einflüsse, die man selbst nicht in der Hand hat, gibt es wieder zwei Herangehensweisen. Man nimmt alles schicksalsergeben hin und versucht, sich über diese Dinge keinen Kopf zu machen. Oder man stellt sich in der Vorbereitung auf jede Eventualität ein und legt einen Plan für den Fall bereit, dass eine oder mehrere davon eintreffen. Ich habe mich über die Jahre auf die zweite Variante eingestellt. Mir gibt es ein gutes Gefühl zu wissen, dass ich im Fall des Falles nicht intuitiv falsch, sondern situativ richtig entscheide. Also gehe ich in den Tagen vor einem Rennen durch, was alles passieren könnte und wie ich darauf reagieren kann.

Wenn am Tag des Marathons, bei dem ich mir eine neue Bestzeit zum Ziel gesetzt habe, Regen und Sturm toben, bin ich halt machtlos. Es gibt Läufer, denen Hitze nichts ausmacht, Mittelstreckler über 800 und 1500 Meter. Aber als Langstreckenläufer ist mir trockenes, sonniges, kühles Wetter am liebsten. Stürmischer Regen geht gar nicht, denn er bremst, der Untergrund wird rutschig, die Muskeln kühlen aus. Und wenn ein solches Wetter auf den Tag fällt, den du dir als *deinen* Tag ausgeguckt hattest, dann ist das einfach Pech. Abhaken, Ruhe bewahren und zufrieden sein mit dem, was an Leistungs-Output möglich ist.

Es hat Jahre gebraucht, bis es mir gelungen ist, diese Einstellung in meinem Bewusstsein zu verankern. Aber irgendwann, den Zeitpunkt kann ich nicht festlegen, habe ich begriffen, dass ich nicht mehr tun kann, als in einem Rennen alles zu geben, was in mir steckt. Manchmal reicht es für die neue Bestzeit, manchmal nicht.

Als Läufer musst du bereit sein, den Schmerz zu umarmen, sonst geht es nicht. Das ist besonders im Marathon unumgänglich, denn da schreit dir dein gepeinigter Körper über die letzten zehn oder 15 Kilometer zu: „Hör auf, hör endlich auf!“ Da hast du sehr viel Zeit, darüber nachzudenken, was du da größtenteils freiwillig treibst. Wenn du dann nicht weitermachst, solange es geht, betrügst du deinen Körper und dich selbst. Deshalb sage ich: Wenn ich weiß, dass ich alles gegeben habe, was möglich war, muss ich auch zufrieden sein.

Warum ich gerade „größtenteils freiwillig" geschrieben habe? Na ja, es gibt einen letzten Aspekt im Bereich der äußeren Einflüsse, und das ist der wirtschaftliche Zwang. Es gab Zeiten, in denen ich als Student wenig Geld zum Leben hatte und von der Hand in den Mund lebte. Mit 500 Euro im Monat auszukommen war für mich die Regel, nicht die Ausnahme. Mein Anspruch war von jeher, mich nicht von meinen Eltern aushalten zu lassen, denn schließlich war der Sport ja meine eigene Spinnerei, ich hatte mich dazu entschieden, auf diese Karte zu setzen, also wollte ich es auch aus eigener Kraft schaffen.

Über in Rennen verdiente Siegprämien konnte ich mein Auskommen einigermaßen finanzieren, das bedeutete hier und da allerdings, dass ich eben teils dann starten musste, wenn ich eigentlich nicht wollte oder mich nicht ausreichend vorbereitet fühlte. Und nicht nur starten, sondern gewinnen. Das führte in jener Phase, zwischen 2012 und 2015, dazu, dass ich die Notwendigkeit des Laufens gelegentlich höher bewerten musste als den Spaß daran. Ich erinnere mich da zum Beispiel an die Deutschen Zehn-Kilometer-Meisterschaften 2012 in Nagold. Der Sommer war hart gewesen, ich fühlte mich ausgebrannt. Aber ich brauchte die Siegprämie eines damaligen Sponsors, die ungefähr bei 2000 Euro lag. 500 Meter vorm Ziel war mein Hauptkonkurrent Musa Roba-Kinkal vom SC Gelnhausen weggezogen, aber ich brauchte das Geld und musste gewinnen. So gelang es mir, ihn in eine Sprintentscheidung zu zwingen und schließlich mit Ach und Krach zu siegen. Dieses Gefühl, dass auch äußerer Druck Kräfte freisetzen kann, war ein wichtiger Lerneffekt. Schön war es trotzdem nicht.

Dennoch halte ich es für wichtig festzuhalten, dass Leistungsdruck nicht per se etwas Negatives ist. Das Nebennierenhormon Adrenalin, das durch Stress freigesetzt wird und eine Erhöhung von Blutdruck, Herzfrequenz und Blutzuckerspiegel sowie eine Erweiterung der Bronchien verursacht, ist ein wichtiger Helfer im Wettkampf. Es macht uns kampfbereit, deshalb kommt es viel mehr darauf an, entstehenden Druck richtig zu kanalisieren.

Wenn ich gesagt habe, dass ich selten äußeren Druck wahrgenommen habe, muss ich nun zugeben, dass ich umso anfälliger für den inneren Leistungsdruck war. Das begann, als ich mit 13 erstmals für den Landeskader Württembergs nominiert wurde. Ich fühlte mich, weil es uns suggeriert wurde, einem auserwählten Kreis zugehörig und sollte mich auf einmal mit den Besten des Landes messen. Natürlich wollte ich beweisen, dass ich zu Recht dazugehörte. Allerdings begriff ich damals nicht, dass der Einzige, der einen solchen Beweis einforderte, ich selbst war.

Ich habe damals zum ersten Mal so etwas wie Versagensangst gespürt. Woher dieses Gefühl rührte, weiß ich nicht zu sagen, es war ja unbegründet. Was aber genauso wichtig war als Lerneffekt aus dieser Angst: Sie hat mich nicht davon abgehalten, mich wieder und immer wieder solchen Situationen auszusetzen, und ich könnte mir vorstellen, dass das ein ganz entscheidender Punkt dafür ist, warum manche es ganz nach oben schaffen, obwohl sie weniger körperliches Talent mitbringen als andere, die auf dem Weg nach oben einbrechen. Talent bezieht sich in meinen Augen eben nicht nur auf körperliche Fähigkeiten, sondern auch auf die mentale Stabilität, die es braucht, um Druck auszuhalten und auf den Punkt zu performen.

Ich möchte an dieser Stelle gern noch einmal an den Anfang dieses Buches springen, den Berlin-Marathon 2015. Dieser Tag war mein persönlicher Höhepunkt des Leistungsdrucks. Und es war zu 100 Prozent Druck, den ich mir selbst auferlegt hatte. Ich wollte meine Karriere beenden, wenn ich an dem Tag meine Zielzeit nicht erreichte. Aber ich glaube, dass mir diese ultimative Situation die Kraft verliehen hat, an ihr zu wachsen.

Im Vergleich dazu waren die Olympischen Spiele 2016 ein Klacks, obgleich die meisten vermutlich denken, dass beim sportlich größten Erlebnis des Lebens auch der Druck am höchsten sein müsste. Rio fühlte sich an wie der Abschluss eines bedeutenden

Kapitels in meinem Leben, ich konnte dort den Spaß empfinden, der für mich beim Laufen stets im Vordergrund steht und ohne den ich niemals über so viele Jahre weitergemacht hätte. Natürlich steigt der Stresspegel, je größer dein Betätigungsfeld wird. Aber ich sage: Jede Erfahrung macht dich stabiler, und nach Berlin 2015 gab es keine Situation, in der ich auch nur annähernd einen solchen Druck verspürt habe.

Wie sich Leistungsdruck anfühlt, weiß jeder. Erinnert euch an die Abschlussprüfung in der Schule, an die Führerscheinprobe oder an das erste Date. Dieses Gefühl, dass die Eingeweide sich drehen, das Herz kurz vorm Zerspringen ist, die Schweißdrüsen auf Massenproduktion umstellen, ist nie angenehm. Bei manchen schlägt es auf den Magen, andere bekommen feuchte Hände, Langstreckenläufer gehen fünfmal vorm Rennen pinkeln, was allerdings zum Teil auch daran liegt, dass man ausschließen will, auf der Strecke zu müssen. Bei mir ist es meist so, dass ich mich etwas zittrig fühle und so, als sei ich etwas durch den Wind. Körperliche Schwächesymptome habe ich zum Glück weniger, dafür denke ich oft, einfach nicht zu starten, mich der Situation zu entziehen, anstatt sie auszuhalten. Mit zunehmender Routine ist diese Nervosität zwar in den Griff zu bekommen, vollständig verschwindet sie aber nicht, und das ist völlig normal. Fragt mal Live-Moderatoren nach Lampenfieber!

Obwohl mir bewusst ist, wie wichtig die Psyche für die generelle Leistungsfähigkeit ist und dass man sie genauso trainieren kann wie Muskeln, hatte ich bislang sehr wenig Berührungspunkte mit Mentaltrainern oder Sportpsychologen. Ich glaube, das liegt einerseits daran, dass der Bereich Sportpsychologie in Deutschland noch immer nicht so verbreitet ist wie beispielsweise in den USA, wo an jedem College entsprechendes Personal verfügbar ist. Andererseits war mir lange nicht bewusst, welche Angebote es in diesem Bereich gibt, und ich habe stattdessen immer für mich selbst einen Weg gefunden. Ich konnte noch nie etwas sofort perfekt. Alles, was ich kann, habe ich mir durch jahrelanges Wiederholen angeeignet. Und wenn mir irgendwann etwas leichtfällt, suche ich mir eine neue

Herausforderung, weil meine Einstellung ist: Wenn dir etwas leichtfällt, wirst du darin nicht mehr besser.

Da ich ein visueller Mensch bin, hat mir immer geholfen, mit positiven Bildern zu arbeiten, die ich im Kopf entstehen lasse. Wenn ich also in der Marathon-Vorbereitung die langen Läufe vor mir habe, rufe ich mir Bilder von erfolgreichen Rennen ins Gedächtnis. Ich versuche, die Strecke zu visualisieren, auf der der Marathon stattfindet, sofern ich sie schon einmal gelaufen bin, und mich an schöne Szenen zu erinnern. Oder ich mache mir bewusst, wie oft ich ähnlich harte Einheiten oder Rennen schon durchgestanden habe. Zu wissen, was ich bereits geleistet habe, hilft mir auch im Trainingsprozess, das Motivationslevel nach oben zu treiben.

Ähnlich geht es mir, wenn ich vor Rennen den Zustand erreichen will, den Athleten gern als „Tunnel“ beschreiben. Ich visualisiere dann Dinge, die im Training gut funktioniert haben. Zum Ablenken und Aufputschen höre ich Musik, alles querbeet, ohne feste Playlist. Da uns Athleten im Wettkampf Musikhören nicht gestattet ist, trainiere ich allerdings ohne Knopf im Ohr.

Abstand genommen habe ich von Ritualen vor dem Rennen, die aus Aberglauben durchgeführt werden. Es ist besser, sich auf so viele Unwägbarkeiten wie möglich vorzubereiten, als sich an einem festen Ablauf festzuhalten und dann seine Fassung zu verlieren, wenn dieser aus irgendwelchen Gründen nicht eingehalten werden kann.

Das Einzige, was ich gern vor einem Rennen mache, wann immer es möglich ist: Rund eineinhalb Stunden vor dem Start (beim Marathon eher zwei Stunden) trinke ich als Kaffeejunkie, der ich bin, einen doppelten Espresso. Im Hotelzimmer wird dann noch penibel die Laufkleidung kontrolliert, denn je besser ich vorbereitet bin, desto weniger nervös bin ich, wenn es Richtung Callroom geht. Zu den anderen Nervenbündeln, von denen nur die wenigsten gute Schauspieler sind.

KILOMETER 9

DAS DUALE SYSTEM

Während meiner Schulzeit hatte ich keine Vorstellung, welchen Beruf ich erlernen wollte. Für mich stand immer fest, ich wollte es in den Profisport schaffen. Über alles andere habe ich mir keine Gedanken gemacht; ebenso wenig allerdings auch darüber, wovon ich als Profisportler leben wollte.

Heute, da ich seit mehr als zehn Jahren in diesem System mitlaufe, sehe ich die Dinge natürlich differenzierter. Das duale System, sprich die Kombination von Leistungssportkarriere und beruflicher Ausbildung, ist die vernünftigste Lösung für den Großteil der Topathleten in Deutschland, stellt aber einen ebenso großen Teil von ihnen vor erhebliche Probleme, die teilweise hausgemacht sind und auf der anderen Seite auch nicht gelöst werden können.

Das Hauptproblem ist, dass in Deutschland ein eher leistungssportkritisches Klima herrscht. Der Stellenwert des Sports in der Gesellschaft ist deutlich geringer als in vielen anderen Nationen, und damit meine ich nicht nur osteuropäische oder asiatische Länder, in denen Olympiasieger ausgesorgt haben, weil sie Häuser und lebenslange Rente bekommen, sondern auch viele westliche Staaten. In Deutschland gibt es, rein wirtschaftlich gesehen, die Monokultur Fußball, auf die sich alles konzentriert, und dahinter nur eine sehr überschaubare Anzahl von Athleten verschiedener Sportarten, die aus ihrer Karriere so viel finanziellen Nutzen ziehen, dass sie den Rest ihres Lebens nicht mehr zu arbeiten bräuchten.

Das kann man beklagen oder auch einfach hinnehmen. Ich nehme es hin und erwarte nicht mal im Ansatz, dass ein Marathon-Läufer, der eine nationale Rekordzeit läuft, eine Million Euro erhält wie in Japan, wobei unser deutscher Rekordhalter Arne Gabius für seine Bestzeit von unserem Verband nicht mehr als einen feuchten

Händedruck bekam. Ich finde auch nicht, dass ein Eliteathlet nach seiner Karriere lebenslang auf der faulen Haut liegen können muss. Die meisten wollen das ja auch gar nicht, denn meist ist nach dem Sport noch ein gehöriges Stück Leben übrig, das mit Inhalt gefüllt werden will.

Mir geht es um etwas anderes. Die Ansprüche an Profisportler sind immens, auch in Deutschland. Sie sollen um Medaillen oder Titel kämpfen, gleichzeitig Vorbilder sein, mit ihren Wettkämpfen den Weltfrieden voranbringen und das zahlende Publikum erfreuen. Um diese Ansprüche erfüllen zu können, bräuchte es die Möglichkeit, sich auf sie konzentrieren zu können. Das jedoch ist vielen Athleten nicht möglich, weil sie so wenig Geld verdienen, dass eine Berufsausbildung oder ein Studium neben dem Sport alternativlos ist.

Leider, und das habe ich in meinem Politikstudium in Regensburg am eigenen Leib erlebt, gibt es zu wenige Unternehmen oder auch Universitäten, denen die Vereinbarkeit von Ausbildung und Leistungssport ein Anliegen wäre. Ein Beispiel: Ich hatte mich für die U-23-EM qualifiziert und bat meine Dozentin, dafür zwei Tage in den Seminaren fehlen zu dürfen, was laut ihrem Grundsatz dazu geführt hätte, dass ich das Semester hätte wiederholen müssen. Ihre knappe Antwort war: „Da müssen Sie sich schon entscheiden, was Ihnen wichtiger ist." Diese Entscheidung hatte ich bereits getroffen, aber weil ich nicht leichtfertig ein Semester verschenken wollte, bat ich den Dekan um Vermittlung. So wurde mein Fehlen mit einigem Zähneknirschen akzeptiert, quasi als Goodwill-Aktion; Freunde habe ich mir damit nicht gemacht.

Solche Probleme hat jeder Athlet schon gehabt, bei Weitem nicht immer dürften sie so kulant gelöst worden sein wie in meinem Fall damals. Und das ärgert mich. Der Leistungssportler wird im zivilen Leben als Spinner abgetan, der seinem Spleen nachläuft. Es fehlt die Anerkennung, dass er eigentlich zwei Leben in eins presst und sich alle Mühe gibt, in keinem die Balance zu verlieren. Ich weiß auch, dass es Sportarten gibt, in denen eine Trainingseinheit pro Tag von zwei bis drei Stunden ausreicht und dadurch mehr Zeit bleibt, andere Dinge voranzutreiben. Es gibt aber genügend andere Sportarten, in denen das nicht geht.

Ich würde mir eine grundsätzliche Lösung dieses Problems der Vereinbarkeit von Ausbildung und Sport wünschen. Ideen dazu gibt es einige, Vorbilder aus anderen Ländern ebenfalls. Ein wirklich gelungener Ansatz scheint mir das japanische System zu sein. Dort stellen Unternehmen Elitesportler an und finanzieren sie, sodass sie sich komplett auf den Sport konzentrieren können. Sie starten für diese Werkteams so lange, bis die Sportkarriere beendet ist. Im Anschluss kann der Athlet dann als „normaler“ Angestellter im Unternehmen arbeiten. Das schafft eine enge Bindung, von der beide Seiten profitieren. Denn der Fakt, dass Leistungssportler als Arbeitnehmer gefragt sind, weil sie ein hohes Maß an Disziplin, Durchhaltevermögen und Organisationstalent mitbringen, hat sich selbst in Deutschland schon herumgesprochen.

Hier allerdings gibt es mit der Bundespolizei und der Bundeswehr nur zwei Arbeitgeber, die entsprechend leistungssportfreundliche Bedingungen bieten. Das ist ein Anfang, aber mir ist nicht klar, warum das nicht deutlich ausgeweitet werden kann. Warum zum Beispiel kann nicht auch das Innenministerium Sportler anstellen? Warum der Umweg über Bundeswehr oder Polizei? Letztlich leistet doch jeder Sportler auch einen Beitrag zum Gemeinwesen, wenn er für Deutschland Medaillen gewinnt. Ich bin auch dafür, dass Sportler für die Jahre, in denen sie in Landes- oder Bundeskadern geführt werden, einen Anspruch auf eine Athletenrente erwerben sollten. Das würde zwar nicht sofort auf dem Konto helfen, aber doch den Druck nehmen, wegen der Rente einem anderen Beruf nachgehen zu müssen. Und wenn Unternehmen Millionen investieren, um Fußballclubs zu sponsern, warum nutzen sie dann nicht einen Bruchteil des Geldes, um Individualsportler anzustellen, die unter dem Signum des Unternehmens bei Wettkämpfen antreten? Letztlich ist das, was aktuell im internationalen Sport passiert, Wettbewerbsverzerrung. Es ist ein Nachteil, wenn man 50 Prozent seiner Energie auf eine berufliche Ausbildung verwendet, während anderswo Sportler zu 100 Prozent Vollprofis sind.

Andererseits weiß ich, dass geistige Betätigung durchaus hilfreich ist, das habe ich selbst gespürt, als ich mich 2013/14 für zwei Jahre nur auf meinen Sport konzentrierte. Als Student empfand ich mein Studium bisweilen als Last; als ich damit durch war, fehlte mir der Ausgleich.

Ebenfalls verschließe ich nicht die Augen davor, dass das Profitum in anderen Ländern auch seine Schattenseiten hat. Wer erfolgreich ist, hat ausgesorgt. Aber was ist mit den vielen, die es nicht zur Olympiamedaille schaffen? Sie fallen oft in die Bedeutungslosigkeit, und wenn kein soziales Netz sie abfängt, ist der Aufschlag hart. Deshalb habe ich im Laufe der Jahre meine Meinung über das duale System geändert und halte es unter den gegebenen Umständen für die vernünftigste Lösung.

Es bleibt trotzdem dabei, dass man die Umstände optimieren muss. Denn zu viele Athleten hören zu früh mit dem Sport auf, weil sie die Doppelbelastung nicht aushalten. Unser ehemaliger Spitzen-Hürdenläufer Silvio Schirrmeister ist beste Beispiel für Burn-Out mit Mitte zwanzig.

Was also wäre zu ändern? Wenn in Deutschland Politik und Wirtschaft nicht mehr in die Athleten investieren wollen, müssen die Funktionäre aufhören, von immer mehr Medaillen und gleichzeitig noch mehr Nulltoleranz beim Doping zu fabulieren, denn das ist einfach nicht realistisch, wenn man mit der Weltspitze mithalten soll. Alles andere wäre Augenwischerei.

Wollen wir den Anschluss behalten, müssen wir – und nicht, dass mich hier jemand falsch versteht – natürlich nicht mehr dopen. Das ist selbstverständlich ein absolutes Tabu. Nein, wir müssen den Athleten die Chance geben, sich auf ihren Sport ohne finanzielle Existenzangst zu konzentrieren. Die USA sind neben Japan ein weiteres Beispiel. Dort hat jedes College Trainingsmöglichkeiten, von denen die Olympiastützpunkte in Deutschland nur träumen können. Die Studieninhalte sind auf die Sportler so zugeschnitten, dass deren Sport ganz klar im Vordergrund steht. Es funktioniert also, man muss es nur wollen. Es ist mir auch klar, dass man Kulturen nicht einfach so adaptieren kann, sondern sie gesellschaftlich wachsen müssen.

In Deutschland interessiert es leider an den Unis niemanden, was du nebenbei machst. Sie sind heute stark verschult, sodass man das Studium nicht entsprechend strecken kann, wie es manchmal notwendig wäre. Ja, es gibt Bewegung. Die Einführung von Eliteschulen des Sports, die Leistungssportlern ermöglichen, im Rahmen des Stundenplans zu trainieren, und ihnen auch bei der Freistellung für Wettkämpfe entgegenkommen, ist ein wichtiger Schritt gewesen, um wenigstens den Nachwuchs nicht schon früh zu verlieren. Aber von Leistungssportfreundlichkeit sind wir in Deutschland immer noch viel zu weit entfernt.

Sportler sind Idole, viele setzen sich während ihrer Karriere und auch danach in wichtigen Bereichen der Gesellschaft ein. Bei Olympischen Spielen oder auch bei Handball-Weltmeisterschaften oder großen Tennisturnieren spüren wir, wie sehr die Menschen mit Sportlerinnen und Sportlern mitfiebern und sich an ihren Erfolgen freuen. Es ist Zeit, die Rahmenbedingungen zu schaffen, dass die Athleten es nicht allein auf eigene Kosten tun müssen.

KILOMETER 10

REGENSBURG

Der Auszug von zu Hause kam für mich ziemlich plötzlich. Nachdem ich für den Wehrdienst ausgemustert worden war, schien mir die Offerte aus Regensburg, von der ich schon erzählt habe, eine gute Wahl zu sein. So ließen sich Studium und Leistungssport bestmöglich verbinden.

Natürlich war es ein großer Schritt für mich, mein gewohntes Umfeld zu verlassen. Wie sich aus meiner Vita ablesen lässt, hatte und habe ich bis heute wenig Erfahrung mit Ortswechseln. Ich habe bei der Entscheidungsfindung versucht, alle Faktoren möglichst objektiv gegeneinander abzuwägen. Das Betreuungssystem und die Standortfaktoren sprachen klar für Regensburg. Aber mit dem Umzug würde ich ein Stück Sicherheit aufgeben. Das System, in dem ich in Sindelfingen steckte, funktionierte ja. Und mir war klar, dass sich durch die räumliche Trennung auch das Verhältnis zu Familie und Freunden verändern würde. Aber mein Bauch sagte mir, dass Regensburg die richtige Wahl war.

Als größter Pluspunkt sollte sich das Athletenhaus herausstellen, in das ich im September 2007 einzog. Dieses Einfamilienhaus bietet der Verein LG Telis Finanz Regensburg an. Es liegt am Stadtrand, ungefähr einen Kilometer von der Uni und der Sportanlage entfernt. Fünf Zimmer stehen zur Verfügung, dazu Wohnzimmer, Esszimmer, Küche, Bad und sogar ein Garten. Für einen Studenten ist das im Vergleich zu den üblichen Wohnheimen eine super Sache. Dazu kommt, dass die Miete deutlich niedriger ist als in ortsüblich vergleichbaren Objekten und der Verein für die Nebenkosten aufkommt. Eine indirekte Sportlerförderung.

In der Ursprungsbesetzung lebte ich dort mit der Hindernisläuferin Susi Lutz, der Stabhochspringerin Elena Horn, der Siebenkämpferin Michelle Weitzel und dem Langstreckenläufer Max

Meingast zusammen. Wie in Wohngemeinschaften üblich hatten wir einen Putzplan und einen Einkaufsplan. Gekocht und gegessen wurde oft in der Gruppe. Mir hat das sehr gut gefallen, weil es einem den Einstieg ziemlich erleichtert, wenn man mit Gleichgesinnten, die ebenfalls neu in der Stadt sind, gemeinsam den Alltag meistert. Ich fand es sehr spannend, dass wir alle Sportler waren, aber aus verschiedenen Disziplinen der Leichtathletik kamen. Dadurch hatten wir eine ähnliche Einstellung, konnten zwar auch gut feiern, aber haben das nicht so exzessiv betrieben wie vielleicht andere Studierende.

Mein bester Freund aus dieser Zeit ist Jonas Koller. Er kam 2009 ins Haus. Jonas ist in Äthiopien geboren und bei seinen bayerischen Adoptiveltern aufgewachsen, 40 Kilometer außerhalb von Regensburg. Er ist ein Urbayer, und wenn er mit seinen dünnen Beinen und seinem dunklen Teint in Lederhosen steckt, ist das schon ein echt cooler Look. Auch wenn er sechs Jahre jünger ist als ich, haben wir sofort eine enge Verbindung gehabt.

Trotzdem waren damals für mich die ersten Wochen nicht ganz einfach. Wenn der Tag mit Terminen vollgestopft ist, hat man nicht viel Zeit zum Nachdenken. Abends im Bett denkt man dann doch manchmal an zu Hause. Ich bin ein kontaktfreudiger Typ, der relativ schnell mit anderen Menschen ins Gespräch kommt, und habe trotzdem rund ein Vierteljahr gebraucht, bis ich mich mit dem neuen Leben arrangiert hatte.

Dass der Sport im Mittelpunkt stehen sollte, stand für mich fest. Dennoch war mir auch das Studium wichtig. Ich war sicherlich kein Musterstudent. Nach zwei Semestern Volkswirtschaftslehre war klar, dass ich mich kolossal geirrt hatte. Also wechselte ich zu Politikwissenschaften, kombiniert mit Geschichte und anfangs Philosophie, später dann Medienwissenschaften. Das Gute an der Regensburger Uni ist, dass sie sich den Campus mit einer Fachhochschule teilt, sodass generell das Studienangebot riesig ist. Einem wie mir, der nicht festgelegt war, kam das zugute.

Ich bin froh, dass ich mein Studium mit dem Bachelor abgeschlossen habe. Was ich irgendwann mal mit dem Abschluss anfangen will? Keine Ahnung! Aber meine Allgemeinbildung hat zweifellos davon profitiert, und darüber hinaus habe ich in vielen Vorträgen gelernt, vor einer Menge Menschen zu reden. Meinen Master habe ich nicht angeschlossen, weil ich 2012 dann unbedingt den Schritt zum Profisportler machen wollte. Aber trotz aller Vorbehalte gegen das duale System, die ich im vorangegangenen Kapitel geschildert habe, bin ich froh, studiert zu haben. Meine Studienzeit möchte ich jedenfalls trotz der Herausforderung der Doppelbelastung nicht missen.

Nun aber zum Sport, denn das war ja der Hauptgrund meines Wechsels. Viele würden wohl erwarten, dass die Umstellung im Sport leichter fallen müsste als im Privatleben, weil sich die Inhalte nicht verändern, sondern nur das Umfeld. Bei mir war es anders. Sportlich brauchte ich ungefähr ein Jahr, bis ich das Gefühl hatte, angekommen zu sein. Ich hatte anfangs unterschätzt, was es bedeutet, sich auf einen neuen Trainer und eine neue Gruppe einzustellen.

Ich merkte schnell, dass in Regensburg deutlich strukturierter gearbeitet wurde als in Sindelfingen. Es gab eine kontrollierte Leistungsdiagnostik, individualisiertes Kraft- und Athletiktraining mit Anbindung an vom Verein organisierte Physiotherapie. Kurt Ring, der Mann, der mich im Probetraining getestet hatte, war von Beginn an mein Coach. Er wollte, dass ich im ersten Jahr mein Portfolio an Laufstrecken deutlich erweiterte. In den drei letzten Jahren in Sindelfingen war ich nur 1500 oder 3000 Meter gelaufen, nun sollten auch die 800 und 5000 Meter dazukommen, weil Kurt ein vollständiges Profil von mir erstellen wollte, um herauszufinden, wo meine Stärken liegen.

Ich wusste, dass ich für einen Läufer zwar nicht langsam war, aber dass mir die Grundschnelligkeit fehlte, um über kurze Distanzen wirklich glänzen zu können. Bevor ich nach Regensburg kam, war ich noch nie 5000 Meter im Wettkampf gelaufen. Im Mai 2008 in Koblenz gab ich meine Premiere über diese Distanz, ich wusste überhaupt nicht, wo ich mich einordnen sollte, bin von ganz hinten angelaufen und wurde am Ende in 14:05 Minuten Zehnter. Das war eine durchaus achtbare Zeit, die uns zeigte, dass ich wohl doch ein Typ für die Langstrecke werden würde.

Ohne überheblich zu klingen: Als ich nach Regensburg kam, war die Leistungsstärke der Mannschaft, die schnell zum wichtigsten Standortfaktor wurde, noch nicht so hoch. Ich war der einzige männliche Athlet in unserer Trainingsgruppe, der das Profil hatte, in der nationalen Spitze mitzuhalten. Daraus entstand bei mir eine gewisse Ungeduld, auch Unzufriedenheit, weil ich anfangs mit dem Trainingskonzept fremdelte. Aus Sindelfingen war ich harte Tempoeinheiten gewohnt, in denen ich über die Schmerzgrenze hinwegtrainierte. Kurts Ansatz war, anfangs viel mehr Wert auf lange Ausdauereinheiten zu legen und nicht auf Tempohärte.

Es prallten also zwei Herangehensweisen aufeinander. Es gab ein, zwei Momente, da bin ich beim Training ausgeflippt. Mir fehlte anfangs das Vertrauen in Kurts System. Zum Glück war er verständnisvoll und wirkte sehr vermittelnd, bis ich an den Ergebnissen ablesen konnte, dass seine Herangehensweise richtig war. Nach zehn Monaten war ich sowohl auf 1500 Meter als auch auf der doppelten Strecke vier Sekunden schneller.

Als ich sah, dass es funktionierte, wie er es machte, war das Eis gebrochen. Kurt ist ein Trainer, der von seinen Athleten einfordert, dass sie Dinge infrage stellen, sie sollen nicht einfach nur funktionieren. Aber ich war 20, als ich zu ihm kam, und er 58. Dass es seine Zeit braucht, einander zu verstehen, wundert mich im Rückblick gar nicht. Ich bin froh, dass wir zu Beginn beide die nötige Geduld aufgebracht haben, denn wir sollten zusammen den Weg zu den Olympischen Spielen bestreiten.

#VERPFLEGUNG 2

DIE SCHUHE

Der Preis ist für viele Menschen heutzutage der wichtigste Kaufanreiz. Wer dieses Prinzip jedoch auf den Kauf seiner Laufschuhe anwendet, wird sich höchstwahrscheinlich sehr schnell darüber ärgern. Ein No-Go ist, sich seine Laufschuhe billig im Internet zu bestellen. Der Schuh ist die einzige Investition in unserem Sport, und bei der sollte man nicht sparen.

Wer zum ersten Mal Laufschuhe kauft, geht am besten zu einem Fachhändler, der eine Laufbandanalyse anbietet. Dadurch gewinnt man Erkenntnisse über den individuellen Laufstil, ob man proniert und deshalb Schuhe mit einer Stützfunktion braucht oder eher, wie ich, einen neutralen Schuh benötigt. Nach dem Kauf besser nicht sofort loslaufen, sondern die Schuhe erst einmal im Alltag bei einem Spaziergang tragen, um die Füße an die neuen Laufwerkzeuge zu gewöhnen.

120 bis 160 Euro ist ein guter Richtwert für den Kauf von Laufschuhen. Natürlich gibt es auch teurere, aber für das Geld seid ihr mit Sicherheit gut bedient. Ein ordentlicher Laufschuh hält, je nach Frequenz der Beanspruchung, etwa 600 bis 800 Kilometer. Dann ist die Dämpfung meist so ausgetreten, dass Ersatz nötig wird. Um zu erkennen, wann die Schuhe ersetzt werden sollten, stelle ich sie gern auf einen flachen Untergrund und schaue, ob sie noch eine gute Bodenlage haben. Wenn sie sich zu einer Seite arg neigen, deutet das auf eine Überbelastung und eine Schwäche des Materials hin, die langfristig zu Problemen führen kann. Deshalb rate ich, Schuhe nicht bis zum Äußersten abzulaufen. Das wäre erneut am falschen Ende gespart.

Für Menschen, die just for fun zwei- bis dreimal pro Woche zehn Kilometer joggen, reicht theoretisch ein Paar Schuhe aus. Besser ist aber doch, sich mindestens ein weiteres Paar zum

Wechseln anzuschaffen. Es ist so, dass sich der Fuß recht schnell an ein Schuhmodell gewöhnt und es durch die monotone Belastung zu Überlastungsreaktionen kommen kann. Wer seine Schuhe regelmäßig wechselt, beansprucht seine Füße vielfältiger und beugt Verletzungen damit vor. Ich habe immer fünf bis sieben Paar Laufschuhe gleichzeitig in Benutzung, die ich für unterschiedliche Gelände oder Wettbewerbe brauche. Ein Hobbyläufer ist mit zwei oder drei Paar bestens bedient.

Ein großes Thema für Läufer sind Blasen am Fuß. Es ist ein Irrglaube, dass diese ausschließlich durch falsche Passform der Schuhe entstehen. Wer neu oder nach einer Verletzung mit dem Laufen beginnt, hat nicht so viel Hornhaut an den besonders belasteten Stellen gebildet. Das ist ganz normal und bedeutet nicht automatisch, dass man die Schuhe wechseln muss. Auch die Socken oder schlicht sehr abwechslungsreiches Gelände können Blasen hervorrufen. Selbst Profis haben immer mal wieder damit zu tun.

Vor einem langen Lauf hilft es mir, prophylaktisch die Zehen und die Ballen mit Vaseline einzucremen. Die ist schweißresistent und hilft Druckstellen vorzubeugen. Und wenn doch mal eine Blase auftritt: Mit einem sterilen Messer oder einer sterilen Nadel punktieren, Flüssigkeit herausdrücken, aber niemals die Haut abschneiden oder abreißen, da sonst Entzündungsgefahr droht. Und dann die Wunde an der Luft abheilen lassen. Ich klebe Blasen nie ab, wenn ich laufe, achte aber darauf, sie gut zu desinfizieren und gegebenenfalls mit einer Wundsalbe zu behandeln.

TEIL 3
DRANBLEIBEN

KILOMETER 11

INNOVATIVES GESAMTPAKET

In seinem unter Fußballfans hoch angesehenen Bestseller „Fever Pitch“ schreibt der britische Autor Nick Hornby, dass man sich seinen Verein nicht aussucht, sondern von seinem Verein ausgesucht wird. Ich für meinen Teil bin sehr glücklich, dass ich mit meiner Vereinswahl absolut richtig gelegen habe. Das gilt natürlich auch für meine ersten Clubs in der Heimat, in besonderem Maße aber für meinen Wechsel nach Regensburg.

Seit dem 1. Januar 2008 starte ich für die LG Telis Finanz Regensburg. Ich liebe besonders die familiäre Atmosphäre, die darin begründet ist, dass Menschen wie Trainer Kurt Ring und seine Frau Doris Scheck, unser LG-Präsident Norbert Lieske oder der langjährige Geschäftsführer unserer Veranstaltungs-GmbH, Otto Prinzing, seit Jahrzehnten daran arbeiten, das Familiäre in den Vordergrund zu stellen und zu erhalten.

Das Gesamtpaket, das in Regensburg angeboten wird, war damals für meinen Wechsel ausschlaggebend. Ich weiß, dass in Sindelfingen einige Menschen glaubten, ich sei mit Geld weggelockt worden. Aber das entspricht nicht den Tatsachen. Wir sind genau das Gegenteil eines Söldnervereins. Nach Regensburg wechselt niemand wegen des Geldes – weil es davon hier nicht mehr gibt als in den meisten anderen Clubs auch.

Die Leichtathletik-Gemeinschaft (LG), 1970 gegründet, ist ein Zusammenschluss von heute noch zwölf Vereinen aus der Region. Mittlerweile werden wir als Läuferverein wahrgenommen, grundsätzlich sind wir aber offen für alle Leichtathleten, wobei der Großteil tatsächlich aus Läufern besteht. Wir sind ein eher kleiner Verein und doch für unsere verhältnismäßig überschaubare Mitgliederzahl ziemlich erfolgreich. Rund 25 Athleten können dem Hochleistungssport zugerechnet werden. Wir hatten 2016 drei

Starter bei den Olympischen Spielen in Rio. Keine schlechte Quote, denke ich!

Was ist die Kern-DNA unseres Vereins? Für mich ist es die Kombination aus zwei Welten: die Ausrichtung auf Hochleistungssport gepaart mit dem Fokus auf familiärem Flair und Menschlichkeit. Wir wollen alle den größtmöglichen Erfolg, aber dabei soll sich niemand ausgeschlossen oder abgehängt fühlen. Dieses Klima hat in meiner Karriere entscheidend dazu beigetragen, meine Motivation zu erhöhen. Wenn du nur an Leistung gemessen wirst, kannst du schnell in ein Loch fallen und unter großen Druck geraten, wenn sie mal ausbleibt. Bei uns wird nie vergessen, was du mal geleistet hast, vor allem aber wird anerkannt, was du auch abseits der Laufstrecke darstellst. Es tut gut zu wissen, dass da immer Leute sind, die hinter dir stehen und dich auffangen.

Was hier zählt, ist die Gemeinschaft. Nicht umsonst ist das Unternehmen Telis Finanz AG Namenssponsor, seit ich im Verein bin. Davor waren es die Domspitzmilch-Werke fast ebenso lang, und die sind nur ausgestiegen, weil sie von einem größeren Unternehmen gekauft wurden, das kein Interesse mehr an regionalem Sportsponsoring hatte. Man sagt ja oft, dass es ein Problem ist, sich nur auf einen Partner zu stützen, wie es viele Vereine machen. Bricht diese Stütze weg, stürzt manchmal das ganze Haus ein. Für uns aber ist die Telis Finanz AG das, was man einen Glücksgriff nennt.

Nicht nur die Sponsoren sind treu. Ich war zuletzt in der Trainingsgruppe der Opa, dennoch haben wir im Verein zahlreiche Sportler, die seit vielen Jahren dabei und es passiert höchst selten, dass jemand wechselt. Auf der Nordseite der Donau gibt eine Trainingsstrecke, die Winzerer Höhen, die ich gern als unsere „grüne Hölle“ bezeichne. Der Weg führt über einen anspruchsvollen Hang in ein Waldstück, durch das sich eine 3,4 Kilometer lange, profilierte Laufrunde erstreckt. Diese Runde sind schon unsere Trainer als Athleten gelaufen. Jeder kennt sie und die Qualen, die sie bereiten kann. Das schweißt zusammen.

Wir Sportler sind auch über das Training hinaus miteinander verbunden. Neben den Trainingslagern, die der Verein organisiert, gibt es um die Osterzeit herum eine jährliche Ausfahrt nach Cervia in Italien, an der auch Ehemalige teilnehmen. Wir haben einen Nikolauslauf und jedes Jahr im Juni ein zweitägiges Sportfest, bei dem alle zum Gelingen beitragen. Da schleppen auch die Olympiastarter Metallabsperrgitter durch die Gegend.

Alle zwei Jahre gibt es außerdem eine große Jahresabschlussfeier für alle Athleten, Trainer, Helfer, Partner und Freunde des Vereins. Dieses Highlight, an dem auch die örtliche Wirtschaft und Politik teilhaben, ist ein großes Fest mit Dresscode, das heißt, Anzug und Ballkleid oder bayerische Tracht sind Pflicht. Dieses Fest wurde bisher immer von professionellen Moderatoren begleitet. Im vergangenen Jahr hatten Felix Plinke und ich allerdings die Idee, der Verein könne das Geld für die Moderatoren an anderer Stelle besser einsetzen, und haben uns für den Job gemeldet. Was für eine Arbeit das ist, hatten wir sicherlich etwas unterschätzt … Aber es hat Spaß gemacht.

Als ich 2007 über meinen Wechsel nach Regensburg nachdachte, hat mich vor allem die Idee des Athletenhauses überzeugt. Ich kannte so etwas von keinem anderen Verein in Deutschland. Das Gesamtpaket war dann die optimale Lösung. Einerseits eine günstige Sportler-WG, ein kurzer Weg zur Uni und zum Training, andererseits die Betreuung durch ein kooperierendes Rehazentrum. Gezielt Krafttraining machen und danach 45 Minuten Physiotherapie erhalten, stellte für mich ein neues Level der Professionalisierung dar. Außerdem bekamen wir vom Verein Kleinbusse gestellt, die uns nicht nur für Reisen zu Wettkämpfen zur Verfügung standen, sondern die wir Athleten auch nutzen durften, um von unserer Unterkunft zum Training oder zu Behandlungen zu fahren. Das mag für manche klingen, als wäre es das Normalste von der Welt. Für viele Athleten in Randsportarten ist es das aber nicht, es gibt genügend Sportler, die ihre Anreise selbst organisieren und ihre Übernachtung aus eigener Tasche zahlen. Regensburg war – und ist bis heute – für mich ein Rundum-sorglos-Paket, das mir ermöglicht hat, mich auf Studium und Sport zu konzentrieren.

In diesem Sinne war mein Wechsel nach Regensburg der Schlüsselschritt zur Professionalisierung. Er war die Weichenstellung, die mich auf das olympische Gleis brachte. Aber bis ich in Rio 2016 an der Startlinie stand, floss noch viel Wasser die Donau hinunter, an der ich schon so oft entlanggelaufen bin.

KILOMETER 12

IN DEN MARATHON

„Bedeutende Erfolge sind auch die Ergebnisse überwundener Krisen.“ Das ist ein schöner Satz, der von dem Schriftsteller Hans Arndt stammt und auf meine sportliche Karriere sehr gut passt. Ein Sportler, der keinen Erfolg hat, wird über kurz oder lang die Lust an der Plackerei verlieren. Dass Krisen, vor allem Verletzungen und Formlöcher, auch dazugehören, um Erfolg überhaupt wahrnehmen und einordnen zu können, habe ich in meinen Anfangsjahren in Regensburg mehrfach erlebt.

Der Winter 2008/09 war ein guter gewesen, ich hatte weder Verletzungen noch Krankheiten und fühlte mich im März 2009 in der Form meines bisherigen Lebens. Für Juli peilte ich meine altersbedingt letztmögliche Teilnahme an der U-23-EM an. Da setzte mich eine Stressfraktur im Beckenbereich für sechs Wochen außer Gefecht.

Die schweren Knieprobleme aus der Jugendzeit hatten mich Verletzungen gegenüber relativ gleichgültig werden lassen, meine Schmerztoleranz war hoch und meine Motivation ungebrochen. Deswegen machte ich schon am Tag nach der Verletzung einen Plan, wie ich die 5000-Meter-Norm für die U-23-EM trotz des Ausfalls noch vor Ablauf der Frist Ende Juni würde laufen können.

Ein Rennen in Lugano hatte ich mir dafür ausgeguckt. Mein ärgster nationaler Konkurrent war damals Rico Schwarz, er hatte schon eine starke Zeit vorgelegt, die ich in der Schweiz dann mit einer für mich damals überraschenden neuen Bestleistung von 13:54 Minuten deutlich unterbot. Bei der U-23-DM in Göttingen konnte ich Rico kurz darauf sogar im direkten Duell schlagen. Die ersten 3000 Meter waren wir im Feld gelaufen und hatten uns gegenseitig belauert, die letzten 2000 bin ich dann von der Spitze angegangen und habe in 14:08 Minuten gewonnen, was ebenfalls für die Norm gereicht hätte.

Also wurde ich für die U-23-EM, meine erste internationale Meisterschaft auf der Bahn, nominiert. Sie fand im litauischen Kaunas statt. Und auch wenn ich dort leider meiner mangelnden Erfahrung und dem Umstand, dass mir sechs Wochen Training fehlten, Tribut zollen musste und drei Plätze hinter Rico auf dem achten Platz landete, war 2009 doch ein Jahr, das uns verdeutlichte, dass wir auf einem guten Weg waren. In dem Jahr bin ich auch zum ersten Mal die 3000 Meter unter acht Minuten gelaufen. Das verrückteste Rennen der Saison war aber ein anderer 3000-Meter-Lauf, er fand im Rahmen eines U-23-Länderkampfes statt, der die Generalprobe für die WM in Berlin darstellte. Im vollkommen leeren Olympiastadion sind Rico und ich unter WM-Bedingungen, also mit voller TV-Produktion und Vorstellung aller Athleten über Stadionlautsprecher und Videoleinwand, gegen zwei Polen, einen Österreicher und einen Schweizer angetreten. Wir waren nur sechs Läufer, ein paar Betreuer und die Techniker in einer Arena, in die fast 75.000 Menschen passen!

Für die ersten 1000 Meter brauchten wir 3:09 Minuten, was selbst für ein taktisches Rennen auf dieser Strecke extrem langsam war und unsere Bundestrainer so sehr ärgerte, dass sie uns lautstark zu mehr Tempo animierten. Besonders die beiden Polen nahmen sich das zu Herzen. Nachdem der zweite Kilometer in 2:51 Minuten absolviert war, schossen sie in einem Tempo an Rico und mir vorbei, dass mir eigentlich klar war, dass sie das niemals durchhalten konnten. Ich versuchte also dranzubleiben, aber einer von beiden hatte bald 30 Meter Distanz zwischen uns gebracht, und plötzlich war ich nicht mehr so sicher. Erst 300 Meter vor dem Ziel konnte ich ihn abfangen und schließlich als Erster die Ziellinie überqueren. Als ich auf die Leinwand blickte, wurden da 8:31 Minuten als meine Siegerzeit angezeigt. Die finalen tausend Meter bin ich also in 2:31 Minuten gerannt, und das erklärte auch meinen leichten Blutgeschmack im Mund. Laktat lässt grüßen!

Mit diesen Ergebnissen ging ich 2010 beruhigt in meine erste Saison bei den Männern. Der Welpenschutz war vorbei, ich hatte aber, weil ich weniger Rennen bestritt, mehr Zeit, mich auf bestimmte Wettkämpfe zu konzentrieren, was in erneuten Bestzeiten resultierte. So lief ich die 800 Meter erstmals in 1:50 Minuten und stand im Juli bei den Deutschen Meisterschaften in Braunschweig über 5000 Meter als Dritter auf dem Podest. Für mich behalten hatte ich jedoch Knieprobleme, die ich anfangs auf die leichte Schulter genommen hatte. Ich dachte, ich könnte bis zum Saisonende auf die Zähne beißen und dann kürzertreten.

Weit gefehlt: Die Schmerzen wurden so schlimm, dass ein operativer Eingriff nötig wurde, weil ein Teilstück der Patellasehne im linken Knie nekrotisiert, also abgestorben war. Die Operation verlief zwar gut, aber weil ich das Bein zwei Wochen lang kaum belasten durfte, hatte ich einen Muskelschwund, der nahezu die gesamte Kraft aus dem Bein zog. Ich war völlig geschockt. Der Rehabilitationsprozess nahm drei Monate in Anspruch.

Im Bundeskader-Trainingslager in Spanien Anfang 2011 wollte ich, endlich wieder voll belastbar, so viel Aufbauarbeit wie möglich schaffen, um an meine alte Form anzuknüpfen. Am zweiten Tag vor Ort absolvierten wir Bergläufe, und bei einem Abstieg passierte es: Ich knickte an einem Stein so unglücklich um, dass mein rechter Knöchel den Boden berührte und der körpereigene Reflex, den Fuß wieder in die Normalstellung zurückzuführen, versagte. Schon im Moment des Umknickens wusste ich, dass da etwas Übles passiert war. Aber ich joggte noch die restlichen 150 Meter bis an den Ausgangspunkt unserer Starts unter fiesen Schmerzen zurück.

Unser Physio sah sofort, dass da etwas nicht stimmte, weil sich die Schwellung bereits über den Schaft des Schuhs hinauswölbte. Meine Idee, schnell ins Hotel zurückzulaufen, fand er nicht so toll, stattdessen ging es per Mountainbike zurück, und das war gut, denn wir hatten die Räder gerade am Hotel abgestellt, als mir mächtig übel wurde. Mein Kreislauf rebellierte. Mit Mühe schaffte der Physio es, mir den Schuh auszuziehen, der Knöchel war mittlerweile ein Ballon. Weil vor Ort das nötige Gerät für eine genaue Untersuchung fehlte, musste ich so schnell wie möglich nach Deutschland zurück.

Zwei Tage später bekam ich einen Flug. Die Nächte bis dahin waren die Hölle. Zum ersten Mal in meinem Leben lag ich eine Nacht komplett wach, weil kein Schmerzmittel anschlug. Mein Zimmerpartner und Vereinskollege Florian Orth hatte als angehender Zahnmediziner eine umfangreiche Notfalltasche mit Schmerzmitteln bei sich. Aber auch er konnte mir, als ich ihn mitten in der Nacht weckte, nicht wirklich Linderung verschaffen. Wie lange acht Stunden sein können, weiß ich seitdem.

Zurück in Deutschland wurde bei einer MRT-Untersuchung festgestellt, dass diverse Weichteilverletzungen vorlagen. Im Prinzip war an meinem rechten Knöchel alles an- oder abgerissen, was eben an oder abreißen kann. Das klang überhaupt nicht gut, und trotzdem: Glauben, dass nichts gebrochen war, konnten wir kaum, und als ich nach vier Wochen noch immer nicht schmerzfrei gehen konnte, brachte eine neue Untersuchung Gewissheit, dass die erste Diagnose falsch gewesen war. Zu den diversen Außenband- und Kapselanrissen war auch der fünfte Mittelfußknochen abgerissen und dadurch die Peroneus-Brevis-Sehne in Mitleidenschaft gezogen. Der Fuß hätte komplett ruhiggestellt werden müssen, was über vier Wochen aber nicht geschehen war.

Die Folge: Es drohte eine Pseudoarthrose im Fuß. Eine Operation sollte Abhilfe schaffen, sie fand im Februar 2011 statt. Im Mai war ich noch immer nicht schmerzfrei. Der Arzt, den ich daraufhin konsultierte, deutete an, ich könne eventuell nie mehr in den Leistungssport zurückkehren. Ich habe schon gesagt, dass ich ein grundoptimistischer Mensch bin. Aber diese Diagnose hat mir fast den Boden unter den Füßen weggezogen. Wie in Trance verließ ich die Praxis. Ich setzte mich in mein Auto und starrte erst einmal eine Viertelstunde unbewegt aus dem Fenster. Mir schwirrten Gedankenfetzen durch den Kopf, ich dachte daran, was ich mir beim Wechsel nach Regensburg vorgestellt hatte, wo ich im Sommer 2011 sein wollte – auf dem Weg zu den Olympischen Spielen 2012 in London, zum Beispiel. Und nun drohte das alles in sich zusammenzustürzen. Der Gedanke, vielleicht niemals bei den Spielen dabei zu sein, bahnte sich den Weg in meinen Kopf.

Mein Trainer Kurt und seine Frau Doris halfen mir sehr in dieser Zeit. Doris' Bruder war Radiologe, er hatte einen Kollegen, der eine sportmedizinische Praxis am Schliersee führte. Doktor Thierry Murrisch, den ich also auf seine Empfehlung hin aufsuchte, ist der Typ Arzt, der einem sofort das Gefühl gibt, in guten Händen zu sein. Er wollte die MRT-Aufnahmen meines Fußes nicht sehen, sondern begann eine ganzheitliche Betrachtung meines Körpers, die in die These mündete, dass die bei der Operation eingesetzte Metallplatte das Problem sei. Er empfahl, die Platte entfernen zu lassen.

Die Operation, die einige Tage später durchgeführt wurde, dauerte sieben Minuten, und es waren vielleicht die sieben Minuten, die meine Karriere retteten. Nach ein paar Wochen Pause und vollständiger Wundheilung konnte ich im August 2011 zum ersten Mal wieder laufen gehen. Elf Minuten am Stück waren es, so steht es in meinem Trainingsprotokoll. Diese elf Minuten waren der reinste Genuss. Es fühlte sich nach Freiheit an, als ob alles wieder möglich wäre.

Dass mit einer elfmonatigen Pause die London-Spiele für mich gelaufen waren, stand fest. Der Weg zurück war lang, und doch schaffte ich es 2012, erstmals deutscher Meister über 10.000 Meter zu werden, und zwar mit persönlicher Bestzeit von 28:45 Minuten. Außerdem verbesserte ich meine Bestzeit über 5000 Meter auf 13:31,24 Minuten, was ich bis heute nicht mehr unterboten habe. Ich träumte kurzzeitig davon, in London über 5000 Meter an den Start zu gehen, aber die Norm von 13:18 Minuten, die der deutsche Verband angesetzt hatte, hätte ich wohl auch ohne die Verletzungspause nicht schaffen können. Insofern versuchte ich, der verpassten Chance nicht zu sehr nachzutrauern.

Es galt nun, sich neue Ziele zu setzen, mir war aber noch nicht ganz klar, in welche Richtung ich gehen wollte. 2013, in meiner ersten Saison als Profi nach dem Abschluss meines Bachelorstudiums, hatte ich gesundheitlich ein Bombenjahr ohne Verletzungen. Dennoch schaffte ich es nicht, neue Bestleistungen zu erreichen oder Titel zu gewinnen. Ich musste lernen, dass es im

Hochleistungssport auch Trainingsplateaus gibt und Trainings- und Wettkampfergebnisse einfach nicht zusammenpassen wollen. Das Niveau für internationale Meisterschaften, das über 5000 und 10.000 Meter eingefordert wurde, war außerdem immer noch wahnsinnig hoch, und so reifte in mir die Erkenntnis, dass ich, wenn ich in Rio 2016 dabei sein wollte, komplett anders denken und mich als Läufer neu erfinden musste.

Als hätte ich das schon zu Beginn des Jahres geahnt, suchte ich in einem Trainingslager im Februar 2013 in Portugal mit Kurt zum ersten Mal das Gespräch darüber, was er über einen Wechsel zum Marathon denken würde. Hoffentlich erklärte er mich nicht für verrückt, weil diese Idee mit Mitte 20 vielleicht etwas sprunghaft erschien. Doch Kurt unterstützte sie. Wir entwarfen einen langfristigen Plan mit einem Halbmarathon-Debüt noch im Jahr 2013 und einem Marathon-Debüt im Herbst 2014. Meinen ersten Halbmarathon lief ich also im April 2013 bei den Deutschen Meisterschaften in Refrath, und die Zeit von 1:04:11 Stunden war für uns ein Fingerzeig, dass wir in die richtige Richtung dachten. Trotzdem war uns bewusst: Marathon ist der Mount Everest der läuferischen Herausforderungen. Das ist noch mal eine ganz andere Welt.

Im Oktober 2014 sollte ich dann in Frankfurt am Main mein Debüt über die 42,195 Kilometer geben. Einfach, um es mal auszuprobieren. Ich war bereit dazu, weil ich eingesehen hatte, dass ich über 5000 Meter niemals unter 13:20 Minuten kommen würde. Das war aber nötig, um bei Olympia überhaupt nur dabei sein zu können. Eliud Kipchoge, der Mann, der 2017 den Versuch, einen Marathon unter zwei Stunden zu laufen, nur um 25 Sekunden verfehlte, sagt zwar gern, dass es für den Menschen keine Limits gibt. Aber das gilt vielleicht, wenn man Eliud Kipchoge ist. Wenn man Philipp Pflieger heißt, hilft eine Portion Realismus bisweilen weiter.

Na ja, meine Herangehensweise an den Marathon war damals trotzdem eher von Naivität denn von Realismus geprägt. Marathon hatte ich als junger Athlet immer als Disziplin für diejenigen belächelt, die auf der Bahn zu schlecht waren. Dass es die Königsdisziplin des Laufens ist, weil es zwei so gegensätzliche Dinge wie

Ausdauervermögen und Tempohärte vereint, war mir nicht klar. Entsprechend blauäugig ging ich in die Vorbereitung auf Frankfurt.

Ich hatte mir in den Kopf gesetzt, bei der EM im August in Zürich über 10.000 Meter zu starten, weil ich der Meinung war, dass das gut in den Marathon-Vorbereitungsplan passen würde. Der deutsche Verband hatte die Norm wieder einmal deutlich strenger angesetzt als die kontinentale, und obwohl ich im niederländischen Leiden meine Bestzeit über die 10.000 Meter auf 28:40,39 Minuten steigerte, was bis heute meine Bestleistung auf der Bahn ist, wurde ich nicht für die EM nominiert. Mir fehlten 5,39 Sekunden. Weil ich vorher verletzt gewesen war, bat ich den Verband darum, weitere Leistungsnachweise bringen zu dürfen, um die Qualifikation auf diesem Weg nachzuholen.

Man sagte mir, ich müsse über 3000 Meter eine gute Leistung nachweisen, also startete ich im Juli in Dublin bei einem Rennen, wurde in persönlicher Bestzeit von 7:52 Minuten Vierter. Aber das reichte dem DLV auch nicht. Gefordert wurde ein weiterer Leistungsnachweis über 5000 Meter. Also startete ich, obwohl ich merkte, dass ich aufgrund der Normenhatz langsam ausgebrannt war, in Heusden in Belgien bei einem legendären internationalen Meeting. Es war an diesem Abend wahnsinnig heiß, wie es eben im Juli passieren kann, und ich schaffte es nicht in die Nähe meiner persönlichen Bestleistung. Auch mein dritter Platz über 5000 Meter bei den Deutschen Meisterschaften eine Woche später in Ulm genügte dem DLV nicht. Auf dem Parkplatz hinter dem Stadion teilte mir mein damaliger Bundestrainer mit, dass ich nun endgültig nicht für die EM in Zürich nominiert werden würde.

Nach dem anstrengenden Sommer, wo ich von einem Rennen ins nächste gehetzt worden war, um imaginäre Leistungsnachweise zu erbringen, hat mich das mental und körperlich ziemlich mitgenommen und das Verhältnis zum Verband nachhaltig stark beschädigt, aber darauf komme ich noch zu sprechen.

Umso motivierter war ich nun allerdings, mein Marathon-Projekt durchzuziehen. Obwohl mich mein Trainer davor warnte, weil er sah, in welchem Zustand ich nach dem zehrenden Sommer war, ließ ich mich nicht davon abbringen, in Frankfurt an den Start zu gehen. Mir fehlte, das weiß ich heute, der Respekt vor der Strecke. Ein Marathon ist kein Kinderfasching, man braucht Demut, denn jenseits von eineinhalb Stunden Beanspruchung laufen Prozesse im Körper ab, die unter Wettkampfbelastung kaum trainierbar sind. Man muss für einen Marathon physisch und psychisch erholt sein, aber das wusste ich damals nicht. Ich hatte keine Vergleichswerte und keine Erfahrung, was diese Strecke aus einem machen kann. Und so rannte ich am 26. Oktober 2014 in Frankfurt am Main mit vollem Anlauf ins offene Messer.

KILOMETER 13

MOTIVATION BEI ERFOLG – UND BEI MISSERFOLG

Wer professionell 5000 oder 10.000 Meter läuft, stellt sich vor seinen Rennen eine Frage *nicht:* Werde ich die Strecke schaffen? Es kann passieren, dass man nicht die Zeit läuft, die man sich vorgenommen hat, weil wahlweise der Körper, das Wetter oder die Konkurrenz sich nicht so verhält, wie es nötig gewesen wäre. Aber dass man die Belastung dieser Distanzen nicht durchhält, ist ausgeschlossen, außer natürlich, man verletzt sich.

Vor einem Marathon ist das anders. Vor einem Marathon musst du immer mit dem Risiko leben, das Rennen nicht beenden zu können. Und schaffst du es nicht, ist das nicht grundsätzlich ein Beweis für fehlende Qualität. Es gibt genügend Beispiele für Läufer, die auf der Bahn alles in Grund und Boden rennen, aber auf Asphalt nicht zurechtkommen. Dieter Baumann, unser 5000-Meter-Olympiasieger von 1992 und mein Vorbild früherer Tage, ist so ein Athlet. Mit dem Marathon ist er nie warm geworden.

Das größte Problem ist, dass du die Distanz, die du im Rennen zurücklegst, im Training kaum oder gar nicht läufst. Das gibt es bei keiner anderen Strecke. Für einen Halbmarathon läuft man in der Vorbereitung gern auch mal 30 Kilometer, um die psychologische Härte zu schulen und sich zu bestätigen, dass die 21 Kilometer ein Klacks sind. Aber da die Marathon-Distanz auf Dauer für den Körper viel zu zehrend ist, sind 40 Kilometer im Training das Limit, und auch das nur wenige Male innerhalb einer Zwölf-Wochen-Vorbereitung. Ein einziges Mal, 2017, bin ich im Training 45 Kilometer gerannt; ein Experiment, das wir seither nicht wiederholt haben. Das Verletzungsrisiko steigt im Kontext der Gesamtbelastung einer Marathon-Trainingswoche exponentiell und wäre irgendwann zu hoch, würde man dauerhaft zu lange Distanzen laufen. Das Ziel ist es ja, möglichst gesund an die Startlinie zu gehen.

So stand ich also am 26. Oktober 2014 in Frankfurt am Main am Start – und hatte keine Ahnung, was mich erwartete. Wer schon ein paarmal die 42,195 Kilometer hinter sich gebracht hat, kann wenigstens von dieser Erfahrung zehren. Aber ich war Neuling, und ich konnte deshalb überhaupt nicht einschätzen, ob meine Trainingsleistung ausreichend war. Das heißt: Eigentlich wusste ich, dass sie es nicht war, dafür hatte ich zu viele Höhen und Tiefen in meiner Vorbereitung. Mein Trainer hatte mich schon zur Halbzeit der Vorbereitung vom Abbruch des Projektes „Marathon-Premiere" überzeugen wollen. Ich selbst hatte mich in den Wochen vor dem Rennen nicht gut gefühlt, extrem müde und wenig spritzig. In Wahrheit hatte ich mich systematisch in den Keller trainiert. Aber ich dachte, das gehöre dazu, schließlich war es Marathon und das Training dafür musste anstrengend sein. Vor allem wollte ich nach meinem furchtbaren Sommer etwas Neues schaffen. Ich wollte es unbedingt durchziehen.

In meinem naiven Leichtsinn dachte ich, es muss ja nicht die Olympianorm sein. Es sollte „nur" eine Zeit um 2:14 Stunden herauskommen. Dass das für einen Debütanten ein ziemliches Brett war, wollte ich nicht wahrhaben. Mein damaliger Teamkollege Julian Flügel war den Marathon damals schon unter 2:15 Stunden gelaufen und wollte daran anknüpfen, also dachte ich, ich bleibe einfach an ihm dran, dann kann schon nicht viel schiefgehen.

Es ging schief.

Am Tag des Rennens war ich angespannt, aber nicht übernervös. Ich fühlte mich eigentlich gar nicht schlecht. Zum ersten Mal hatte ich meinen Kumpel Jonas Fischer als Verpflegungshelfer dabei. Jonas ist der Typ Mensch, der einfach Lockerheit vermittelt, und so ging ich trotz der für mich ungewohnten Abläufe einigermaßen entspannt an den Start.

Unsere Pace-Gruppe war voll auf Julian ausgerichtet, was mir gut passte, weil ich so unter dem Radar laufen konnte. Mein Ziel war, das Tempo in der Gruppe mitzugehen, und das lief anfangs auch gut. Erstaunlich gut. So gut, dass ich nach dem Halbmarathon dachte: „Ich merke gar nichts. Das ist leichter als erwartet!“ Unsere Halbmarathon-Zielzeit war 1:07 Stunden gewesen. Das Optimum, das sich ein Marathon-Läufer wünscht, ist ein negativer Split. Das bedeutet, dass man die zweite Hälfte schneller läuft als die erste. Das ist oftmals Wunschdenken, denn natürlich muss man auf der zweiten Hälfte körperlichen Substanzverlust einrechnen. Dennoch: Als wir die 1:07 beim Halbmarathon-Durchlauf sogar unterboten, fühlte ich mich wie der König der Welt.

Leider sollte das Gefühl nicht allzu lange anhalten. Kurz vor Kilometer 25 liefen wir eine Steigung zu einer Zubringerstraße hinauf, und da musste ich zum ersten Mal arbeiten, um an Julian dranzubleiben. Bei der Verpflegungsstation trank ich wie bei den Stopps zuvor auch, aber ich hatte nicht das Gefühl, dass die Elektrolytmischung irgendetwas bewirkte. Normalerweise setzt nach ungefähr einem Kilometer ein kleiner Energieschub ein. Bei mir schob gar nichts. Bei Kilometer 27 fühlte ich, wie die Beine schwer wurden, außerdem hatte ich ein Kribbeln in den Fingern.

Im Marathon ist man gut beraten, auf sein Körpergefühl zu hören. Man hat so viele Höhen und Tiefen während des Laufs, und man kann sich nicht durch alle Täler so durchprügeln wie auf der Bahn, wo die Distanz auf jeden Fall zu schaffen ist. Aber woher sollte ich das als blutiger Anfänger wissen? Also dachte ich: Geh einfach etwas vom Gas, lass den Julian bis Kilometer 30 laufen, dann wird es schon wieder gehen.

Zwischen Kilometer 30 bis 35 läuft man in Frankfurt die Mainzer Landstraße entlang. Das ist eine ewig lange, gerade Straße, an der wenige Zuschauer stehen und auch sonst nichts passiert. Diese Straße war mein Verhängnis. Mir wurde schlecht, die Beine wurden wackelig, die Finger kribbelten stärker. Als ich bei Kilometer 35 meine Flasche griff, erzählte mir Jonas später, sah ich ihn mit leerem Blick an. Unterbewusst war mir zu diesem Zeitpunkt längst klar, dass es nicht so lief, wie es sollte, besser gesagt: dass *ich* nicht so lief, wie ich laufen wollte. Aber auch da dachte ich noch: „Das ist Marathon, das muss so sein. Und es sind doch nur noch gut sieben Kilometer!“

Meine letzte Erinnerung stammt von Kilometer 35,5. Ich lief am Veranstaltungshotel vorbei und dachte flüchtig, wie schön es wäre, jetzt einfach stehenzubleiben. Aber schon der nächste Gedanke war: „DNF is no option!“ DNF ist die englische Abkürzung für „Did Not Finish“, also: Aufgabe. Und die war wirklich keine Option für mich. „Dann wird es eben keine 2:14, sondern eine 2:20, auch egal“, dachte ich. Und von da an liegt die Erinnerung an den Rest des Rennens im Nebel.

Bei Kilometer 37 sackte ich auf der Straße zusammen. Wobei: Der Zusammenbruch kommt nie von jetzt auf gleich, er entwickelt sich Stück für Stück. Anfangs ist da noch ein Rest Verstand, der sich aber an immer weniger Substanz klammert. Irgendwann ist das Einzige, woran du noch denkst: weiterlaufen! Und dann versagen die Beine den Dienst. Die Muskeln haben nicht mehr die Kraft, sich vom Asphalt abzudrücken, jeder Schritt fühlt sich an, als würde man barfuß aus großer Höhe auf Beton springen. Der Kreislauf schaltet ab, Game over.

Ich lag also auf dem Asphalt, mitten im Nirgendwo zwischen zwei Verpflegungsstationen, es war entsprechend auch kein Arzt oder Sanitäter vor Ort. Zum Glück sind mir zwei Zuschauer – so jedenfalls erzählte man es mir später – zu Hilfe geeilt, haben mir eine Cola gegeben, mich aufgerichtet und mich in den nächsten Verpflegungsbereich geführt, wo ich ärztlich versorgt werden konnte. Ich lag auf einer Liege, wie lange, weiß ich nicht, so lange jedenfalls, bis ich das Gefühl hatte, wieder aufstehen und mich selbstständig in den Zielbereich schleppen zu können. Dort waren meine persönlichen Sachen gelagert, auch mein Handy, auf dem mich meine besorgten Eltern, die an der Strecke standen, mein Trainer, der sich im Zielbereich aufhielt, und Jonas, der bei Kilometer 40 mit der Verpflegung wartete, nicht erreichen konnten. Durch einen Zufall traf ich meine Eltern und Jonas auf dem Weg in den Zielbereich und teilte ihnen alles mit.

Wobei ich eigentlich ja selbst nicht so ganz genau wusste, was passiert war. Und auch die ärztlichen Untersuchungen, die sich in den nachfolgenden Tagen anschlossen, konnten keine klare körperliche Ursache für den Zusammenbruch liefern. Dehydration, falsche Verpflegung oder einfach fehlende Form, ich weiß es bis heute nicht. Wahrscheinlich war es eine Mischung aus allem, vorrangig aber meine fehlende Demut vor dem Mythos Marathon, diesem Ausflug in die absoluten Grenzbereiche des menschlichen Körpers.

Unmittelbar nach dem Rennen war da eine totale Leere in mir. Ich konnte nicht einmal heulen, ich war einfach nur erschöpft. Wir saßen im Hotel, wo mich eine Menge Leute kannten und viele sich erkundigten, ob es mir gut gehe. Aber ich hatte das Gefühl, sie redeten über jemand anderen und ich wäre gar nicht anwesend.

Der Schlag traf mich ein paar Tage später, als ich begann, mir die Folgen des Rennens auszumalen. Wir hatten Halbzeit auf dem Weg nach Rio, wo ich im olympischen Marathon starten wollte, und ich hatte bei meiner Premiere total versagt. Wenn ich es nicht schaffte, hatte ich 18 Jahre meines Lebens vergeudet. So fühlte es sich für mich zumindest an. Das, was meine sportliche Zukunft werden sollte, war total in die Hose gegangen.

2013, mein erstes Profijahr, war ja gut gelaufen: Bombenleistungen im Training, im Wettkampf zwar ohne neue Bestmarken, aber doch zufriedenstellend. 2014 dagegen war ein absolutes Scheißjahr mit der Verletzung im Frühjahr, der verpassten EM und nun mit dem verpatzten Marathon-Debüt. Ich begann alles zu hinterfragen. Gehörte ich auch zu den Läufern, die einfach nicht für den Marathon geschaffen sind? Was wäre die Konsequenz daraus? Der November war der reine Horror. Ich wusste nicht mehr, warum ich morgens aufstehen sollte. Es war für mich immer logisch, um sechs Uhr aufzustehen und trainieren zu gehen, weil ich wusste, wofür ich es tat. Jetzt wusste ich es nicht mehr. Ich hatte meine Verletzungen überstanden, weil ich wusste, warum ich das wollte. Jetzt fragte ich mich: Warum hast du dem Sport in deinem Leben so viel Platz gegeben?

Ich war echt ein furchtbarer Zeitgenosse in diesen letzten Wochen des Jahres 2014. Der unerschütterliche Optimist war nur noch negativ. Meine Freundin Barbara und ich trennten uns in dieser Zeit, was ein harter Schlag war, auch weil ich wusste, dass es mit meinem Leben sowieso extrem schwer war, eine Partnerin zu finden, die diesen Wahnsinn mitgeht. Von außen sieht ein Profisportlerleben vielleicht spannend aus, voller immer neuer Eindrücke und Erlebnisse. Die vielen Entbehrungen, die man sich und der Beziehung zumutet, sind weniger sichtbar.

Ich habe in dieser Zeit kaum trainiert, hielt mich bewusst fern von der Gruppe, von meinem Trainer. Meine Nehmerfähigkeiten waren mit mir zu Boden gegangen. Während dieser Phase habe ich ein sechswöchiges Praktikum bei der Stadt Regensburg gemacht, im Sportamt und in der Presseabteilung, aus dem Gefühl heraus, mich um eine Alternative zum Sport kümmern zu müssen. Und ich gebe zu, dass mir das Leben ohne Sport durchaus gefiel, zum Beispiel auch häufiger mal abends essen und ein Bier trinken gehen.

Motivation muss intrinsisch sein, also aus mir selbst kommen. Natürlich freue ich mich über ein Lob des Trainers, über den Ansporn eines Trainingskollegen oder über eine gute Schlagzeile in der Presse. Aber grundsätzlich brauche ich Motivation von außen nicht. Mir war immer klar, dass *ich* bereit sein muss, mich aufzureiben und zu quälen. Leistungssteigerung findet immer außerhalb der Komfortzone statt, und wer nicht aus sich heraus bereit ist, diese zu verlassen, wird es nicht in die Spitze schaffen.

In jener vertrackten Lage zum Jahreswechsel 2014/15 gab es zum Glück jemanden, der mich von außen motiviert und wieder hochgezogen hat. Mein Kumpel Felix Plinke stand am 3. Januar vor meiner Tür: „Komm, wir gehen jetzt laufen!" Ich hatte null Bock und wusste nicht, was das bringen sollte, aber ich ging mit. Wir liefen locker zehn Kilometer und redeten über alles Mögliche. Am nächsten Tag stand Felix wieder da, und am Tag darauf flog ich, weil er und mein Coach das so organisiert hatten, ins Trainingslager nach Monte Gordo an die portugiesische Algarve.

Ich hatte eigentlich gar keine Lust und wusste nicht, warum ich zusagte, zumal Felix selbst nicht mitflog. Aber dann passierte etwas Seltsames. Am dritten oder vierten Tag kehrte im Training das Grinsen in mein Gesicht zurück. Ich fühlte mich plötzlich wieder wohl beim Laufen, und es erfüllte mich mit einem Gefühl der Vollkommenheit. Ich wusste wieder, warum Laufen mein Leben ist.

Von Woche zu Woche steigerten sich Motivation und Form, und so fasste ich im Frühjahr 2015 den Entschluss, im Herbst in Berlin das ultimative Marathon-Comeback zu starten. Diese Geschichte kennt ihr schon.

Im Rückblick glaube ich, dass einige Dinge zusammenkamen, die mich aus dem größten Motivationsloch meiner Karriere gezogen haben. Zum einen hilft es sicherlich, ein leistungssportfreundliches Umfeld zu haben, weil die Menschen, die mir nahestehen, verstehen, was mich bewegt, und damit umgehen können. Zum anderen war aber auch die Auszeit sehr wichtig, denn in dieser Phase war ich nicht in der Lage, rationale Entscheidungen zu treffen. So schmerzhaft die Zeit war, es war ein notwendiger Selbstfindungsprozess. Ich muss so ehrlich sein: Es hätte auch das letzte Trainingslager sein können, damals an der Algarve. Wenn die Motivation nicht wieder aus mir selbst heraus gekommen wäre, wäre ich heute kein Profisportler mehr.

Eine Frage gibt es, die ich mir – auch mit Blick auf diese Phase – selbst nicht recht beantworten kann. Ist es leichter, sich im Erfolg oder im Misserfolg zu motivieren? Beides kann seine Vorteile, aber auch Tücken haben. Im Erfolg will man natürlich gern immer noch mehr erreichen; die Gefahr ist, dass man irgendwann satt ist und dadurch die Motivation verliert. Im Misserfolg will man beweisen, dass man besser ist; die Gefahr ist, dass es nicht vorwärts geht und man dadurch die Motivation verliert.

Für mich gilt, dass ich mich im Erfolg besser motivieren kann, und zwar weil ich noch nie das Gefühl hatte, das Optimum erreicht zu haben. Es gibt immer kleine Stellschrauben, an denen man drehen kann. Im Erfolg habe ich das Gefühl, alles ist möglich, aber ich habe noch nicht alles versucht. Ich habe mich noch nie satt gefühlt. Und das ist mein Antrieb.

KILOMETER 14

TRAINING VS. MARATHON-VORBEREITUNG

Was der Mythos Marathon für mich ist, werde ich oft gefragt. Dass der Weg das Ziel ist, sage ich dann; dass es, um am Tag des Wettkampfes so fit und gesund wie möglich an der Startlinie zu stehen, eine so umfangreiche Vorbereitung braucht, wie sie ansonsten wohl nur noch bei Profiboxweltmeistern vorkommt. Mich fasziniert die Fokussierung auf diese magische Distanz von 42,195 Kilometer. 5000 oder 10.000 Meter klingen beherrschbar. Aber ein Marathon? Das ist etwas für Verrückte, auch wenn die Teilnehmerzahlen Jahr für Jahr belegen, dass die Welt offenbar voll ist von Verrückten. Marathon begeistert die Menschen auf eine besondere Art.

Ein Profiläufer wird im Normalfall zwei Marathons pro Jahr bestreiten. Drei sind schon die Ausnahme und aufgrund der langen Vorbereitungs- und Regenerationszeiten auch nicht zu empfehlen. Wir müssen ja ehrlich sein: Einen Marathon in etwas mehr als zwei Stunden zu laufen, das ist nicht gesund, sondern beansprucht den Körper extrem. Wer das auf die leichte Schulter nimmt, zahlt in der Regel einen hohen Preis.

Der eine oder andere Teamkollege zieht mich gern damit auf, dass ich mich Marathon-Profi nennen darf, obwohl ich in meiner Karriere bislang nur bei sechs dieser Läufe am Start stand: 2014 in Frankfurt am Main, 2015 in Berlin, 2016 in Rio de Janeiro, 2017 in Berlin, 2018 in Hamburg und Berlin. Und nur dreimal, 2015, 2016 und 2018 in Hamburg, habe ich die Ziellinie überlaufen. Eine Quote von nur 50 Prozent. Aber ich habe zum Glück nach meinem missglückten Debüt verstanden, dass man einen Marathon extrem gewissenhaft vor- und nachbereitet.

Natürlich fragen sich manche, was ein Marathon-Läufer das ganze Jahr über so treibt, wenn er nur zu zwei Wettkämpfen antritt. Ich möchte euch gern auf eine typische Trainingswoche mitnehmen und diese vergleichen mit einer Woche in der Phase der intensiven Marathon-Vorbereitung. Zuvor jedoch will ich noch richtig stellen, dass ein Marathon-Profi nicht wirklich nur zwei Wettkämpfe im Jahr bestreitet. Für mich stehen pro Saison rund 20 Starts auf dem Programm. Darunter sind Crossläufe, 10.000-Meter-Wettkämpfe auf der Bahn oder Halbmarathons. Diese verteilen sich je nach Trainingssteuerung über die gesamte Saison, können als Zwischenziele ebenso eingebaut werden wie als verschärfte Trainingseinheit vor einem Marathon. Wichtig ist mir aber, dass ich regelmäßig mit Startnummer und gegen echte Konkurrenz antrete, weil ich spüre, dass ich mich dadurch noch einmal besonders pushen kann. Es gibt auch Marathon-Läufer, die fast nur trainieren, weil ihnen das reicht und sie die Wettkampfsituation nicht zwangsläufig suchen. Aber für mich gehört das dazu.

Also lasst uns einmal auf eine typische Trainingswoche schauen. Der Hauptunterschied zwischen den Phasen „normalen" Trainings und der intensiven Marathon-Präparation ist der Gesamtumfang der absolvierten Kilometer. In einer normalen Woche laufe ich rund 140 Kilometer, in einer Marathon-Vorbereitung rund 200 Kilometer, was einem Tagesschnitt von knapp 30 Kilometern entspricht. Das ist nur zu leisten, wenn ich in eine Marathon-Vorbereitung, die in der Regel zwölf Wochen umfasst, mit einer guten Grundfitness starte. Das bedeutet, dass ich nach einem Marathon nicht drei Monate Urlaub mache, bevor die nächste Vorbereitung startet, sondern dass ich selbstverständlich immer an meinen Grundlagen arbeite und in Marathon-freien Zeiten andere Wettkämpfe bestreite, um mein Fitnesslevel auf einem guten Niveau zu halten.

Der Montag ist in beiden Fällen ein Dauerlauftag. Da peile ich einen Kilometerschnitt zwischen 3:45 und vier Minuten an. Trotz guten Tempogefühls laufe ich immer mit GPS- und Pulsuhr, die neben der Zeit auch meine Herzfrequenz misst. Das ist mir wichtig, um meinen Leistungsstand zu überprüfen. Seit vielen Jahren führe ich ein Trainingsprotokoll, in das ich täglich alle Werte – gelaufene Kilometer, die dazugehörigen Zeiten und die durchschnittlichen Pulswerte – eintrage. Daran kann ich Abweichungen erkennen und proaktiv eine Belastungssteuerung einleiten. Der Pulswert ist aber nicht die trainingssteuernde Determinante, sondern die Geschwindigkeit. Wir errechnen anhand der Leistungsdiagnostik, wo meine anaerobe Schwelle liegt. Das ist die Belastungsgrenze, die angibt, bis zu welcher Intensität ein Gleichgewicht zwischen der Bildung und dem Abbau von Laktat erreicht werden kann. Und danach richtet sich dann die angepeilte Geschwindigkeit, in der ich trainiere.

In einer normalen Woche laufe ich montagmorgens 15 und nachmittags zehn Kilometer, in einer Marathon-Woche sind es vormittags 20 und nachmittags zehn. Dazu kommen nach der zweiten Einheit Koordinationsübungen und Stretching. Beides ist sehr wichtig, um die Belastung zu variieren und dem Körper Abwechslung vom beim Laufen üblichen Bewegungsmuster zu verschaffen. Es gibt auch Kollegen, die stattdessen einen Ausgleichssport wie Schwimmen oder Aquajogging betreiben, aber da ich nicht gerade eine Wasserratte bin, ist für mich Stretching und Koordinationstraining die bessere Wahl.

Dienstag und Donnerstag sind ganz wichtige Tage, weil ich dann Krafttraining mit anschließender Behandlung beim Physiotherapeuten einplane. Morgens laufe ich 15 Kilometer, dann geht es in die Praxis meines Physios Jan Kerler. Mein Athletiktrainer Ioannes ist ein sehr kreativer, hoch motivierter Trainer, der sich immer wieder im laufenden Betrieb neue Übungen ausdenkt. Neudeutsch läuft das Programm, das rund eine Stunde dauert, unter dem Begriff „Functional Training“. Ich arbeite kaum an klassischen Kraftmaschinen, weil es für den Läufer grundsätzlich wenig Sinn ergibt, einzelne Muskeln isoliert zu trainieren. Gezielter Muskelaufbau wäre kontraproduktiv, weil wir diese Muskeln mit uns herumtragen und mit Sauerstoff versorgen müssten, ohne dass sie einen Effekt auf das Leistungsvermögen hätten.

Bei uns ist wichtig, das Zusammenspiel der Muskelgruppen zu optimieren. Und dafür hat Ioannes sehr viele gut wirksame Bewegungsübungen in petto. Wir arbeiten unter anderem mit Kettlebells, das sind Gewichte in Form einer Kuhglocke mit einem Henkel, sodass man damit sehr gut Schwungübungen ausführen kann. Auch eine Langhantel habe ich ab und zu in den Händen, da ist dann aber beispielsweise hin und wieder nur an einer Seite Gewicht drauf, sodass der Körper diese Asymmetrie ausgleichen muss, was wiederum ganze Muskelketten beansprucht. Ioannes lässt uns nichts machen, was er nicht selbst vorführen kann. Trotzdem kommt es häufiger vor, dass, wenn er eine Übung ansagt, ich es für unmöglich halte, diese auszuführen. Und nur weil er es kann, heißt es noch lange nicht, dass ich es auch kann, denn er ist wahnsinnig fit auf dem Gebiet. Aber sein Training ist sehr abwechslungsreich, und das macht es zu einer Herausforderung neben dem reinen Lauftraining. Solche Leute wie ihn, die für ihre Sache brennen, innovativ und hoch motiviert sind, brauchst du, um dich weiterzuentwickeln.

Krafttraining ist nicht nur Abwechslung vom Laufalltag, sondern auch Verletzungsprophylaxe, genauso wie die Behandlung bei meinem Physiotherapeuten, die im Anschluss an das Krafttraining 45 Minuten in Anspruch nimmt. Regeneration ist ein ganz wichtiges Stichwort. Denn nur wer die richtige Balance aus An- und Entspannung kennt und auch erreicht, kann sein Leistungslimit ausschöpfen. Zur aktiven Regeneration zählt eine bewusste Ernährung, auf die ich in einem eigenen Kapitel eingehe, genauso wie die Physiotherapie. Aber auch die Selbstmassage oder der Einsatz einer Faszienrolle, um Verspannungen zu lösen, bevor sie sich verfestigen, ist unerlässlich. Manche schwören zusätzlich auf die Eistonne, ich persönlich habe aber festgestellt, dass mir Wärme besser hilft. Ein heißes Bad oder ein Saunagang sind deshalb meine Favoriten. Am Nachmittag des Dienstages und Donnerstages steht schließlich noch ein lockerer Lauf an – locker bedeutet auch schon mal mehr als vier Minuten pro Kilometer. In einer normalen Woche sind es zehn Kilometer, in der Marathon-Vorbereitung 15.

Die beiden „Zwischentage" sind wichtig, um die Tempoeinheit am Mittwoch gut zu verkraften. In einer normalen Woche habe ich vormittags frei, abends geht es auf die Bahn, dann stehen Tempointervalle an. Zum Beispiel achtmal 1000 Meter im 10.000-Meter-Tempo von 2:50 Minuten Kilometerschnitt, unterbrochen von je zwei Minuten Pause. In der Marathon-Phase findet die Tempoeinheit eher vormittags statt, da sind es zum Beispiel dreimal 5000 Meter im Halbmarathon-Tempo (Kilometerschnitt ist dabei drei Minuten) mit je drei Kilometern Ein- und Auslaufen, und dann nachmittags ein regenerativer Dauerlauf über zwölf Kilometer.

Freitags steht in der Regel nur eine Laufeinheit an, in einer normalen Woche sind es 15, in der Vorbereitung 20 Kilometer. Nachmittags ist frei, um die zentrale Einheit am Sonnabend bestmöglich einzuläuten. In einer normalen Woche ist das zum Beispiel ein Programm im Gelände auf den Winzerer Höhen oberhalb Regensburgs. Die Tempovorgabe richtet sich nach der Tagesform, aber zehn bis 17 Kilometer auf dieser anspruchsvollen Runde mit 3:15 bis 3:25 Minuten Kilometerschnitt ist die Regel. Wenn ich mich auf einen Marathon vorbereite, steht meist Samstagfrüh der Long Run an, 35 bis 40 Kilometer mit Endbeschleunigung auf den letzten Kilometern oder anderen Aufgabenstellungen. Mir ist wichtig, auch bei den Läufen im Gelände so komplex wie möglich zu trainieren und auch wenn diese Sprints zum Ende nicht zwingend eine direkte Auswirkung auf meine Leistungsfähigkeit haben, helfen sie mir doch, variabel zu bleiben.

Man sollte in einen Marathon nicht nur körperlich fit gehen, sondern auch eine geistige Frische mitbringen. Und die erhält man sich am besten, indem man Abwechslung ins Training einbaut. Dafür bieten sich die Fahrtspiele an, bei denen das Tempo während eines Dauerlaufes mehrmals variiert wird. Das Wort Fahrtspiel leitet sich vom schwedischen Fartlek (Fart = Geschwindigkeit, Lek = Spiel) ab. Diese Fahrtspiele sind bei Läufern auf der ganzen Welt bekannt und ein wichtiges Element im Ausdauertraining.

Der Sonntag ist zum Wochenabschluss ein Regenerationstag. In einer normalen Woche steht vormittags ein 15-Kilometer-Lauf und dann ein freier Nachmittag an, in der Vorbereitung auf einen Marathon sind es meist zweimal zehn bis zwölf Kilometer über den Tag verteilt ganz locker. Nach sieben, acht Wochen ist eine Marathon-Vorbereitung unheimlich zehrend. Ich schlafe acht bis neun Stunden pro Nacht und gern mittags noch eine Stunde, fühle mich aber trotzdem müde und kaputt, einfach weil der Körper durch die vielen Kilometer wahnsinnig belastet ist. Ohne meinen geliebten Kaffee würde ich das wahrscheinlich gar nicht durchhalten. Drei bis vier doppelte Espressi auf den Tag verteilt sind für mich in der Marathon-Vorbereitung absolut normal.

An dieser Stelle muss ich einmal etwas loswerden. Der Marathon ist eine der wenigen Sportarten, bei denen die Berührungspunkte zwischen Profis und Hobbysportlern so intensiv sind, dass die Grenzen verschwimmen. Was uns Profis von Hobbyläufern unterscheidet, mag vielleicht die Geschwindigkeit sein. Aber wir starten im selben Rennen, es gibt keine Tribünen oder Zäune, die die Profis von der Außenwelt trennen. Die Vergleichbarkeit ist viel größer, und das gefällt mir sehr.

Dementsprechend habe ich einen riesigen Respekt vor Athleten wie meiner Freundin Barbara, die einen Marathon in unter drei Stunden laufen können, obwohl sie keine Profis sind, sondern einen 40-Stunden-Job haben und ihr Training um den Hauptberuf herum basteln. Natürlich kann man die Geschwindigkeiten nicht miteinander vergleichen, aber diese Doppelbelastung kann ich mir als Profi kaum vorstellen. Ich wüsste überhaupt nicht, wie ich eine Marathon-Vorbereitung durchziehen sollte.

Und ich finde es noch unvorstellbarer, wie manche vier oder mehr Stunden am Stück laufen. Hut ab vor so einer Leistung, vor so einem Willen! Ich empfinde schon die 2:13 oder 2:14 Stunden, die ich für einen Marathon brauche, als eine Ewigkeit. Mein längster Lauf waren 45 Kilometer am Stück, dafür habe ich ungefähr 2:45 Stunden gebraucht und fand es am Ende furchtbar. Läufer, die sich vier oder fünf Stunden quälen, die unter Schmerzen ins Ziel kommen und alles dafür geben, um diesen Mythos Marathon zu erleben, bewundere ich zutiefst. Für mich sind auch das Helden unseres Sports!

Ob mir nicht langweilig wird auf den vielen hundert Kilometern, die ich im Training abreiße, werde ich oft gefragt. Zum Glück nicht, kann ich darauf antworten, denn sonst würde ich diesen Sport wohl nicht ausüben. Immer wenn mich schlechtes Wetter – und damit meine ich Minusgrade und glatte Straßen und Wege – dazu zwingt, mal eine Einheit aufs Laufband zu verlegen, spüre ich, wie furchtbar langweilig Laufen in einer eintönigen Umgebung sein kann. Aber in der Natur sauge ich alle Eindrücke in mich auf. 95 Prozent meiner Trainingseinheiten finden draußen statt, und da kenne ich keine Langeweile.

Das liegt zu einem Teil sicherlich auch daran, dass ich viele Einheiten mit einem Trainingspartner absolviere. Bei Dauerlauftempo sind dann Unterhaltungen kein Problem. Bei den Tempoeinheiten hat man meist gar keine Zeit für anderes. Bei den Long Runs habe ich gute Erfahrung damit gemacht, mir Bilder von positiven Erlebnissen ins Gedächtnis zu rufen, die ich mit visualisierten Zielen und Träumen mische. Häufig kommt es vor, dass beim Laufen kreative Gedanken entstehen und ich mir bewusst vornehme, beim Training Lösungen für Probleme oder Ideen für Projekte zu suchen. Und bisweilen gibt es auch Leerlauf im Kopf, dann setze ich entspannt einfach nur einen Fuß vor den nächsten.

KILOMETER 15

TRAININGSLAGER

Die Steigerungsform von Training lautet Trainingslager. Es gibt Sportler, die bekommen Angstschweiß-Attacken, wenn sie das Wort nur hören, denn der Wortteil „Lager" beinhaltet, dass in dieser Phase des Trainings so viel gearbeitet wird, dass das Lager, in dem Fall der Athletenkörper, gut gefüllt ist mit Energie und Leistungsfähigkeit, von der die gesamte Saison über gezehrt werden kann.

Ich mag Trainingslager, auch wenn ich grundsätzlich gern zu Hause bin und im eigenen Bett schlafe. Aber diese Möglichkeit, den ganzen Tag nur mit Trainieren, Essen, Schlafen zu füllen und das Ganze am nächsten Tag zu wiederholen, empfinde ich als Privileg. Trainingslager sind wichtig, um das Leistungsvermögen auszubauen, und sie sind auch eine gute Gelegenheit, als Mannschaft oder Trainingsgruppe zusammenzuwachsen. Deshalb genieße ich es. Drei bis vier davon stehen pro Jahr an, die Mehrheit im Frühjahr, eins meist im Sommer, gern in der Höhe von St. Moritz, wo die Bedingungen dann wunderbar sind. Seit 2009 bin ich in jedem Frühling in Portugal, auch mal in Spanien und Italien. Aber das eindrucksvollste und beste Trainingslager habe ich erst im Januar 2019 erlebt, und davon möchte ich euch gern erzählen.

Jeder Ausdauerläufer, der Ambitionen hat, in der Weltspitze mitzuhalten, beschäftigt sich früher oder später mit dem Mythos Kenia. Die Läuferinnen und Läufer aus dem ostafrikanischen Staat gelten als die ausdauerndsten und besten, weil sie in den Höhenlagen ihres Landes perfekte Trainingsbedingungen vorfinden. Sie gewinnen in Serie die weltgrößten Marathon-Läufe. Und wer sich mit ihnen beschäftigt, will irgendwann ihrer Stärke persönlich vor Ort auf den Grund gehen. So entstand auch bei mir der Wunsch, den vielen europäischen Spitzenathleten nachzueifern und ein Trainingslager in Kenia abzuhalten.

2014 hatte ich zum ersten Mal den Plan, es kam aber eine Stressfraktur dazwischen. 2015 war ich erstmals in St. Moritz für ein Höhentrainingslager, 2016 wollte ich in der Vorbereitung auf meine ersten Olympischen Spiele keine so gravierende Veränderung im Trainingsablauf wagen. 2017 waren wir in Südafrika, 2018 wollte ich meinen ersten Frühjahrsmarathon laufen und deshalb nicht so kurz vorher ein kräftezehrendes Wagnis eingehen. So kam eins zum anderen, auf einmal war ich 31 Jahre alt und merkte, dass die Zeit knapp wurde, um neue Wege im Leistungssport zu beschreiten. Also buchte ich mein erstes Kenia-Trainingslager für den Januar 2019.

Mein Trainer Kurt Ring war von der Idee eher mäßig angetan, ich hätte aber von ihm auch nie verlangt, dass er sich mit seinen 70 Jahren derlei Strapazen antut. Und so entschieden wir, dass ich mit meinem Teamkollegen Jonas Koller allein reiste. In Kenia sollten wir dann einen Großteil des Marathon-Kaders des Deutschen Leichtathletik-Verbandes treffen, zu dem ich aus Gründen, die ich später in diesem Buch beleuchte, nicht mehr zähle. Für Jonas, der zum Perspektivkader des DLV gehört, wurden immerhin die Flugkosten übernommen, ich finanzierte das Ganze komplett selbst.

Über meinen Wettkampfmanager Christoph Kopp hatte ich Kontakt zu seinem belgischen Freund Jean-Paul aufgenommen, der in Iten, einer Stadt 320 Kilometer nordwestlich der Hauptstadt Nairobi mit rund 4000 Einwohnern, das Hotel „Kerio View“ betreibt. Iten gilt mit seiner Lage auf 2400 Meter Höhe als Herzkammer der kenianischen Laufszene. Unzählige Marathon-Stars haben hier trainiert, rund 1000 Eliteläufer haben sich hier niedergelassen. Die Stadt nennt sich selbst „Home of Champions“, an beiden Ortseingängen – es gibt in Iten nur eine asphaltierte Straße – hängen Banner mit dieser Aufschrift an den sogenannten Championsbögen. Der Ausblick vom Hochplateau in das 1000 Meter tiefer gelegene Rift Valley ist atemberaubend, genauso wie die Landschaft drum herum. Iten wäre ein Ort zum Urlaubmachen. Aber dafür waren wir nicht hergekommen.

Um überhaupt nach Iten zu gelangen, war eine kleine Odyssee notwendig. Schon die Vorbereitungen hatten es für einen Leistungssportlerkörper in sich. Acht verschiedene Termine musste ich machen, um alle nötigen Schutzimpfungen hinter mich zu bringen. Als wir am 3. Januar von München aus abflogen, hatte ich leider noch mit einem grippalen Infekt zu kämpfen, der auch einen Start bei einem Silvesterlauf verhindert hatte. Dagegen hilft keine Impfung, und eigentlich soll man nicht krank in die Höhe reisen und schon gar nicht in der Höhe Sport treiben. Aber das Erlebnis Kenia wollte ich mir nicht noch einmal nehmen lassen, und so flogen wir von München über Doha nach Nairobi. Dort stiegen wir in eine kleine Propellermaschine, die uns nach Eldoret brachte. Menschen mit Flugangst sollten sich diesen Reiseabschnitt vielleicht zweimal überlegen. Aber ich empfand das Ganze eher als Abenteuer. Von Eldoret aus ging es per Kleinbus eine Stunde bis nach Iten.

Das Hotel, in das wir eincheckten, war ortsüblich betrachtet die Luxusvariante. Es gibt in Iten zwei Hotels mit westlichem Standard und dazu eine ganze Reihe an Hotels und Gästehäusern, die kenianischen Standard bieten. Wer als Europäer einer schweren Magen-Darm-Infektion aus dem Weg gehen will, bucht in der Regel ein Tophotel. Das ist bitte nicht als westliche Arroganz zu verstehen, der Hygienestandard ist einfach ein anderer in Kenia, und wenn der Körper daran nicht gewöhnt ist, kann das schlimme Folgen haben.

Im „Kerio View“ waren wir bestens aufgehoben. Das Essen war wunderbar, es gab eine Mischung aus einheimischen und internationalen Gerichten, die mir auch nach vier Wochen noch schmeckten, was sonst in Trainingslager-Hotels doch eher selten passiert. Der Service war sehr aufmerksam, das Hotel sicher und gut bewacht. Jonas und ich teilten ein Dreier-Apartment mit Marcus Schöfisch, einem befreundeten Läufer aus Leipzig. Die Versorgung mit Trinkwasser aus Zehnliterkanistern, die wir bei uns im Camp kauften, war auch gut. Es sei denn, der Lieferant schaffte es nicht nach Iten, was vorkam. Dann musste man viermal so teure Einliterflaschen kaufen.

Stromausfälle waren an der Tagesordnung. Auch die Internetverbindung war dürftig. Wichtig war für mich, dass die Kenianer jedes Problem ernst nahmen und mit großer Freundlichkeit zu lösen versuchten. Die Herzlichkeit der Menschen dort hat viel dazu beigetragen, dass ich mich wohlgefühlt habe.

Das Klima kam mir als Sommermensch sehr entgegen. Tagsüber hatten wir 25 Grad, Sonnenschein und keine allzu hohe Luftfeuchtigkeit, also perfekte Bedingungen zum Laufen. Morgens war es kühler, was für die Tempoeinheiten gut passte. Und nachdem ich die ersten Tage wegen meines Infekts kürzer getreten war, hatte ich mich bald sehr gut akklimatisiert, sodass ich ganz ins Training einsteigen konnte.

Iten ist im Januar voll mit europäischen Läufern, die dort die verschiedenen Angebote nutzen. Jonas, der 2014 schon nach Kenia gereist war, kannte sich vor Ort ein wenig aus, dennoch haben wir uns anfangs an ortskundige Europäer und unsere deutschen Teamkollegen gehalten, die zwei Tage nach uns ankamen und uns die Laufstrecken im Gelände zeigten. Um diese zu erreichen, muss man zunächst rund einen Kilometer bergan laufen. In den ersten Tagen war ich, von der Höhenluft und dem Infekt geschlaucht, schon nach diesen 1000 Metern vollkommen außer Atem. Aber nach ein paar Tagen war auch das ausgestanden, und ich spürte wirklich von Tag zu Tag, wie ich besser zurecht und ins Laufen kam.

Eine sehr bekannte Trainingsroute ist die Moiben Road, die 16 Kilometer außerhalb von Iten liegt. Manchmal haben wir, um dort laufen zu können, einen Kleinbus gemietet, in dem dann Betreuer mitfuhren und uns mit Getränken versorgten. Wer nicht im Gelände laufen will, kann nach Eldoret oder Tambach fahren, wo es Stadien mit Aschebahn gibt. Die sind zwar nicht unbedingt exakt 400 Meter lang, sondern auch mal 405 – wer weiß das schon –, und dass dort Steine aus dem Boden ragen, ist auch Standard. Aber sie erfüllen ihren Zweck. In Iten gab es mal ein sehr berühmtes Stadion, das Kamariny-Stadion, das heute leider nur noch eine Ruine ist. Es sollte ursprünglich modernisiert werden, ist aber eine Dauerbaustelle, auf der nichts vorangeht. Das liegt vielleicht auch daran, dass die zweifache Olympiateilnehmerin Lornah Kiplagat in Iten ein Hotel betreibt, zu dem ein privates Stadion gehört. 20 Euro Nutzungsgebühr zahlt man als Läufer, wenn man nicht in ihrem Hotel wohnt …

Nach zwei Wochen hatte ich das Gefühl, fit und akklimatisiert genug zu sein, um es mit den Einheimischen aufzunehmen – oder es zumindest zu probieren. Schließlich wollte ich ja sehen, wie die Kenianer trainieren. Über den ehemaligen Laufkollegen und Marathon-Läufer Falk Cierpinski nahm ich Kontakt zu Dickson Kirui auf, den ich als Tempomacher von einigen Rennen in Deutschland kannte. Ich schrieb ihm also, dass ich an einem kenianischen Fahrtspiel teilnehmen wollte. Er antwortete, dass ich ihn am nächsten Tag an einem bestimmten Ort treffen könne, er würde mich dann zu einem solchen Training bringen. Es sei wichtig, pünktlich zu kommen. Wenngleich Pünktlichkeit in Kenia etwas flexibler ausgelegt werde als in Deutschland, so sei bei einem Fartlek die Startzeit festgelegt und unumstößlich. Wer nicht überpünktlich ist, kommt zu spät.

Also liefen Jonas und ich am nächsten Morgen gemeinsam mit Dickson ungefähr sechs Kilometer, bis wir an eine Senke kamen, in der sich mindestens 200 Menschen versammelt hatten. Darunter waren drei Japaner und fünf Weiße, der Rest Einheimische, Männer und auch viele Frauen. Ein Mann, den man als eine Art Ansager und Spielertrainer bezeichnen kann, stieg auf einen Fels und erklärte in kenianischen und englischen Worten, von denen wir maximal die Hälfte verstanden, was geplant war. Dann gab es einen Countdown, an dessen Ende alle Kenianer auf ihre Laufuhren drückten und sich in Bewegung setzten. Langsam und gemächlich, was ich angesichts des höchstens vier Meter breiten und sehr unebenen Weges als sehr vorausschauend empfand. Schließlich sollte sich im Gedränge ja niemand verletzen.

55 Sekunden später veränderte sich dieses Bild grundlegend. Die Uhren der Kenianer piepsten, und auf dieses Zeichen hin stürzten alle in vollem Sprinttempo los. Ich war perplex. Der trockene Sand-Lehm-Boden staubte wie die Hölle, der Sand brannte in den Augen

und in der Lunge. Nach einer Minute piepsten die Uhren wieder, das Tempo verlangsamte sich deutlich, und ich war schon ziemlich angezählt. Ich wusste weder sicher, wie häufig die Belastungen wiederholten, noch wohin wir liefen und was passierte, wenn ich die Gruppe verlieren würde.

Wieder piepsten die Uhren, es wurde geschoben, gedrängt, gestoßen, gerempelt. Man muss dazu wissen, dass es für einen Kenianer eine riesige Schmach ist, langsamer als ein Weißer zu laufen, zumal, wenn ihn niemand kennt. Also merkte ich, wie jeder versuchte, mich hinter sich zu lassen. Irgendwann sah ich vor mir im Gedränge Jonas auftauchen, der sich dank seiner geringeren Körpermaße geschickt durch die Massen geschlängelt hatte. Als gebürtiger Äthiopier fiel er in der Menge der Kenianer nicht so sehr als Ausländer auf. Als er mich sah, grinste er und rief laut „Mzungu", was in den Bantusprachen ein Begriff für „Europäer" ist. Also rannten alle um mich herum noch ein Stück schneller, um mich abzuhängen.

Nach einer Viertelstunde mit sieben Tempoläufen im Vollsprint war ich platt. Ein Ende der Einheit war nicht abzusehen. Aber zum Glück ging es nicht nur mir so schlecht, auch viele der Kenianer konnten nicht mehr. Der Unterschied ist: Der Europäer bekommt vor dem Training ein Programm, das er absolvieren muss. Das wird er in der Regel durchziehen, auch wenn es bedeutet, die Kräfte einzuteilen und es dafür möglicherweise anfangs etwas langsamer anzugehen. Der Kenianer bekommt vor dem Training ein Programm, gibt aber Vollgas, so lange es geht, und wenn es nicht mehr geht, bleibt er stehen. Mittendrin, ohne Ankündigung. Immer mehr Läufer blieben also im wahrsten Sinne des Wortes auf der Strecke, sodass ich immer weiter aufschließen konnte.

Nach 15 Belastungen war allerdings auch bei mir die Grenze erreicht. Ich wusste, in welche Richtung ich laufen musste, um zum Camp zurückzukommen. Auf dem Weg sprach mich ein Kenianer an, der auch ausgestiegen war, woher ich käme, was ich in Iten täte und was meine sportlichen Ziele seien. Ich sagte, dass ich mich auf den Halbmarathon in Barcelona vorbereiten wolle. Er fragte nach meiner Bestzeit. 63 Minuten, sagte ich. Er laufe 59 Minuten, sagte er. Das ist eine Weltklassezeit. Wenn so einer auch leidet im Training, dachte ich, dann muss ich mich nicht schämen, auch wenn Jonas, der mir entgegengejoggt kam, die Einheit komplett durchgezogen hatte und als Zwölfter ins Ziel gelaufen war!

Überhaupt hatte dieser Tag einen wichtigen Lerneffekt für mich. Die unfassbar große Konkurrenz und das unerschöpfliche Reservoir an Talenten in Kenia begreift man erst, wenn man es mit eigenen Augen sieht. Viel wird diskutiert über Doping, und natürlich weiß ich, dass in der Weltspitze nicht immer sauber gearbeitet wird, auch nicht unter den Kenianern. Viele belegte Fälle unterstreichen das. Aber ich habe im Training dort gesehen, wie auch die Kenianer leiden. Die scheinbare Leichtigkeit, mit der sie in Europa, Amerika oder Asien auf Meereshöhe gewinnen, ist bei ihnen daheim in der Höhe nicht zu sehen. Es sind mit Sicherheit auch genetische Vorteile, die sie so stark machen. Dennoch sollte niemand die extrem harte Trainingsarbeit, die sie leisten, unterschätzen. Wer lernt, täglich unter Maximalbelastung auf 2400 Meter Höhe und dem selektiven Gelände vor Ort zu bestehen, muss einen Marathon in Europa nicht fürchten.

Dass ich die erste Einheit nicht durchgestanden hatte, nagte dennoch an mir. Und so ging ich zwei Tage später ein zweites Mal zum kenianischen Fartlek. Diesmal wollten sie siebenmal fünf Minuten Vollgas mit je zwei Minuten Pause laufen. Ich dachte nur: Das hältst du niemals durch. Es waren nur vielleicht 100 Teilnehmer am Start, und nach drei Durchgängen merkte ich, dass sich das Feld deutlich auseinanderzog. Ich schaffte es, den Anschluss an die Spitze zu halten, und war in einer Gruppe von 30 Läufern der einzige Weiße. Ich war nach jeder Belastung voll im Eimer und musste mich in den Pausen an das Feld herankämpfen, das im Schritttempo durch die Landschaft zuckelte. Aber weil ich diesmal nicht wusste, wo wir waren, war Dranbleiben die einzige Option. Und plötzlich merkte ich, wie mich die Kenianer anfeuerten und versuchten, mich mitzuziehen. Ich hatte mir ihren Respekt erarbeitet, das war in dem Moment ein sehr befriedigendes Gefühl.

Letztlich schaffte ich die sieben Läufe und kam völlig ausgepumpt, aber glücklich ins Hotel zurück.

Ob mich dieses Trainingslager sportlich nach vorn gebracht hat? Schwer zu sagen, ich glaube aber schon. Ich bin beim Halbmarathon in Barcelona keine Bestzeit gelaufen, was allerdings auch nicht zu erwarten war, weil zwischen Trainingslager und Wettkampf nur zehn Tage lagen. Dass ich trotzdem nur 19 Sekunden über Bestzeit blieb, werte ich deshalb als Erfolg. Vor allem aber hat mich Kenia in jeglicher Hinsicht bereichert. Ich bin überzeugt, dass sich der Körper an Reize gewöhnt, je öfter er sie bekommt. Je häufiger man in der Höhe trainiert, desto größer wird der Effekt sein. Ich habe durchweg gute Erfahrungen in Iten gemacht. Wenn man sich auf das Umfeld einlässt, ist es sehr cool. Es war gerade dadurch das vielleicht beste Trainingslager meines Lebens. Ich hoffe, dass ich diese Reise noch einige Male wiederholen kann.

#VERPFLEGUNG 3

DIE BEKLEIDUNG

Bei der Laufbekleidung gilt das Prinzip „Alles kann, nichts muss". Wer auf Rocky machen möchte, kann auch heute noch mit Baumwollshirt und klassischer Jogginghose laufen. Es gibt allerdings ein paar Tipps, die ich gern mit euch teile.

Socken: Wer in Baumwollsöckchen läuft, wird relativ schnell ein Problem mit Blasenbildung bekommen. Ich empfehle, drei bis fünf Paar Laufsocken zu kaufen, die an den besonders beanspruchten Fußregionen zusätzlich verstärkt sind. Außerdem leitet das Material die Feuchtigkeit ab. Diese Socken sind zwar nicht günstig, halten aber lange und tun den Füßen einfach gut.

Shirt und Hose: Baumwolle hat den Nachteil, sich schnell mit Feuchtigkeit vollzusaugen und entsprechend schwer am Körper zu kleben. Deshalb empfehle ich Funktionsbekleidung, die sehr leicht und atmungsaktiv ist und dadurch ein sehr angenehmes Tragegefühl vermittelt. Der wichtigste Faktor ist die Feuchtigkeit, besonders im Winter, wenn ein durchgeschwitztes Baumwollshirt die Erkältungsgefahr erhöht.

Jacke: In den kalten und nassen Monaten empfiehlt sich das Zwiebelprinzip, also das Tragen mehrerer Schichten übereinander, um flexibel auf die Temperaturen reagieren zu können. Wichtig ist, auf eine wasser- und winddichte Oberbekleidung zu achten. Es muss nicht die teure Markenware sein, es gibt auch No-Name-Produkte, die ihren Zweck gut erfüllen. Aber wer etwas mehr ausgeben will, wird den Unterschied spüren. Im Fachhandel gibt es die nötige Beratung.

Kopfbedeckung: Ich persönlich bin kein Freund davon, auch wenn ich natürlich weiß, dass der Mensch einen Großteil seiner Wärme über den Kopf abgibt. Im Winter trage ich deshalb eine Mütze, die auch die Ohren bedeckt. Im Sommer laufe ich ohne Kappe. Wer sich aber gegen Sonneneinstrahlung schützen will oder muss, findet im Fachhandel Kappen aus funktionellem Material, die den Schweiß absorbieren und fast nichts wiegen.

Sonnenbrille: Ich laufe fast nie ohne, damit mir keine Insekten ins Auge fliegen. Außerdem schützt sie nicht nur gegen Sonne, sondern auch gegen Wind, der die Augen reizen kann, wenn man in hohem Tempo läuft.

Atemschutz: Im Winter tragen manche Athleten Halstücher oder Sturmhauben, um die Atemwege nicht mit eiskalter Luft zu belasten. Ich persönlich finde es unangenehm, durch Stoff zu atmen. Außerdem kann an der Stelle, wo der Atem durch den Stoff tritt, Nässe entstehen, die gefriert, was dann eher kontraproduktiv ist. Wenn es also draußen unter zehn Grad minus ist und eine wirklich intensive Einheit ansteht, verlege ich diese lieber aufs Laufband.

Pulsuhr: Wer mit dem Laufen beginnt, braucht sie nicht unbedingt sofort. Aber wer über mehrere Jahre läuft, entwickelt meist ein Interesse daran, die eigenen Fortschritte auch zu messen. Dafür bietet sich eine Pulsuhr an, die am Handgelenk getragen wird und so leicht ist, dass man sie kaum spürt. Früher bin ich mit Pulsgurt gelaufen, um alle Körperwerte aufzuzeichnen.

TEIL 4
VON GROẞEM TRÄUMEN

KILOMETER 16

DER GEIST VON OLYMPIA

Ein Ziel eint alle Athleten, die ihre Karriere in einer olympischen Sportart beginnen: Jeder möchte es zu den Olympischen Spielen schaffen. Diese fünf Ringe haben eine solch magische Anziehungskraft, dass der Stellenwert Olympias mit nichts anderem zu vergleichen ist. Weltmeister zu werden ist etwas Tolles, gar keine Frage. Aber Olympiasieger zu sein, ist einzigartig. Olympiasieger werden verehrt, dieser Ruhm verblasst nie. Man ist Ex-Weltmeister, wenn man seinen Titel nicht erfolgreich verteidigen konnte. Aber man ist niemals Ex-Olympiasieger.

Die Sonderstellung des größten Sportereignisses der Welt begründet sich vor allem darin, dass es nur alle vier Jahre stattfindet. In den meisten olympischen Sportarten gibt es jedes Jahr oder zumindest alle zwei Jahre Weltmeisterschaften. Olympische Spiele gibt es im Vierjahreszyklus. Für viele Athleten bietet sich die Chance, daran teilzunehmen, nur wenige Male, wenn überhaupt. Umso herausragender ist es deshalb, sich dafür zu qualifizieren. Wenn man sich vier Jahre auf etwas vorbereitet, erklärt sich allein daraus schon der Zauber, wenn man es endlich erreicht hat.

Um eins vorwegzuschicken: Natürlich bin ich weder blind noch taub und weiß, dass der Mythos Olympia unter den Auswüchsen der vergangenen Jahre schwer gelitten hat. Das Internationale Olympische Komitee (IOC) ist in seinem Auftreten und seinem Geschäftsgebaren nicht weniger zweifelbehaftet als der Fußball-Weltverband FIFA oder andere profitorientierte Organisationen im professionellen Sport. Es ist absolut nicht vermittelbar, warum beispielsweise dem Gastgeber alle Kostenrisiken überlassen werden, das IOC dagegen die Gewinne steuerfrei abschöpft. Genauso unverständlich sind der noch immer um sich greifende Gigantismus und der zu laxe Umgang mit der Nachhaltigkeit von für Olympia notwendigen Bauprojekten.

Ich kann nachvollziehen, dass viele Menschen, gerade in Deutschland, tief enttäuscht davon sind, dass der deutsche IOC-Präsident Thomas Bach nicht in der Lage war, seine Organisation umzukrempeln. Besonders sein Umgang mit der Causa Russland, mit den staatlich gelenkten und von oberster Stelle vertuschten Dopingskandalen, hat auch mich desillusioniert. Wie mit der Whistleblowerin Julia Stepanowa umgegangen wurde, der vom IOC untersagt wurde, in Rio im neutralen Flüchtlingsteam zu starten, fand ich schäbig und beschämend.

Natürlich weiß ich, dass bei solchen Entscheidungen Geld die wichtigste Rolle spielt. Russland ist als Ausrichterland gefragt, es hat viele potente Oligarchen und eine Regierung, die Leistungssport einen extremen Stellenwert beimisst. Dennoch ist es falsch, solche offensichtlichen Vergehen, wie sie sich die Russen erwiesenermaßen geleistet haben, nicht mit äußerster Härte zu sanktionieren. Der Leichtathletik-Weltverband IAAF, sicherlich auch kein Hort der Vorbildfunktionäre, hat die Russen als Reaktion immerhin von allen internationalen Wettkämpfen ausgeschlossen. Das hätte ich auch vom IOC erwartet. Dass es nicht passierte, hat der olympischen Idee einmal mehr schweren Schaden zugefügt.

Als mündiger Athlet kann man so etwas nicht ignorieren. Die Frage, ob man guten Gewissens zu Olympischen Spielen antreten (und sich gar darauf freuen) darf, bekommen Sportler häufig gestellt. Die Antwort darauf ist schwierig, aber ich kann sie dennoch aus voller Überzeugung geben. Bis auf diejenigen, die betrügen, steckt jeder Olympiastarter moralisch in einem Zwiespalt. Weil jedoch der sportliche Stellenwert der Spiele so immens hoch ist und die Chance, daran teilzunehmen, vergleichsweise gering, gibt es kaum einen, der einen persönlichen Boykott in Erwägung zieht. Man kann mit klaren Statements Zeichen setzen, aber niemand sollte vergessen, was Sportler investieren, um sich für Olympische Spiele zu qualifizieren. Diesen Traum, der fast jedem von uns einst den Weg in den Leistungssport ebnete, einfach so wegzuwerfen, ist meiner Meinung nach ein Preis, den zu zahlen niemand von Hochleistungssportlern verlangen sollte.

Überhaupt wird Athleten viel abverlangt, wenn man sie für politische Zwecke instrumentalisiert. Man darf schon verlangen, dass sich die Sportler mit den Gegebenheiten im Gastland vertraut machen. Und es sollte akzeptiert werden, wenn sich Athleten politisch äußern. Genauso sollte es aber auch okay sein, wenn jemand genau das nicht tun, sondern sich auf seinen Sport konzentrieren möchte. Die Entscheider sind andere, die Amtsträger in den Verbänden, und die müssten deutlich mehr in die Pflicht genommen werden.

Entsprechend halte ich es für fatal, wenn Verantwortung für politische Entscheidungen auf Sportlerinnen und Sportler abgewälzt wird, die diese nicht zu verantworten haben. Ich wette: Würde man Sportler mehr in Entscheidungsprozesse einbeziehen, hätten wir keine Fußball-WM in Katar, keine Winterspiele in China und keine russischen Sportler für Rio zugelassen. Leider sind diejenigen Athletenvertreter, die in Gremien von Verbänden oder dem IOC sitzen, oft nicht mehr als das berühmte Feigenblatt. Sie sind da, um den schönen Schein der Mitbestimmung zu wahren, aber sie werden nicht ernst genommen und haben nichts zu sagen.

Umso wichtiger sind in diesem Zusammenhang Menschen wie der Fechter Max Hartung und die Kanutin Silke Kassner, die mit dem Verein „Athleten Deutschland“ 2017 eine unabhängige Vertretung geschaffen haben, die sich um die Belange von uns Sportlern kümmert. Schritt für Schritt haben sie es geschafft, zunächst belächelt, dann bekämpft und schließlich respektiert und angehört zu werden. Dass beispielsweise das Bundeskartellamt die Werberichtlinien für Olympische Spiele gelockert hat, ist ein Verdienst dieses Vereins. Bisher war Olympiastartern nicht gestattet, im Umfeld und während der Spiele mit eigenen Sponsoren zu werben oder Begriffe wie „Olympia“, „Medaille“ sowie Symbole wie die Ringe zu verwenden. Für jemanden wie mich, der sich komplett selbst vermarktet und damit seinen Sport finanziert, war das ein Schlag; letztlich war davon fast jeder Athlet betroffen, der eigene

Werbeverträge besitzt. Nun sind einige dieser Bestimmungen gelockert worden, es gibt jetzt eine rechtliche Grundlage, und das verdanken wir dem Einsatz engagierter Athleten.

Warum Olympia überhaupt noch seine Berechtigung hat? Abseits der sportlichen Bedeutung für jeden einzelnen Athleten haben Olympische Spiele den Charakter eines Festes der Völkerverständigung. Wer einmal den positiven Vibe erlebt hat, der in einer Olympiastadt zu spüren ist, weiß genau, was ich meine. Der Kernwert Olympias sollte niemals monetär bemessen werden. Es ist das völker- und sportartenverbindende Element, das Olympische Spiele so besonders macht, und das hat sich trotz aller Einflüsse nicht verändert. Bei einer WM sind zwar auch viele Nationen am Start, aber eben nur aus einer Sportart. Olympia bringt alle zusammen, darum geht es.

Im olympischen Dorf ist das am besten zu beobachten. Du sitzt mit Athleten aus aller Herren Länder und verschiedensten Sportarten an einem Tisch, kommst ins Gespräch. Du nimmst Anteil an Schicksalen, fühlst dich als Teil einer Gemeinschaft, die extrem kollegial miteinander umgeht. Ja, es gibt Ausnahmen, die gibt es immer. Aber im Großen und Ganzen halten sich alle an die olympische Friedenspflicht. Deshalb bin ich auch kein Freund davon, bei Olympia nur die sportliche Leistung in den Mittelpunkt zu stellen. Meines Erachtens geht es hier ebenso darum, Freundschaften über alle Ländergrenzen hinweg zu knüpfen. Erfolg? Unbedingt, aber niemals um jeden Preis, und vor allem nicht bei Olympischen Spielen. Es kann ja passieren, dass man ausgerechnet am Tag des Wettkampfes, dem wichtigsten Tag der vergangenen vier Jahre, nicht in der nötigen Form ist. Sich dann im Sinne des Fair Play korrekt zu verhalten, dazu beizutragen, das olympische Motto „Dabeisein ist alles“ zu pflegen, ist die Pflicht eines jeden Athleten, der die olympische Idee achtet und voranbringen will.

Jetzt könnte man mir vorwerfen, dass ich ja als Sportler in vorderster Front von Olympia profitiere. Deswegen möchte ich die Bedeutung der olympischen Idee für die Gesellschaft hervorheben. Die Mischung aus Spaß an Leistung, Fairness im Miteinander, Lust an Bewegung und Interesse an anderen Kulturen und Meinungen halte ich für extrem wichtig, um gerade für junge Menschen ein Leitbild zu kreieren. Eine Gesellschaft, in deren Mitte Olympische Spiele ausgetragen werden, kann davon nachhaltig geprägt werden.

Umso trauriger war ich, dass im November 2015 die Bürgerinnen und Bürger Hamburgs in ihrem Referendum mit knapper Mehrheit gegen die Bewerbung um die Ausrichtung der Sommerspiele 2024 entschieden haben. Vor allem habe ich nicht verstanden, warum nicht die Chance ergriffen wurde, eine Vorreiterrolle im Kampf für eine Neuausrichtung Olympias zu übernehmen. Das Hamburger Konzept, Spiele im Herzen der Stadt mit nachhaltig errichteten Sportstätten, erschien mir extrem innovativ und wie eine Blaupause für die vom IOC propagierte „Agenda 2020“. Natürlich hätte es viel Geld gekostet, und zu Recht darf bezweifelt werden, ob diese Spiele das IOC wirklich nachhaltig verändert hätten. Aber es wäre eine großartige Chance für einen entsprechenden Impuls gewesen. Diese Möglichkeit wurde vergeben.

Mit Sorge sehe ich den Trend, dass sportliche Großereignisse vermehrt an totalitäre Regime vergeben werden. Wo der Autokrat herrscht, muss sich niemand mit protestierendem Volk herumärgern, und Geld ist für Prestigeprojekte meist auch im Überfluss vorhanden. Aus Sicht des IOC ist es deshalb sogar verständlich, sich Staaten wie Russland warmzuhalten. Richtig ist es dennoch nicht. Und ich bin auch, entgegen der vorherrschenden Meinung, nicht davon überzeugt, dass die Vergabe Olympischer Spiele an nicht lupenreine Demokratien dazu beiträgt, deren Machenschaften ans Licht der Weltöffentlichkeit zu zerren. Das mag punktuell wirken; aber nachhaltig verändert es nichts. Oder ist China seit Peking 2008 ein freieres Land geworden? Hat Brasilien seit Rio 2016 den Schritt über die Schwelle geschafft, vor dem es stand, als es die Spiele zugesprochen bekam?

Dass Olympia überhöht wird, höre ich oft als Kritik. Es ist doch letztlich nur ein Sportereignis. Genau das ist es meines Erachtens nicht. Es ist das größte und wichtigste Sportereignis der Welt und zieht Milliarden von Menschen in seinen Bann. Deshalb ist es gut und richtig, es entsprechend hervorzuheben. Die kritischen Stimmen, die vermehrt durch die sozialen Medien Gehör finden, wachsen, aber das ist sogar wünschenswert. Je mehr der kritische Dialog insgesamt gefördert und gefordert wird, desto besser werden wir Olympia verändern – und dadurch bewahren.

Ich wünsche mir deshalb sehr, dass in Deutschland der kritische Diskurs zum Thema Olympia öffentlich geführt wird. Diskussionen hinter verschlossenen Türen fördern Intransparenz und Verdrossenheit, durch sie verändert sich nichts. Deshalb hoffe ich, dass sich viele Menschen kritisch und intensiv mit der Thematik auseinandersetzen und wir die Chance bekommen, mit der Region Rhein-Ruhr 2032 Olympiagastgeber zu werden. 60 Jahre nach München wäre das wirklich dringend an der Zeit. Und ich meine: Wer immer über die Autokraten schimpft, die die Großereignisse an sich ziehen, sollte selbst tätig werden und bereit sein, Olympia auszurichten. Wer wäre dazu besser in der Lage als ein reiches Land wie Deutschland?

Meine Vision zukünftiger Olympischer Spiele ist die: Ich wünsche mir Gastgeber, bei denen die demokratische Grundordnung gilt; die wirtschaftlich so stabil sind, dass nicht darüber diskutiert werden muss, ob das Geld nicht anderweitig dringender benötigt wird; und die schon bei der Bewerbung schlüssig aufzeigen, wie die Nachnutzung der olympischen Stätten garantiert werden kann. Ich wünsche mir ein IOC, das sich an den Kosten beteiligt, umfassend transparent ist und aufhört, die Spirale des „Höher, schneller, weiter“ dauernd weiter zu drehen. Ich wünsche mir schlicht eine Rückkehr zu den olympischen Wurzeln. Das mag idealistisch klingen. Aber es ist machbar, wenn der Wille dazu da wäre.

KILOMETER 17

OLYMPIA AUS FAN-SICHT

Den Moment, in dem einen das Olympiafieber packt, vergisst man nicht. Ich war neun Jahre alt, hatte gerade angefangen, Leichtathletik im Verein zu betreiben, als 1996 die Sommerspiele in Atlanta stattfanden. Die Sportbegeisterung meiner Eltern führte dazu, dass bei uns zwei Wochen lang der Fernseher lief (allein das faszinierte mich schon). Aber, und das mag für einen 9-Jährigen doch ein Stück weit außergewöhnlich daherkommen: Am meisten faszinierten mich die Langstreckenläufer. 5000 und 10.000 Meter. Das fand ich total packend, auch wenn aus neutraler Sicht auf diesen Distanzen eigentlich kaum etwas passiert.

Man sieht ein paar Menschen, dunkelhäutig in der Mehrheit, die im Stadion Runden laufen. Als Haile Gebrselassie über 10.000 Meter in 27:07,34 Minuten olympischen Rekord lief, war ich zutiefst beeindruckt von diesem eleganten Äthiopier, der über die Bahn zu schweben schien. Und dass mit Dieter Baumann ein Deutscher über 5000 Meter im Endspurt nur knapp unterlag und Vierter wurde, hat mich nachhaltig berührt. In diesen Tagen schlug die Idee in meinem Kopf Wurzeln, irgendwann auch Olympiateilnehmer zu werden, obwohl meine Eltern etwas spöttisch sagten: „Jaja, das kannst du machen, wenn du groß bist.“

Marathon allerdings hat mich damals überhaupt nicht interessiert. Die Distanz war für mich surreal. Meine Stars waren Haile und später auch Kenenisa Bekele, der 2008 in Peking Gold über 5000 und 10.000 Meter holte. Da war ich 21 und meinem Traum, selbst bei Olympia zu starten, schon etwas näher gekommen.

Vier Jahre nach Atlanta fanden die Spiele in Sydney statt. Wer Teilnehmer von der Atmosphäre in Australien schwärmen hört, kann nachvollziehen, warum diese Spiele als die stimmungsvollsten der vergangenen Jahrzehnte gelten. Für mich sind diese Spiele besonders deswegen in Erinnerung geblieben, weil Nils Schumann Gold über 800 Meter holte, und das vollkommen überraschend. Ein Deutscher, der einen Laufwettbewerb bei Olympia gewinnt! Das war für mich als 13-Jähriger die endgültige Bestätigung dafür, dass alles möglich war, wenn man nur hart genug trainierte und fest genug daran glaubte. Ich war damals erstmals in den Landeskader Württembergs berufen worden.

2004 war Athen Gastgeber der Sommerspiele. Mit 17 Jahren steckte ich voll in der Phase meiner Wachstumsprobleme und konnte mich deshalb nicht so unbefangen auf Olympia einlassen. 2008 in Peking war das dann anders, da sich mein Bezug zu den Spielen verändert hatte. Plötzlich kannte ich einige der Teilnehmer persönlich, zum Beispiel Jan Fitschen oder Carsten Schlangen. Klar, da fiebert man vor dem Fernseher noch ein bisschen mehr mit, als wenn man keinen der Athleten kennt.

Der Höhepunkt in dieser Hinsicht waren die Spiele 2012 in London. Als Teenager hatte ich mir ursprünglich erhofft, dort selbst schon starten zu können, aber nach den Operationen im Vorjahr kam London für mich zu früh, und ich schaffte die Qualifikation nicht. Aus unserem Verein LG Telis Finanz Regensburg war allerdings Corinna Harrer dabei, sie startete über 1500 Meter. Wir hatten vom Verein aus ein Public Viewing in einer Regensburger Bar organisiert und schauten mit 30 bis 40 Leuten ihren Vorlauf und das Halbfinale, wo sie als Siebte knapp scheiterte. Dass später viele der vor ihr Platzierten des Dopings überführt wurden und sie letztlich unlauter um die Finalteilnahme gebracht worden war, wussten wir damals nicht. Aber wir waren sehr stolz auf sie.

Für mich war es nicht leicht, nur vor dem Fernseher zu sitzen. Ich hatte kurzzeitig sogar überlegt, als Tourist nach London zu reisen, um Corinna vor Ort zu unterstützen, doch den Gedanken verwarf ich dann. Besser war es, als Aktiver bei Olympia dabei zu sein und mir die Premiere nicht als Zuschauer vorwegzunehmen.

Schon als Kind war es die Leichtathletik, die mach am meisten faszinierte. Ich konnte mich für jede Disziplin begeistern, nicht nur für die Langstreckenläufer. Später, als ich im Training selbst

Hochsprung, Weitsprung, Stabhochsprung und Speerwurf ausprobierte, wuchs meine Hochachtung vor den Kollegen ins Unermessliche, und bis heute schaue ich mit großem Interesse Leichtathletik im Fernsehen.

Andere Sportarten dagegen habe ich anfangs eher passiv wahrgenommen. Es war nicht so, dass ich aus dem Zimmer gegangen bin, wenn zum Beispiel Schwimmen lief. Aber es hat mich nicht so gepackt. Das kam erst später, als ich einzuschätzen vermochte, was die Athleten leisten. Badminton zum Beispiel, ein unfassbar schnelles Spiel, das höchste Präzision erfordert. Oder Turmspringen. Als 7-Jähriger hatte ich mich zum ersten Mal getraut, vom Dreimeterbrett zu hüpfen. Was die Wasserspringer an Kunststücken beherrschen, halte ich tatsächlich für Kunst. Während der Olympischen Spiele wird die gesamte Bandbreite des Sports sichtbar, auch Disziplinen, die sonst vier Jahre lang kaum von der Öffentlichkeit wahrgenommen werden.

Abseits von der Leichtathletik hatte ich wenige Sporthelden. Einer, den ich allerdings bewunderte, war der Kunstturner Fabian Hambüchen. Er ist mein Jahrgang und war bei vier Olympischen Spielen am Start. Dass er in Rio mit dem Olympiasieg an seinem Paradegerät Reck abtreten konnte, fand ich unglaublich bewegend. Ein weiterer Athlet, von dem ich nicht nur sportlich viel halte, ist Felix Neureuther. Mit Winterspielen bin ich zwar irgendwie nie richtig warm geworden, einfach weil mir der Bezug zu den Sportarten fehlt. Aber Felix Neureuther, der seine Karriere im alpinen Skisport im März 2019 beendet hat, war durch seine Art, sich kritisch zu sportpolitischen Themen zu äußern, eine Führungsfigur der deutschen Sportszene. Außerdem konnte ich mich mit ihm identifizieren, weil er wie ich eine umfangreiche Verletzungshistorie verkraften musste. Wie er sich daraus immer wieder zurückgekämpft hat, hat mir imponiert.

Ausländische Helden aus anderen Sportarten gab es für mich keine, nicht einmal den US-Schwimmer Michael Phelps, mit seinen 28 Medaillen, davon 23 in Gold, der erfolgreichste Olympionike der Welt. Ich betrachte sportlichen Erfolg bei Olympia nicht als den einzig wichtigen Faktor, und Michael Phelps hat mir menschlich einfach nicht zugesagt. Seine Drogeneskapaden, das sind Dinge, die für mich nicht zu einem Sporthelden passen.

Je näher ich meinem Ziel kam, desto intensiver habe ich Olympische Spiele wahrgenommen. Von Olympiade zu Olympiade wurde es greifbarer, selbst einmal dort starten zu dürfen. Als ich es 2016 dann tatsächlich schaffte und sich der Kreis schloss, war ich erleichtert, glücklich und stolz zugleich. Der Weg dahin allerdings war hart und steinig.

KILOMETER 18

DER WEG NACH RIO

Wie schnell die Zeit vergeht, habe ich in den Jahren vor meinem Olympiastart erlebt. Als Marathon-Läufer denkt man in Halbjahreszyklen, von einem Wettkampf zum nächsten. Das trägt sicherlich dazu bei, das subjektive Zeitempfinden zu schmälern. Dennoch habe ich die vier Jahre – von meiner Entscheidung, 2013 Profi zu werden und alles auf die Karte Sport zu setzen, bis hin zum Start im olympischen Marathon von Rio de Janeiro im August 2016 – als eine nicht greifbare Spanne in Erinnerung. Wo waren die Wochen und Monate nur geblieben?

2013 dachte ich noch, ich würde in Rio über 5000 Meter an den Start gehen können. 2014, nach meinem völlig verkorksten Marathon-Debüt in Frankfurt am Main, sah alles danach aus, als würde mein Olympiatraum in sich zusammenstürzen. Dann kam der Herbst 2015. Meinen (erst zweiten) Marathon-Start in Berlin hatte ich mir als Ultimatum gesetzt. Bei Misserfolg würde ich meine Karriere beenden, war das Credo, mit dem ich dort an den Start ging. Nur bei einem erfolgreichen Rennen würde ich weitermachen.

Vielleicht muss ich an dieser Stelle erklären, was das Leben für Marathon-Läufer in Deutschland so kompliziert macht, wenn sie sich für Olympische Spiele qualifizieren wollen. Der Weltverband IAAF legt rund ein Jahr vor dem Startschuss die international gültige Norm fest, die alle unterbieten müssen, die am olympischen Rennen teilzunehmen gedenken. Zudem wird ein Zeitkorridor festgelegt, innerhalb dessen die Zielzeit erreicht werden muss. Vor Rio beispielsweise galt die Spanne vom 1. Januar 2015 bis zum Frühling 2016 als Qualifikationszeitraum.

Anders handhabte es der Deutsche Leichtathletik-Verband (DLV). Er grenzte nicht nur die Qualifikationszeit ein – so konnte die Norm nur von September 2015 bis April 2016 erbracht werden –, sondern setzte auch deutlich härtere Normen als der Weltverband an. So lag die IAAF-Norm für den Rio-Marathon bei 2:17:00 Stunden, die des DLV dagegen bei 2:12:15 Stunden. Diese strenge Normierung ist Grundsatz im deutschen Sport und wird nicht nur in der Leichtathletik angewandt. Die offizielle Erklärung dafür lautet, dass man dadurch die Chance vergrößern möchte, dass nominierte Athleten auch mit Medaillenchancen beziehungsweise mit der Chance auf eine Endkampfplatzierung, die Punkte für die Nationenwertung liefert, zu Wettbewerben antreten. Wer eine deutlich strengere Norm erfüllt hat als Starter aus anderen Nationen, hat die nötige Qualität und Härte, im olympischen Wettkampf zu bestehen.

Ich habe dazu eine andere Auffassung. In der Theorie mag es zwar richtig sein, mit möglichst aussichtsreichen Kandidaten zu ausgewählten Wettkämpfen anzutreten. Schließlich müssen die Fachverbände die Zuschüsse rechtfertigen, die sie vom Bundesinnenministerium erhalten, und das geht am besten mit Erfolgen. Gerade bei Olympischen Spielen jedoch sehe ich eine Pflicht, so viele Wettbewerbe wie möglich zu besetzen, auch wenn die Erfolgsaussichten nicht Highend sein sollten. Bei Olympia geht es um Werte wie Fairplay und Völkerverständigung. Es muss auch Sportler geben, die nicht gewinnen, die einfach nur dabei sind und ihr Bestes geben. Würde jede Nation so handeln wie Deutschland, würden kaum noch Starterfelder komplett besetzt werden können. Und das kann gerade bei Olympia nicht im Sinne des Erfinders sein.

Dazu kommt es für mich einem Berufsverbot gleich, wenn ein nationaler Verband seinen Athletinnen und Athleten die Teilnahme an für sie manchmal sogar überlebenswichtigen Wettkämpfen verweigert, obwohl sie die internationale Norm erreicht haben. In solchen Fällen muss man von einer Monopolstellung der Fachverbände sprechen, der die Sportler ausgeliefert sind. Und deshalb habe ich mir damals schon die Frage gestellt, mit welchem Recht ein nationaler Verband eigene Kriterien festlegt und sich über internationale Normen hinwegsetzt. Aber dazu später mehr.

Was mich damals zusätzlich ärgerte, war die Willkür des DLV, seine Norm erst so spät bekannt zu geben, dass die Athleten, die sich auf einen Herbstmarathon vorbereiteten, um die Norm zu knacken, viel zu spät wussten, auf was sie hintrainieren sollten. Zwar ließ sich anhand der Vergangenheit ungefähr absehen, was der DLV fordern würde. Aber dass im September dann eine 2:12:15 festgesetzt wurde, hat uns schon überrascht. Ich war mir ziemlich sicher, dass eine 2:14 nicht reichen würde, aber eine 2:12:15? Ein ziemlicher Hammer.

Letztlich spielte es auch gar keine Rolle, ich hatte mir ja mein eigenes Ziel gesteckt. Ich wollte in Berlin beweisen, dass ich einen Marathon in einer Spitzenzeit absolvieren konnte, um für mich selbst zu sehen, dass ich auf der richtigen Spur unterwegs war. Wie unverrückbar mein Entschluss gewesen wäre, im Frühjahr 2016 keinen zweiten Anlauf zu nehmen, um die Rio-Norm zu laufen, kann ich im Nachhinein nur mutmaßen. Aber vor dem Start in Berlin stand für mich fest: überzeugen oder aufhören.

Den Verlauf des Rennens habe ich in der Einleitung ausführlich geschildert. Es war der beste Marathon meiner Karriere, die Zeit von 2:12:50 Stunden steht bis heute als meine Bestzeit. Aber: Ich war trotzdem 35 Sekunden zu langsam für die Norm. Umgerechnet 0,83 Sekunden pro Kilometer fehlten mir, um es nach Rio zu schaffen. Mir war nach dem Zieleinlauf natürlich nicht bewusst, dass es so knapp gewesen war. Was ich auch nicht wusste: Während der Liveübertragung des Rennens in der ARD hatten Reporter Ralf Scholt und Experte Dieter Baumann über das Thema der verschärften DLV-Normen diskutiert und sich immer mehr in Rage darüber geredet, wie es sein könne, dass man hoffnungsvollen, jungen Athleten – und zu denen zählte ich als damals 28-Jähriger noch – trotz erfüllter internationaler Norm die Chance verbauen könne, bei Olympia zu starten.

Diesen Gedanken nahm Jessy Wellmer auf, als sie mich kurz nach dem Rennen im Zielbereich für die ARD live interviewte. Ich hatte nach dem Zieleinlauf kurz das Sanitäter-Zelt aufgesucht, weil der Kreislauf etwas verrücktspielte. Aber nach einer halben Cola und mit einer Menge Adrenalin im Blut fühlte ich mich bereit für das Gespräch. Kommt ja auch nicht alle Tage vor, dass ich live in der ARD befragt werde. Zunächst wollte Jessy etwas über mein Innenleben wissen, und ich antwortete wahrheitsgemäß, dass ich eine Mischung aus Glückseligkeit und Erleichterung verspürte, weil ich mein eigenes Ziel erfüllen konnte.

Ob es nicht aber enttäuschend sei, trotz einer solch starken Zeit die Norm für Olympia verpasst zu haben, und ob es nicht zusätzlicher Druck sei, dass der DLV die Normen so streng angesetzt hatte, hakte sie nach. Mit meiner Antwort trat ich eine Lawine los, die ich in ihrer Heftigkeit keinesfalls erwartet hätte. Ich habe die Normen-Hetzjagd kritisiert und dem Verband vorgehalten, er werfe seinen Athleten Knüppel zwischen die Beine, wo er sie doch eigentlich unterstützen sollte. Damit ging das Interview komplett durch die Decke. Alle großen nationalen Medien berichteten. Sogar in die „Sport Bild“, in der alles außer Fußball nur selten Beachtung findet, schaffte es das Thema mit einer Doppelseite. Die Fachpresse berichtete wochenlang, und die Aufregung ebbte auch nicht ab. Ich hatte in das sprichwörtliche Wespennest gestochen.

Der Verband stand zu der Zeit sowieso schon im Kreuzfeuer der Kritik, nachdem er von allen Marathon-Veranstaltern eine sogenannte „Laufmaut“ von einem Euro pro Teilnehmer kassieren wollte, ohne deutlich zu machen, wofür dieses Geld verwendet werden sollte. Da kam der Aufruhr gerade recht. Einige Wochen nach dem Berlin-Marathon erschien in den Medien ein offener Brief der fünf größten deutschen Marathon-Veranstalter, die den DLV dazu aufriefen, seinen Athleten mehr Chancen zu geben. In jener Zeit kam ich mit dem Sportrechtsexperten Dr. Paul Lambertz in Kontakt. Ich fühlte mich ein wenig wie der Spielball übergeordneter Interessen. Aber ich verstand, dass ich jetzt den Kampf um meine Rio-Teilnahme führen musste.

Mitte November bot der Verband in Person des damaligen leitenden Bundestrainers Idriss Gonschinska ein Gespräch an. Man wolle den Streit nicht mehr öffentlich führen, sondern zur Zufriedenheit aller intern beilegen. Mein Trainer Kurt Ring hatte kein gutes Gefühl, er kannte solche Angebote aus der Vergangenheit, verschwendete Zeit. Aber wir wollten fair sein, und so boten wir dem DLV an, das Gespräch im Beisein des Anwalts Dr. Lambertz als neutralem Beobachter zu führen. Das lehnte der Verband ab, und ich entschloss mich zusammen mit meinem Trainer, Dr. Lambertz zu beauftragen, auf dem Rechtsweg um meinen Olympiastart zu kämpfen.

Das Argument war, dass der DLV ein Berufsverbot auferlegen würde, indem er sich über internationale Normen hinwegsetzte, und das, obwohl Olympische Spiele für Athleten wie mich die wichtigste Gelegenheit darstellen, sich für Sponsoren und Partner zu präsentieren. Der DLV wies alles zurück. Nach einigem Hin und Her wurde der Schwarze Peter dem Deutschen Olympischen Sportbund (DOSB) zugeschoben, der für die Nominierung verantwortlich sei. Formal richtig, praktisch aber Unsinn, denn der DOSB vollzieht nur das Votum der Fachverbände, die die Kompetenz besitzen und vom Dachverband darin auch nicht beschnitten werden.

Im Januar 2016 setzte Rechtsanwalt Lambertz eine Frist, nach deren Ablauf die Sache vor Gericht gegangen wäre. Da Verbände Grundsatzurteile fürchten, die ihnen eine über Jahre gelebte Praxis verbieten könnten, kam die Reaktion prompt. Man bot uns zunächst ein Treffen mit der DOSB-Spitze an, was an sich schon eine interessante Wende war. Dieses jedoch wurde am Tag vor dem vereinbarten Termin mit dem Hinweis abgesagt, in der Folgewoche werde eine Entscheidung zum Wohle aller getroffen.

Sechs Tage später, am 27. Januar 2016, teilte der DLV mit, dass im Zuge des Dopingskandals um Russland die strengen nationalen Normen nicht aufrechterhalten werden könnten. Die Zugangsleistungen für Marathon- und Gehwettbewerbe wurden signifikant nach unten korrigiert, alle weiteren Disziplinen der Leichtathletik sogar auf internationales Niveau gesenkt.

Ich konnte es nicht fassen, was da passierte. Die Wahrscheinlichkeit, dass ein kleiner Athlet wie ich – selbst durch die Anteilnahme so vieler Menschen, die nach Berlin mein Anliegen unterstützten – so große Organisationen wie den DLV und den DOSB zum Umdenken beeinflussen konnte, war völlig gering gewesen. Und jetzt das!

Die Sicherheit, tatsächlich in Rio starten zu dürfen, hatte ich damit allerdings noch nicht. Es standen noch die Frühjahrsmarathons aus, und pro Nation sind nur drei Starter im olympischen Marathon zugelassen. Arne Gabius war im Oktober 2015 in Frankfurt in 2:08:33 Stunden deutschen Rekord gelaufen und hatte sein Rio-Ticket damit sicher. Julian Flügel lag mit seiner Zeit von 2:13:57 Stunden, ebenfalls in Berlin gelaufen, auch unter den nun vom DLV geforderten 2:14 Stunden. Ich musste als noch etwas zittern, zumal durch die gesenkte Norm jetzt einige Athleten überhaupt erst die Chance witterten, sich die Teilnahme zu erkämpfen. Der Wattenscheider Hendrik Pfeiffer knackte die Norm im April 2016 in Düsseldorf, wo er auf Anhieb bei seinem Marathon-Debüt 2:13:11 Stunden lief und damit meinen ehemaligen Teamkollegen Julian Flügel wieder übertraf.

Bei diesem Stand blieb es, und so wurden im Mai 2016 Arne Gabius, Hendrik Pfeiffer und ich für Rio nominiert. Dass am Ende keiner der beiden anderen wegen gesundheitlicher Probleme antreten konnte, war natürlich bitter. Der Profiteur war Julian, der nachnominiert wurde. Auch mich hätte es fast noch gerissen.

Ich hatte ein schlechtes Frühjahr 2016 wegen einer Entzündung der Patellasehne im linken Knie. Aber der DLV forderte einen weiteren Leistungsnachweis, den ich beim Halbmarathon in Berlin im April erbrachte. Anschließend musste ich mehrere Wochen komplett alternativ trainieren, weil die Schmerzen zu stark waren. Es reicht eben nicht, für die Olympischen Spiele einfach nur motiviert zu sein. Man muss auch gesund sein. Wäre es nicht um Olympia gegangen, hätte ich in der Phase wahrscheinlich meine Teilnahme abgesagt. Aber da ich nach all den Querelen der vorangegangenen Monate in Rio auch auf einem Bein angetreten wäre, pausierte ich, so lange es vertretbar war, und startete dann im Mai in die Vorbereitung auf Brasilien.

Oft schon wurde ich gefragt, wie ich den Moment erlebte, in dem mir klar wurde, dass ich meinen jahrelangen Traum von der

Olympiateilnahme tatsächlich realisieren würde. Die Antwort ist: Diesen einen Moment gab es so gar nicht. Aber es gab zum Beispiel diesen Tag im Mai 2016 in Düsseldorf, als rund 20 Athleten aus dem deutschen Olympiakader eingeladen waren, die Olympiakollektion vorzuführen. Mein Ausrüster adidas hatte mich zu diesem Event gebeten, was für mich eine riesige Ehre war. Das Highlight des Tages war, dass Lisa Hahner, eine der drei deutschen Marathon-Starterinnen, und ich gebeten wurden, uns mit der gesamten Kollektion durchfotografieren zu lassen. Man muss wissen, dass es ungefähr 15 verschiedene Outfits gibt, deren Gebrauch in einem eigenen Handbuch beschrieben wird. Da steht dann drin, was man zur Eröffnungsfeier zu tragen hat, was bei der Medaillenzeremonie oder im Training. Lisa und ich fanden das spaßig, alles mal auszuprobieren. Wir gingen davon aus, dass die Fotos für interne Zwecke verwendet würden. Umso größer war dann die Überraschung, als ich im Juli zur offiziellen Einkleidung in Hannover das Handbuch zur Kleiderordnung erhielt, in dem sämtliche Fotos von Lisa und mir abgebildet waren. Der Rebell von Berlin als Modell für die korrekte Wahl der Bekleidung – was für eine skurrile Wendung der Geschichte!

Jedem, der glaubt, dass sich ein Athlet auf seine ersten Olympischen Spiele besonders akribisch vorbereitet, sage ich: Das glaubte ich auch! Meine Realität sah aber anders aus. Wegen der Knieprobleme war ich zum Zeitpunkt der Nominierung im Mai weit entfernt davon, mich fit zu fühlen. Vom 6. bis 22. Juni reisten wir ins Höhentrainingslager nach St. Moritz. Nur wer weiß, wie hart ein Höhentrainingslager ist, wenn man nicht fit ist, kann erahnen, wie ich mich dort quälte. Es ist ein Alptraum, sich vor Olympischen Spielen nicht fit zu fühlen. Aber aufgeben war ja keine Option.

Der nächste Rückschlag kam am 10. Juli im Halbmarathon bei der EM in Amsterdam, den ich in der für mich erbärmlichen Zeit von 66:01 Minuten absolvierte. Das war fast meine Durchgangszeit beim Berlin-Marathon 2015 auf dem Weg zu meiner Bestzeit. Ich versuchte, die Nerven zu behalten. Mitte des zweiten Trainingslagers in St. Moritz, das vom 14. bis 28. Juli angesetzt war, hatte ich

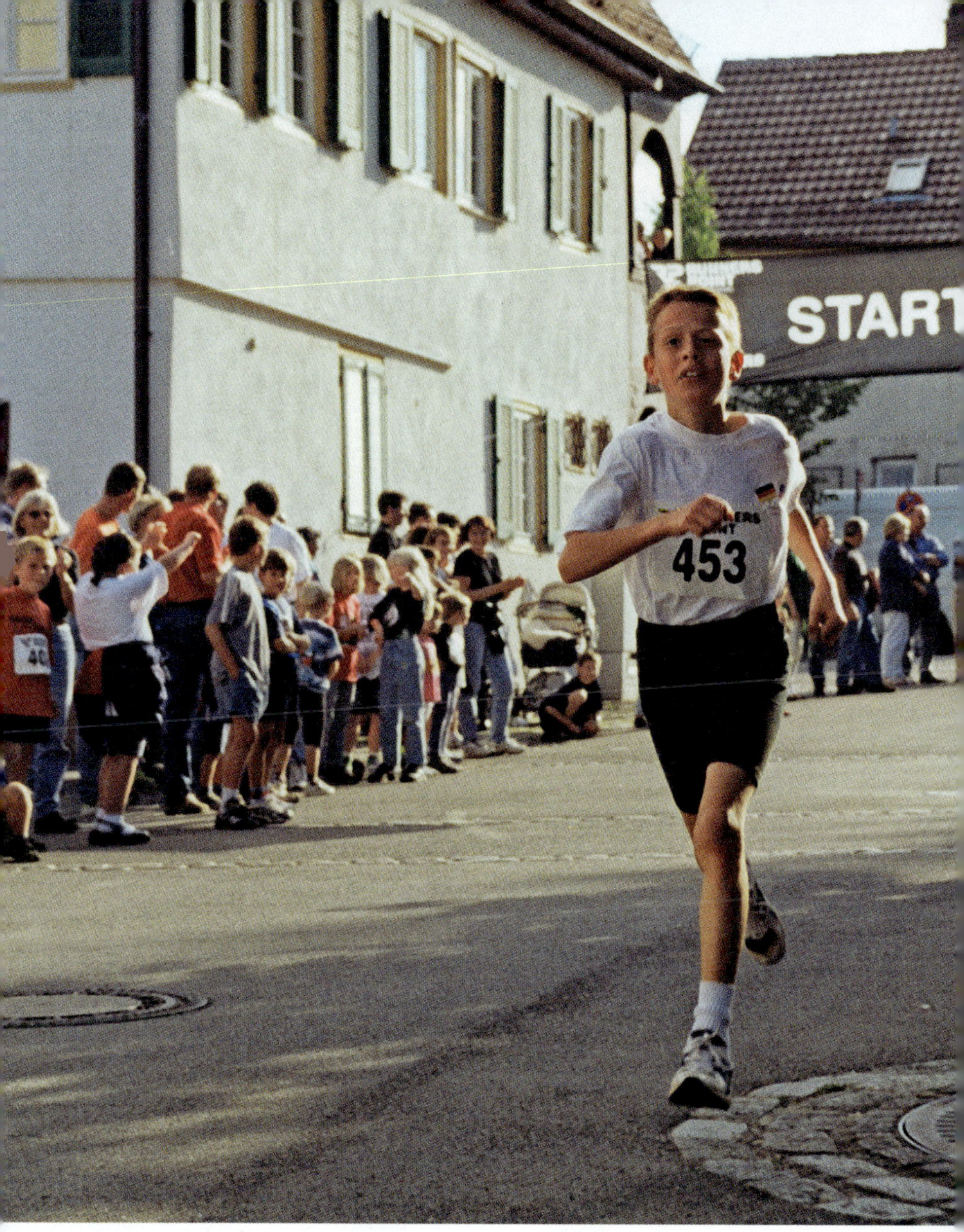

Die Anfänge meiner Laufkarriere in meiner schwäbischen Heimat – hier beim Kinderlauf in Hildrizhausen. © privat

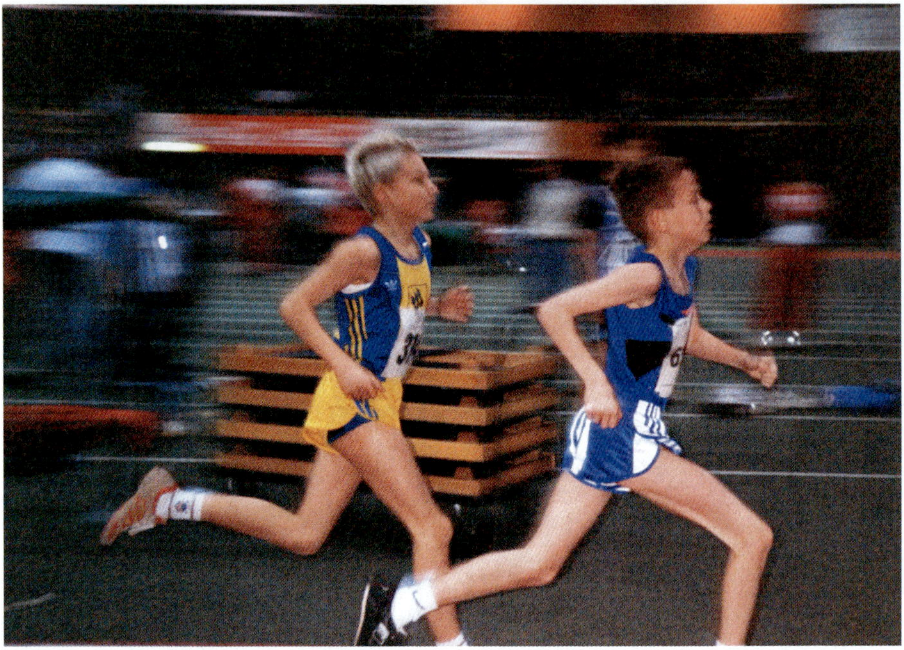

Der VfL Sindelfingen und der Glaspalast waren meine erste sportliche Heimat. © privat

Das erste Mal Baden-Württembergischer Meister. © Hans Joachim Müller

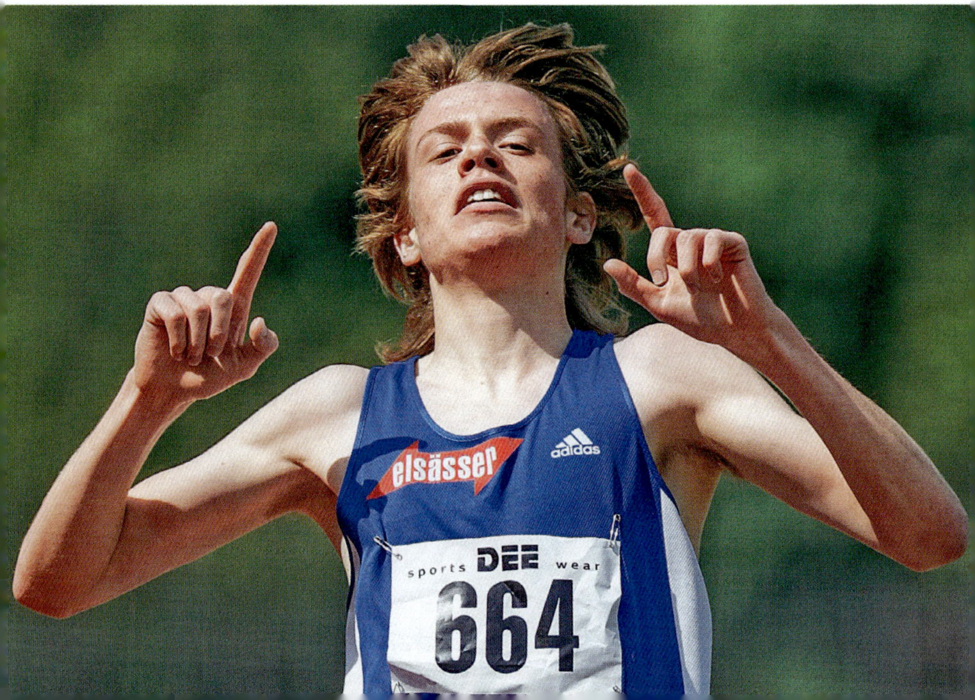

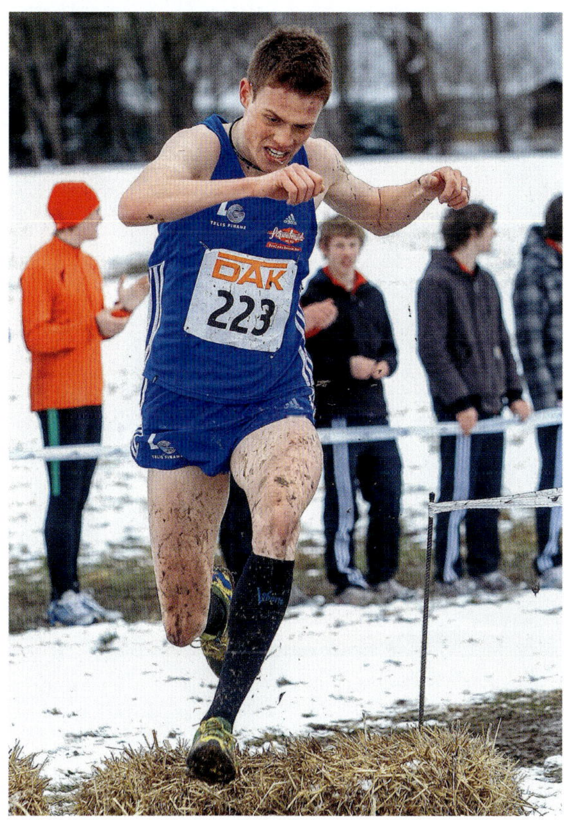

Crosslauf ist dreckig, Crosslauf ist hart. Cross härtet ab.
© Hans Joachim Müller

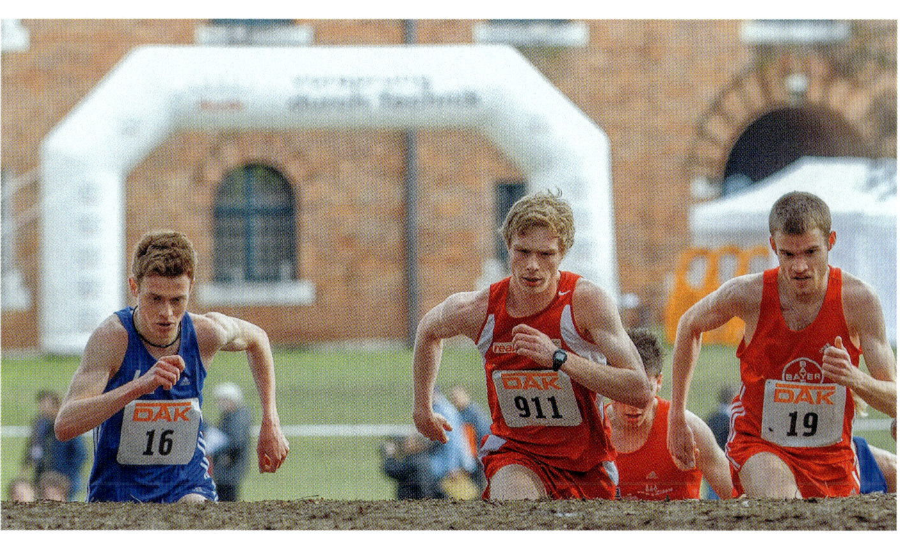

Deutsche U23 Cross-Meisterschaften 2009 in Ingolstadt. Im Dreikampf mit Rico Schwarz (Mitte) und Alexander Hahn. © Hans Joachim Müller

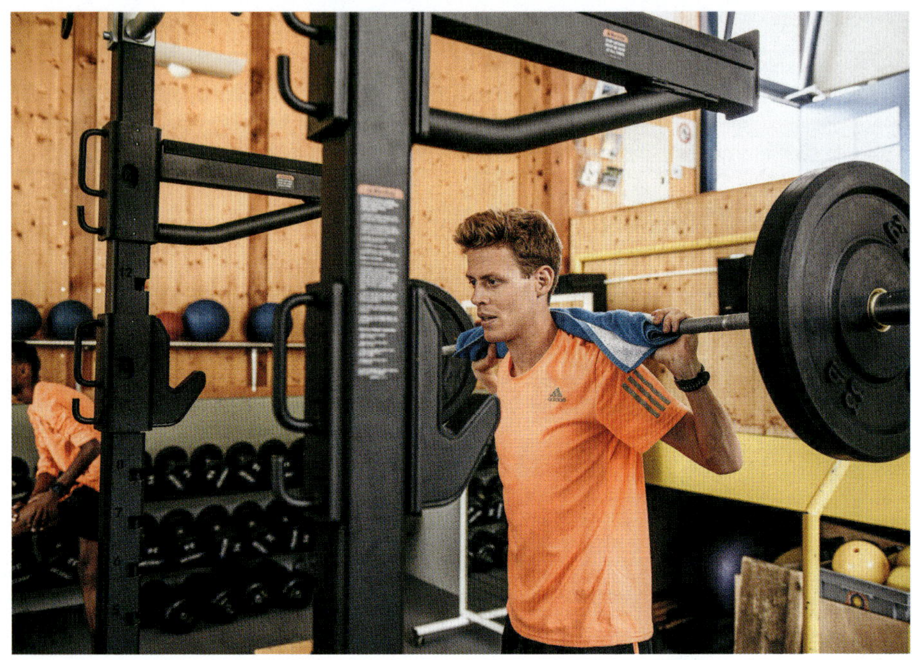

Auch Krafttraining gehört zu meinem Marathontrainingsplan – zur Verbesserung des Laufstils und zur Verletzungsprävention. © Ruben Elstner

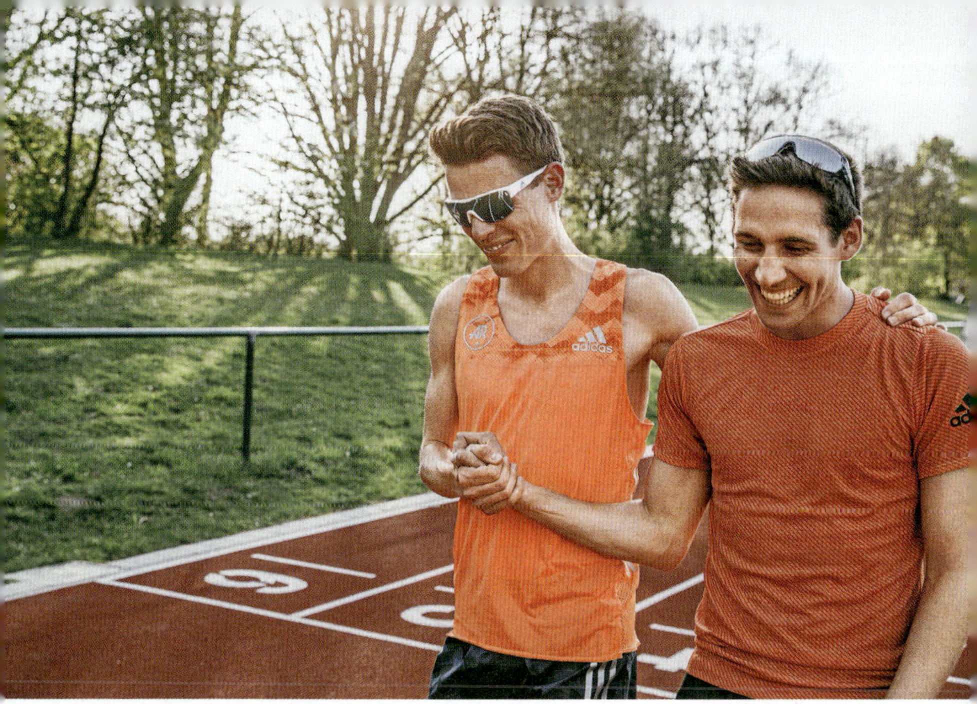

Glückliche Gesichter nach einem erfolgreichen Tempotraining mit meinem besten Freund Felix. © Ruben Elstner

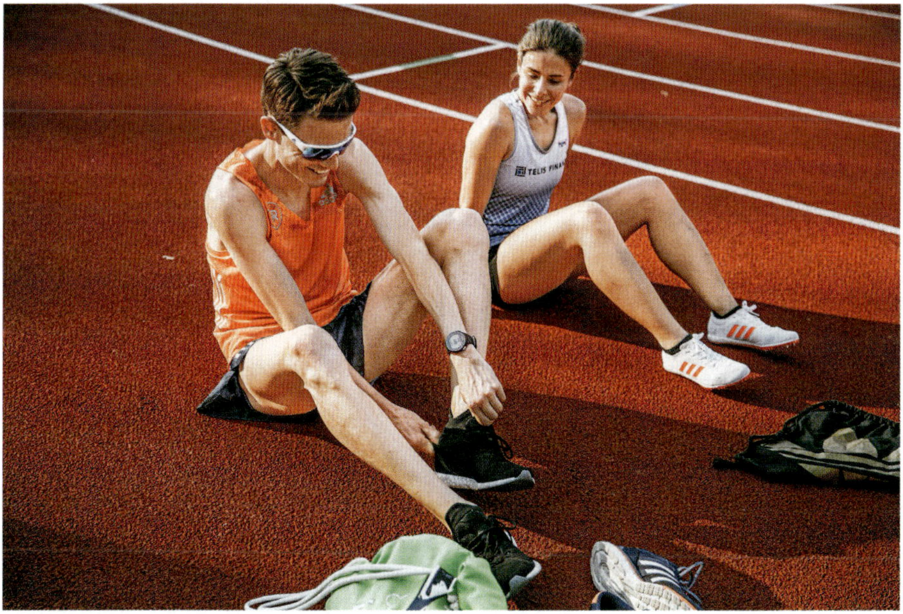

Tempoläufe auf der Bahn gehören auch in der Marathonvorbereitung zu meinen wichtigen Trainingseinheiten. © Ruben Elstner

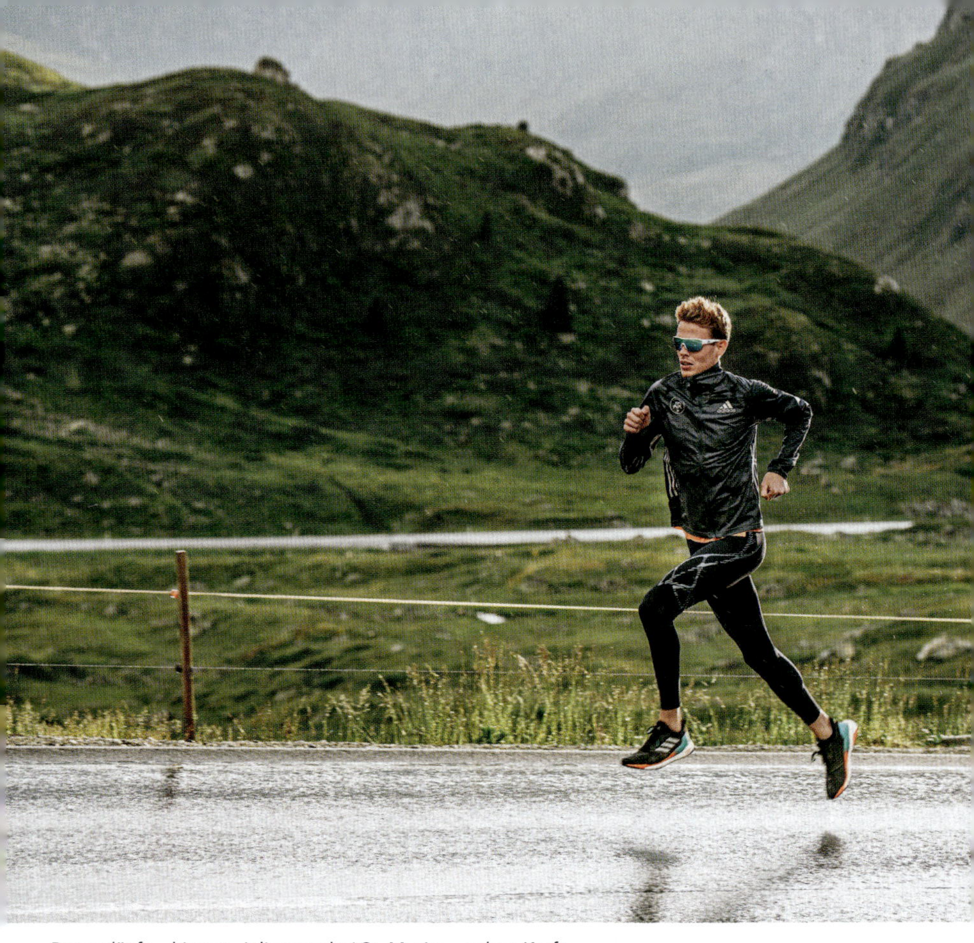

Berganläufe – hier am Julierpass bei St. Moritz – geben Kraft und fördern die Laufökonomie. © Ruben Elstner

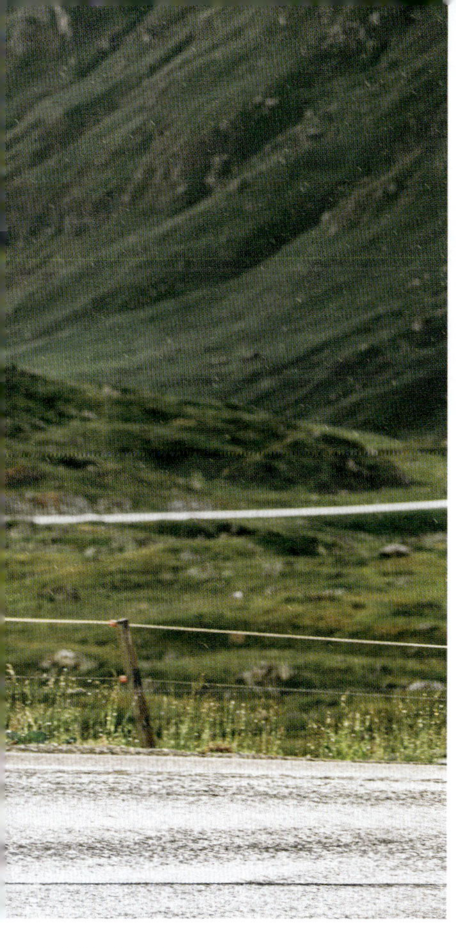

Radbegleitung bei »Long Runs« zum Trainieren der Getränkeaufnahme ist Gold wert. © Ruben Elstner

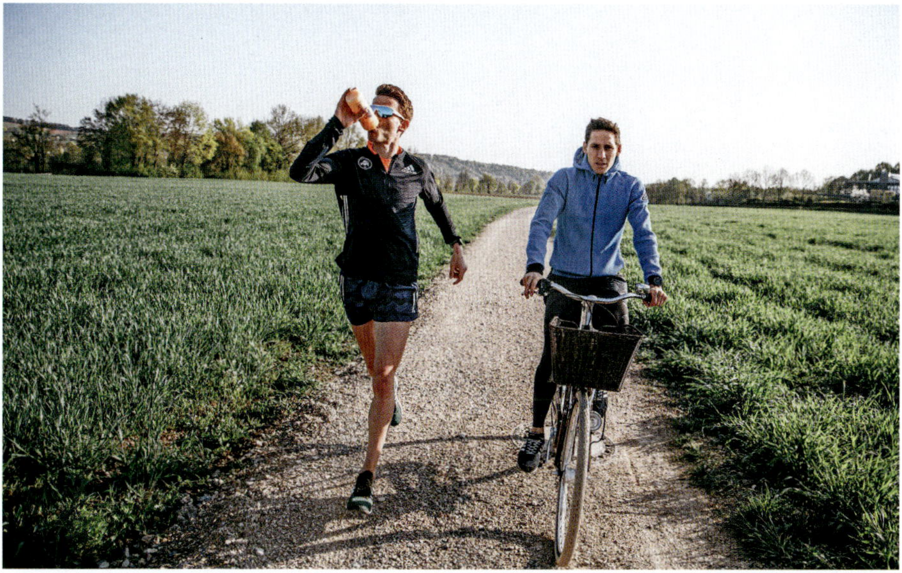

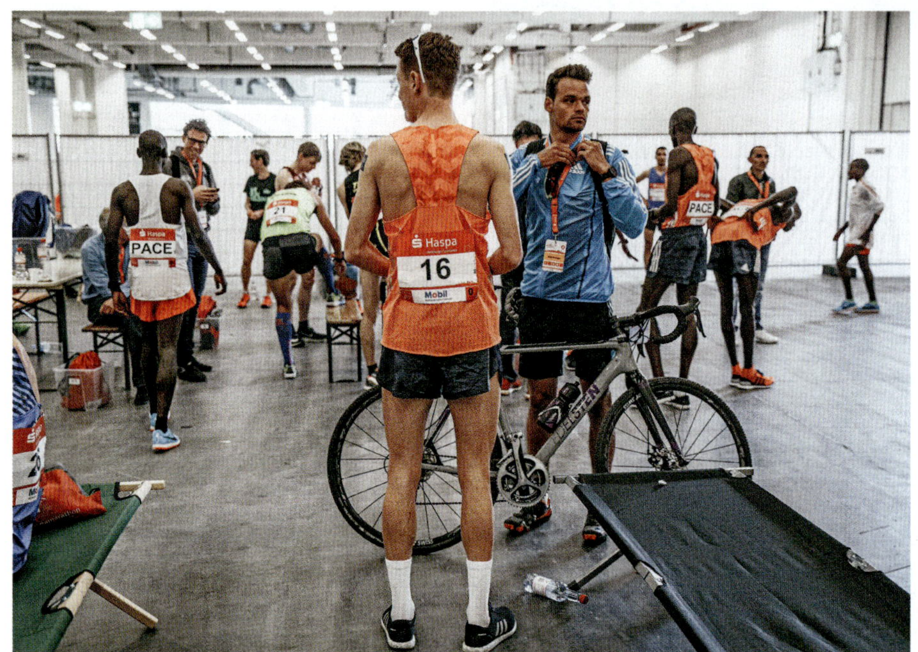

Die Ruhe vor dem Sturm. Mein langjähriger Freund und Radbegleiter Jonas Fischer ist bei Marathons immer an meiner Seite. © Ruben Elstner

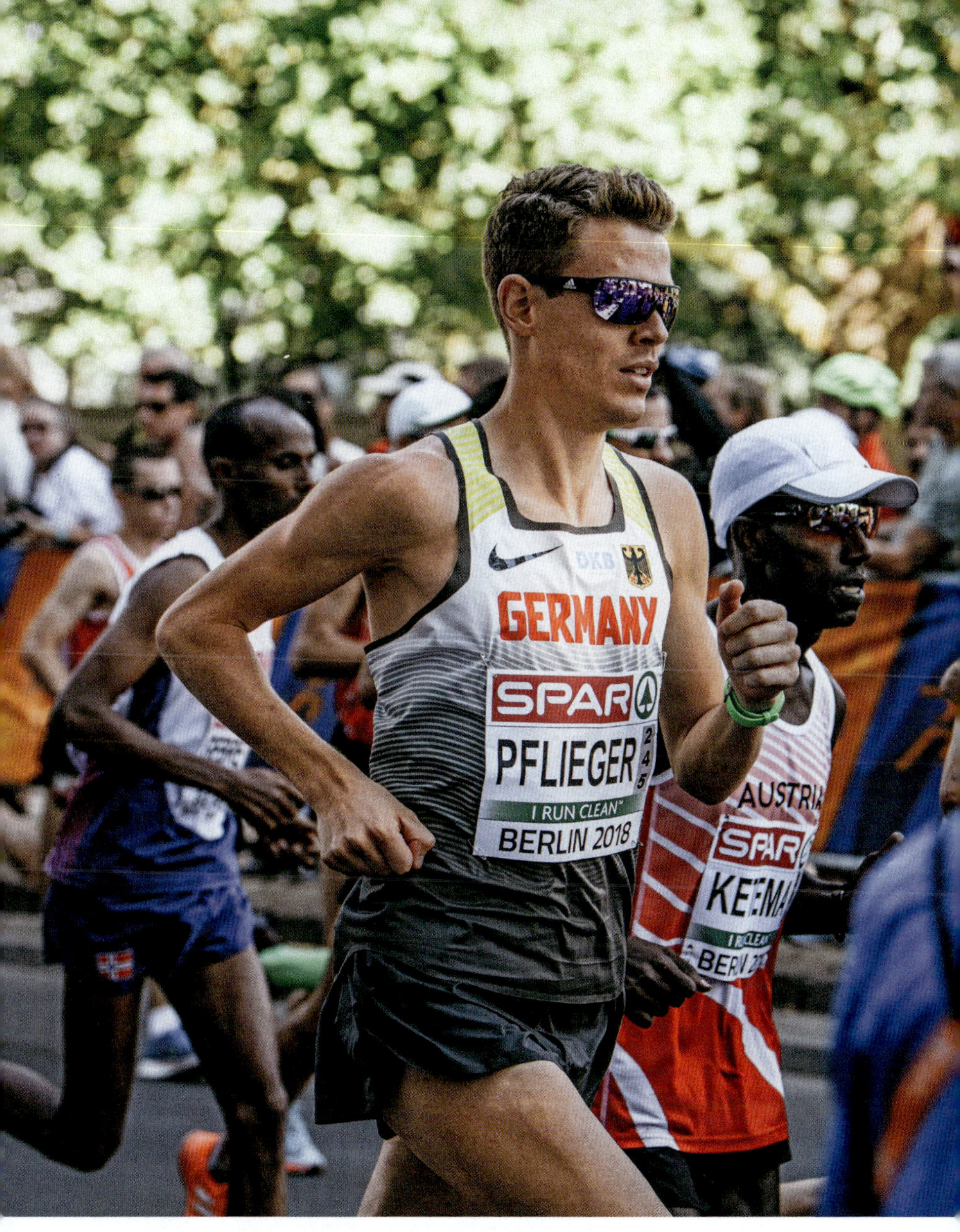

Marathon-Start bei der Heim-EM 2018 in Berlin. © Ruben Elstner

Nächste Seite: Für Sightseeing bleibt mir im Rennen leider keine Zeit. © Ruben Elstner

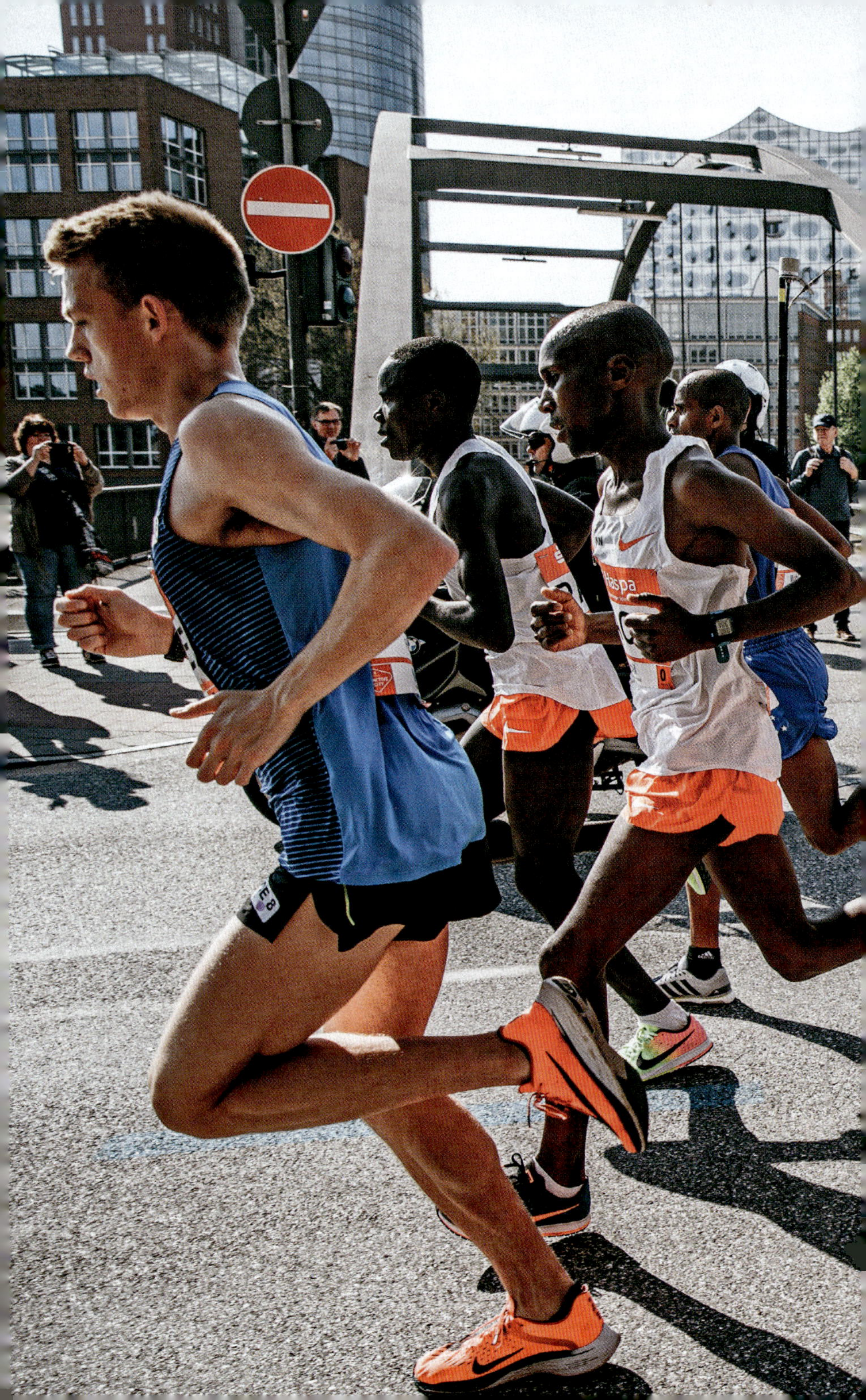
Haspa

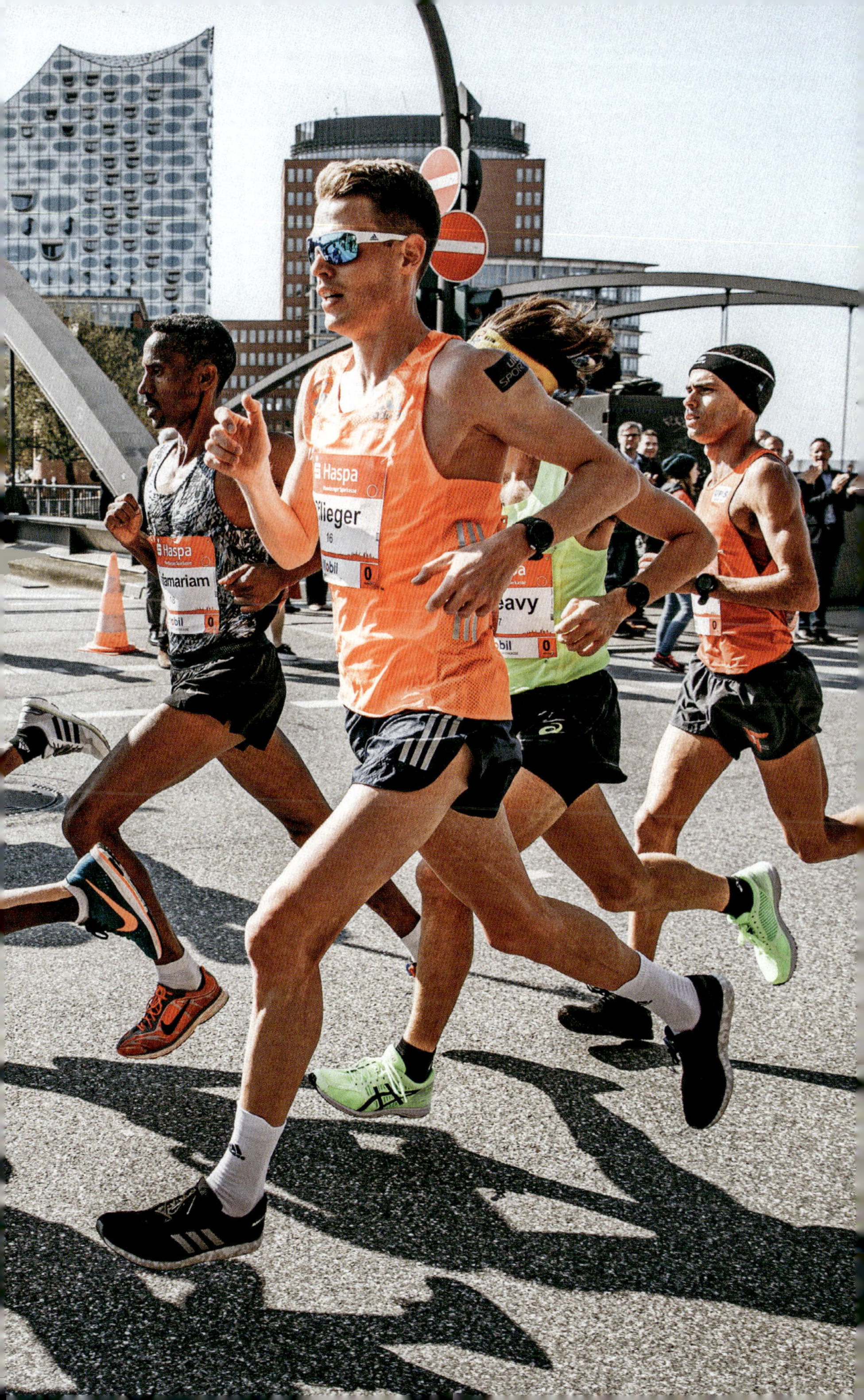
Haspa
16

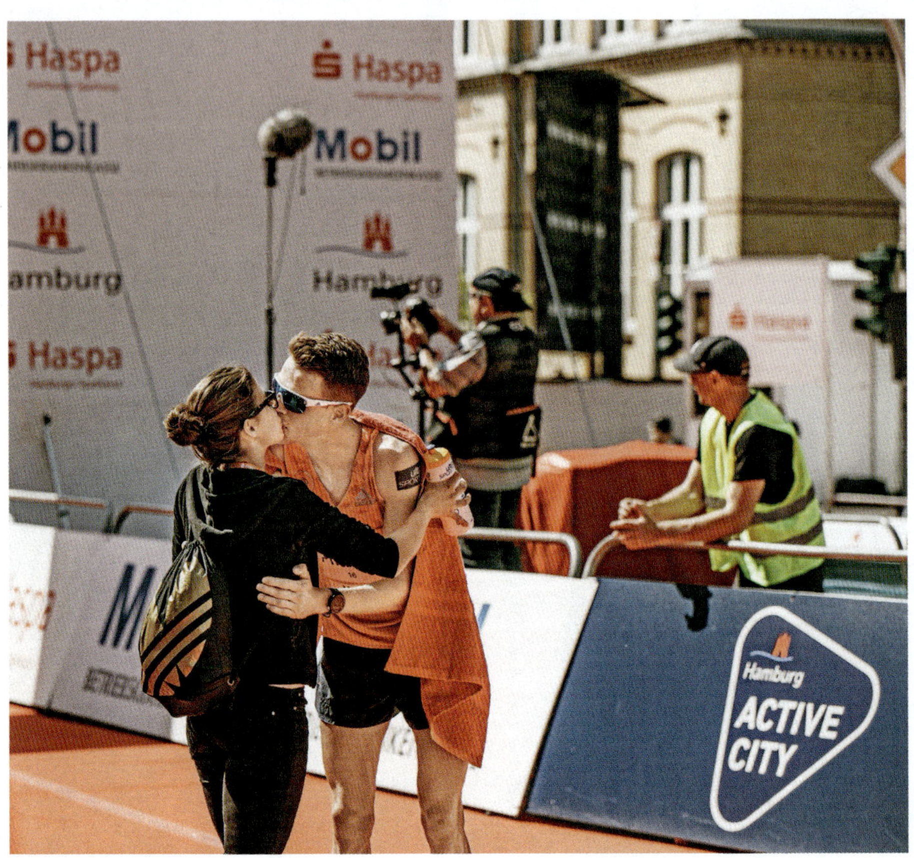

Die größte Belohnung im Ziel des Hamburg-Marathons 2018 – neben der EM-Norm. ;-) © Ruben Elstner

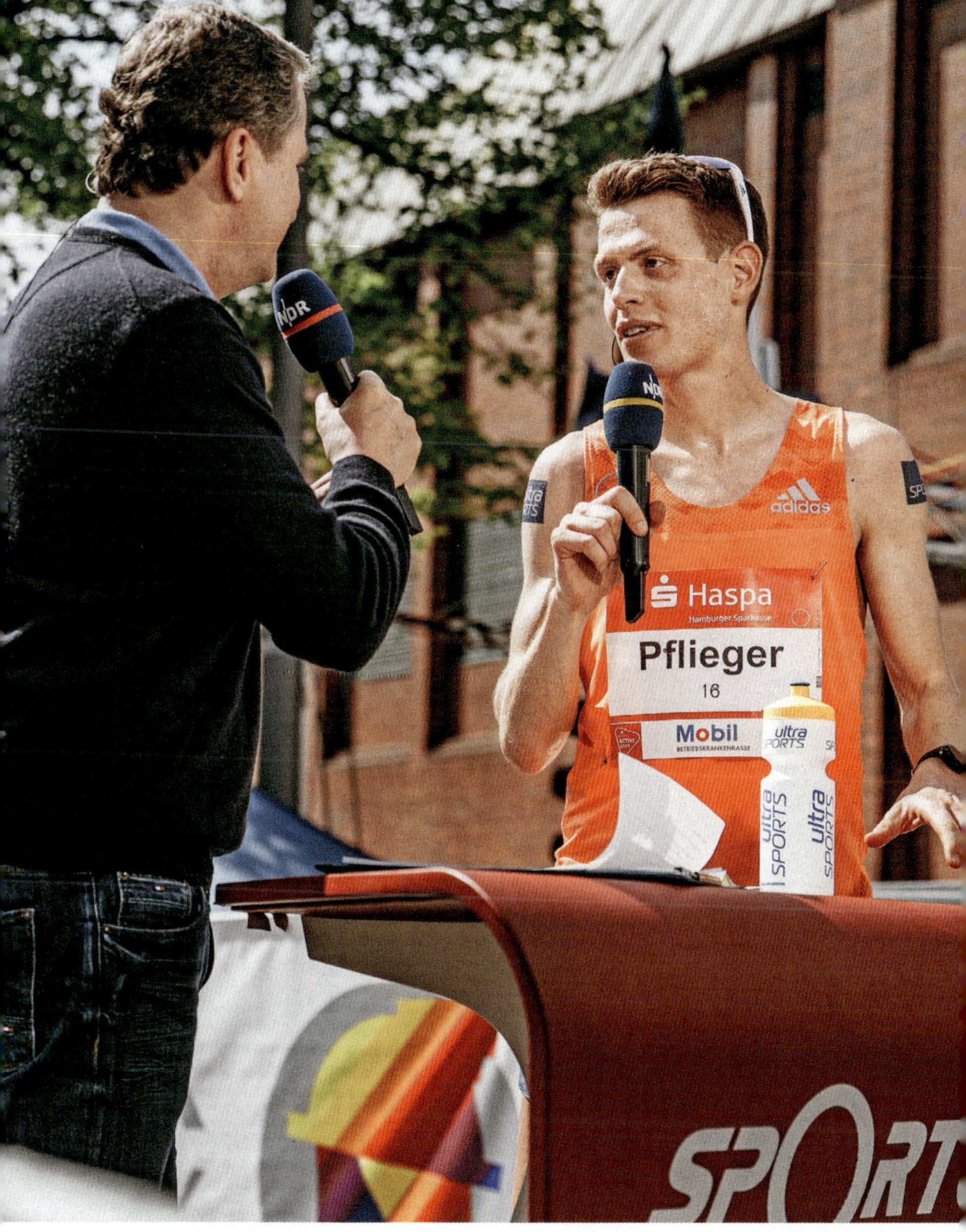

Rennanalyse im NDR wenige Minuten nach meinem Zieleinlauf beim Hamburg-Marathon 2018. © Ruben Elstner

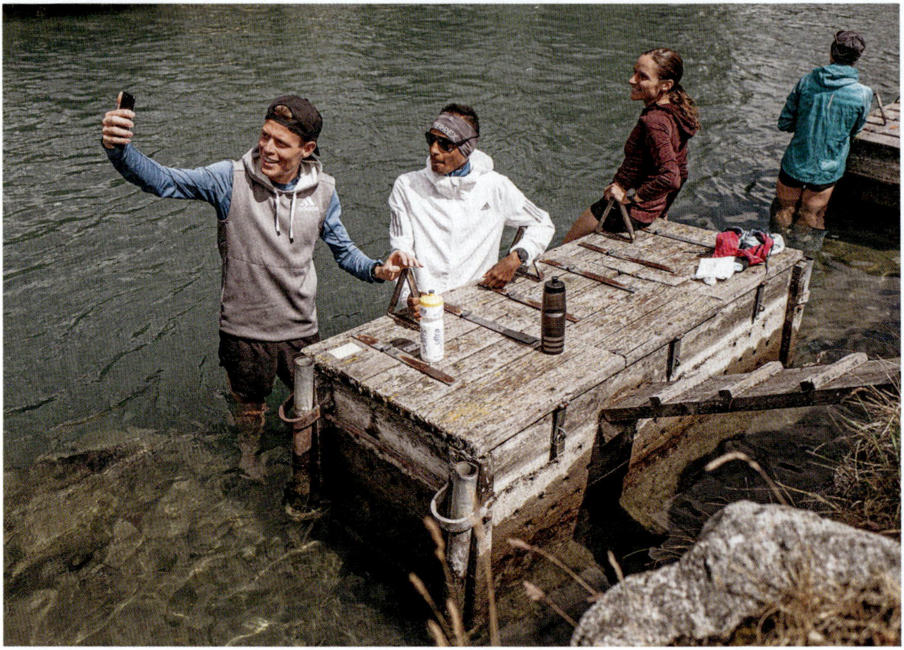

Eisbad im Höhentrainingslager in St. Moritz nach getaner Arbeit mit Jonas Koller. © Ruben Elstner

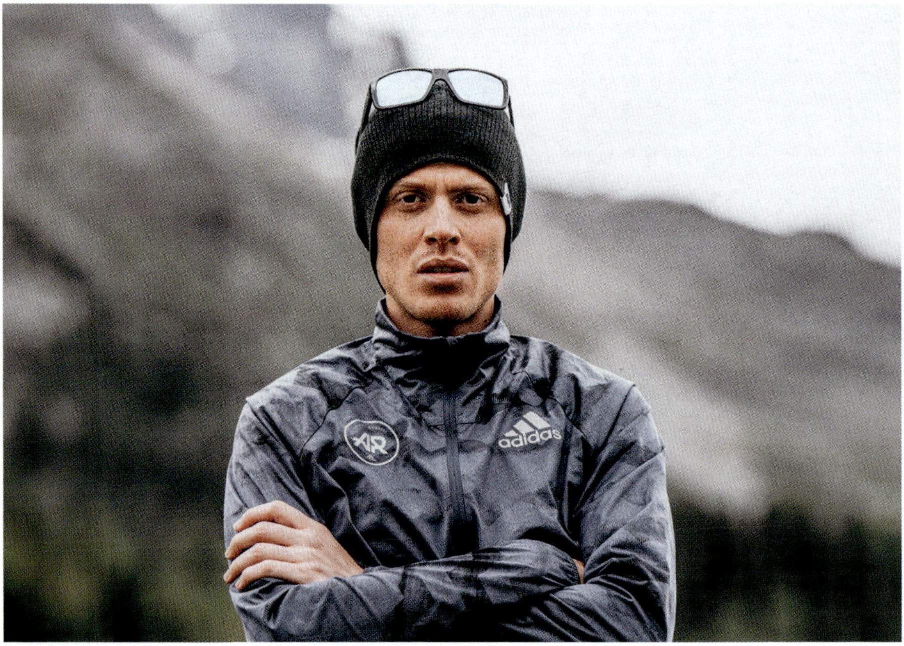

In den Bergen von St. Moritz fällt es leicht, sich auf das Marathontraining zu fokussieren. © Ruben Elstner

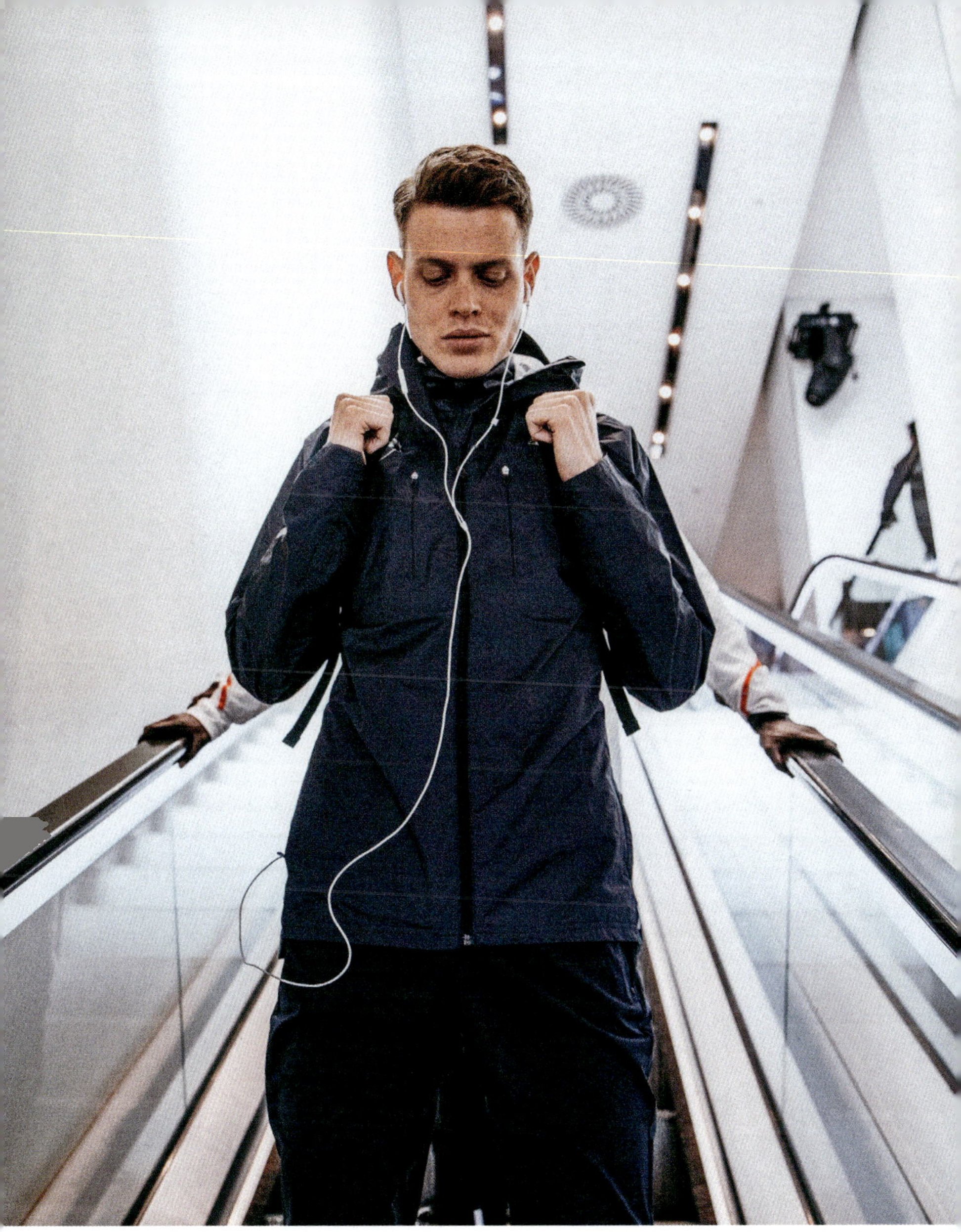

Im »Tunnel« auf dem Weg zum Start beim Hamburg-Marathon 2018.

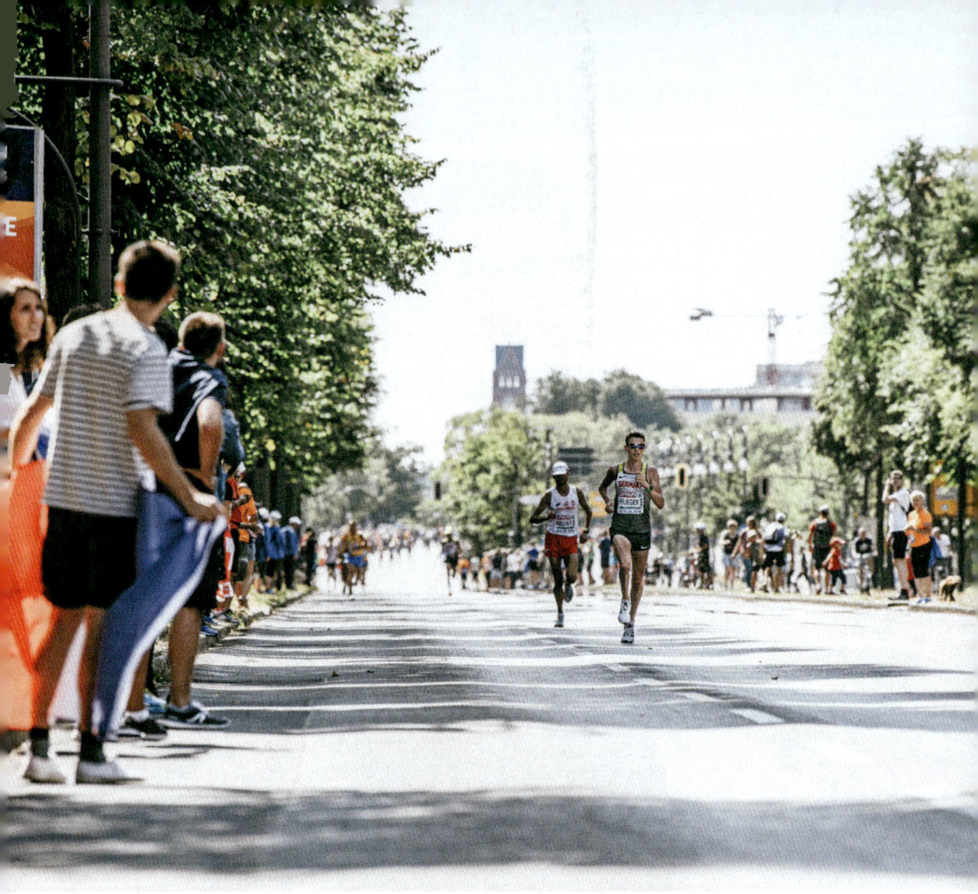

Marathonlauf ist oft ein einsamer Kampf – gegen sich selbst und gegen die Zeit.

dann am 23. Juli eine Hammer-Einheit mit sensationellen Werten. Die kam zwar aus dem Nichts, aber von da an lief es.

Die gute Laune und der Optimismus waren zurück. Die letzten Tage vor dem Abflug nach Brasilien zu Hause in Regensburg waren dann so prima, dass ich zwar vielleicht nicht in der Topform von 2015, aber ziemlich nah dran am Mittwoch, den 17. August, in Frankfurt am Main das Flugzeug nach Rio bestieg.

KILOMETER 19

RIO – DAS ERLEBNIS

Der Marathon-Lauf der Männer sollte erst am letzten Tag der Sommerspiele in Rio de Janeiro, dem 21. August, stattfinden. So war unsere Abreise auf den 17. August terminiert worden. Das bedeutete, dass ich die Eröffnungsfeier am 5. August zu Hause im Fernsehen schaute. Das fühlte sich tatsächlich sehr komisch an. Ich schaute die Eröffnungsfeier immer gern an. Aber jetzt sollte ich bei der Schlussfeier live vor Ort sein – völlig krass. Ich hatte mich schon gewundert, dass wir erst so spät anreisen durften. Mir war klar, dass das olympische Dorf nicht darauf ausgelegt ist, alle Teilnehmer von Anfang bis Ende aufzunehmen. Fluktuation ist gewünscht und eingeplant.

Dennoch gilt die Faustregel, dass man bei Wettkämpfen in Übersee pro Stunde Zeitverschiebung einen Tag zur Akklimatisierung einkalkuliert. Rio war im Sommer fünf Stunden hinter Deutschland zurück. Dazu kam, dass das Klima dort deutlich feuchter war als im deutschen Sommer. Die Temperaturen unterschieden sich unerheblich, aber die schwüle Wärme hätte ebenfalls eine etwas längere Eingewöhnungszeit gerechtfertigt. Wir hatten das mehrmals beim Deutschen Leichtathletik-Verband thematisiert, aber es war nichts zu machen.

Also kam ich, gemeinsam mit dem zweiten deutschen Marathon-Starter Julian Flügel, bepackt mit zwei großen Koffern und trotzdem voller Sorge, das Wichtigste vergessen zu haben, am frühen Donnerstagmorgen, den 18. August, in Rio de Janeiro an. Ich war nie zuvor in Südamerika gewesen und dementsprechend gespannt. Bei der Ankunft erwartete uns niemand.

Was mir sofort beim Weg durch die dunkle Stadt auffiel, war die unglaublich hohe Präsenz von Sicherheitskräften. An jedem Kreisverkehr stand ein Polizeiauto mit Blaulicht, und überall sah man Soldaten in Uniform mit Maschinengewehr in der Hand. Natürlich hatten wir viel über die Kriminalität in Rio gehört und waren darüber aufgeklärt worden, dass wir uns besser nicht abseits der offiziellen Stätten aufhalten sollten. Aber dass das Militär im Straßenbild derart präsent sein würde, hätte ich nicht erwartet. Falls diese Präsenz ein Gefühl der Sicherheit auslösen sollte, erfüllte sich dieser Effekt bei mir nicht, eher im Gegenteil.

Im olympischen Dorf, das bei einigermaßen freien Straßen etwa eine Stunde Fahrt im Shuttlebus entfernt im Bezirk Barra da Tijuca lag, wurden wir abgeladen und folgten der Meute anderer Neuankömmlinge durch die Sicherheitsschleuse. Auch im Ankunftsbereich ließ sich vom Verband niemand blicken. Die zuständigen Trainer waren nicht zu erreichen, dafür war es noch zu früh. Nach einiger Suche – es war ja noch dunkel – fanden wir schließlich das Hochhaus, in dem die deutsche Mannschaft ihr Quartier hatte. Im Zimmer blieben wir nicht lange, sondern machten uns direkt auf den Weg in die Mensa, um erst einmal ausgiebig zu frühstücken.

Die Mensa ist das Herzstück des olympischen Dorfes. Alles, was Athleten an Olympia fasziniert, kulminiert hier, wo Sportlerinnen und Sportler aus allen Nationen und Disziplinen zum gemeinsamen Essen zusammenkommen. Hier werden Athleten zu Fans, wenn sie auf einen besonders berühmten Kollegen treffen. Auch wenn ich während der vier Tage keinen Prominenten gesehen habe, hat auch mich die Magie dieses Ortes mitgerissen. Dort zu sitzen, mit anderen ins Gespräch zu kommen und die berühmten Pins zu tauschen, die alle Nationen bei sich tragen, hat ein ganz besonderes Flair, das man nur erleben und nicht beschreiben kann.

Nach dem Frühstück begannen wir endlich, unser Apartment im deutschen Bereich des olympischen Dorfes zu beziehen, das wir uns mit einigen Trainern teilten. Dem Impuls, mich hinzulegen und den verpassten Nachtschlaf aufzuholen, widerstand ich, indem ich einen Rundgang durch das Dorf machte. Es war kleiner, als ich es mir vorgestellt hatte. Letztlich ist es nicht mehr als eine Hochhaussiedlung mit Parkanlage, dennoch war es spannend, die ganzen Landesflaggen in den Fenstern zu sehen und dadurch zu erkennen, wer wo wohnte und wie groß die jeweiligen Gruppen ungefähr waren.

Weil der Donnerstag ein Ruhetag ohne sportliche Betätigung sein sollte, war ich am Nachmittag von meinem Ausrüster adidas in dessen Lounge eingeladen, die etwas außerhalb des Dorfes lag. Viele Unternehmen, die sich im olympischen Programm engagieren, bieten ihren Partnern Möglichkeiten, in entspannter Atmosphäre zu essen und ins Gespräch zu kommen. Ich lernte an diesem Tag den Schweizer Marathon-Läufer Tadesse Abraham kennen, der am Sonntag nach dem Rennen noch eine wichtige Rolle spielen würde.

Nach einer glücklicherweise erholsamen Nacht wollten Julian und ich am Freitagmorgen eine lockere Dauerlaufeinheit absolvieren. Man hatte uns geraten, nicht den Shuttle zu den außerhalb gelegenen Trainingsstätten zu nehmen, sondern die Zwei-Kilometer-Runde im Dorf zu nutzen, und das taten wir auch. Auf dem Weg kam uns mehrfach ein Läufer entgegen, der uns freundlich zulächelte. Am Mittag traf ich ihn in der Mensa zufällig wieder und wir kamen ins Gespräch. Es war Donald „Donn" Cabral, ein US-amerikanischer Hindernisläufer. Dieses Gespräch war ein Abbild dessen, was im Dorf passierte. Die allermeisten Sportler sind kontaktfreudig, sie wollen wissen, was um sie herum passiert, und auch wenn es letztlich nur Smalltalk ist, hat man das Gefühl, zu einer Gemeinschaft zu gehören, die ein gemeinsames Ziel eint.

Am Freitagnachmittag konnte ich meine Freundin Barbara und meinen Kumpel Felix, die extra nach Rio gereist waren und nach den Spielen mit mir noch das Land bereisen wollten, ins Dorf mitnehmen. Man darf Besucherakkreditierungen beantragen, und wer Glück hat, kann das Heiligtum der Athleten betreten. Das war für uns drei ein sehr besonderer Moment. Unser Regensburger Teamkollege Florian Orth hatte seinen Start über 5000 Meter schon hinter sich und war auch dabei. Anja Scherl, die ebenfalls zu unserem Verein gehört, sollte ich erst später treffen. Auch das verdeutlicht die Dimensionen des Dorfes.

Abends schafften wir es dann sogar noch, gemeinsam ins Deutsche Haus zu gelangen. Das ist die Vertretung des Deutschen

Olympischen Sportbundes (DOSB), in der die Sponsoren des deutschen Teams zusammenkommen und alle Medaillengewinner gefeiert werden.

Der DOSB hatte ein mehrstöckiges Haus direkt am Strand von Barra eingerichtet. Es gab köstliche Grillgerichte, das brasilianische Nationalgetränk Caipirinha (natürlich nicht für mich), und man hätte dort ohne Probleme eine großartige Partynacht feiern können. Aber als es richtig losging, musste ich schon wieder gehen. Der nahende Wettkampf ging vor.

Den Sonnabend vor dem Rennen nutzte ich zur Erholung. Nach einem leichten Acht-Kilometer-Abschlusslauf konzentrierte ich mich darauf, mich gut zu ernähren und meine Kraft für den Tag des Rennens zu sammeln. Vom DLV gab es leider keinerlei Vorbereitung auf den Wettkampf. Aber dank meiner Vereinskollegin Anja Scherl, die eine Woche zuvor im Frauenrennen gestartet und als 44. beste deutsche Athletin geworden war, hatten Julian und ich wichtige Infos erhalten, auf die wir uns nun einzustellen versuchten.

Das Rennen sollte im Sambódromo starten, einer Tribünenstraße im Stadtzentrum von Rio, wo im Frühjahr traditionell die weltberühmten Umzüge der Karnevalsschulen stattfinden. Über fünf Kilometer ging es auf einen zehn Kilometer langen Rundkurs, der dreimal zu durchlaufen war, und von dort über 7,195 Kilometer zurück zum Sambódromo. Ich war etwas in Sorge, dass ein Rundkurs psychisch ermüden könnte. Doch zum Glück stellte sich diese Sorge als unbegründet heraus. Durch den Rundkurs passierte ich meine Eltern, meinen Trainer Kurt und seine Frau, Barbara, meinen Bruder und Felix, die allesamt an der Strecke standen, insgesamt sechsmal! Und auch wenn die Stimmung sehr gut war, hörte ich ihre Stimmen aus der Menge jedes Mal heraus, was mich natürlich zusätzlich pushte.

Doch zurück auf Los. Um kurz vor fünf Uhr am Sonntagmorgen standen Julian und ich auf, um den Kreislauf mit einem Drei-Kilometer-Läufchen auf Betriebstemperatur zu bringen. Zum Frühstück musste ich mich, wie vor großen Wettkämpfen üblich, zwingen. Aber da mir die Bedeutung guter Ernährung insbesondere vor einem Marathon bewusst ist, aß und trank ich ausreichend und stieg guter Dinge in den Shuttlebus, der uns zum Start bringen sollte. Unterwegs standen wir mehrmals im Stau, was eigentlich gar nicht möglich sein sollte, da es bei Olympischen Spielen die sogenannte Olympic Lane gibt; eine Fahrspur, die nur für olympischen Verkehr offen ist. Das interessierte die Brasilianer irgendwie nicht wirklich. Und so kamen wir erst knapp eine Stunde vor dem für 9.30 Uhr geplanten Start im Sambódromo an.

Im Nachhinein denke ich, dass das gar nicht so schlecht war, denn so dachten wir einzig und allein daran, ob wir es auch pünktlich zum Start schafften. Das relativiert die Aufregung. Für mehr als ein paar Koordinationsübungen und ein kurzes Eintraben reichte die Zeit nicht. Leider regnete es sehr stark, sodass auf der geraden Straße das Wasser in großen Pfützen stand und ich mir schon vor dem Start nasse Socken holte. Normalerweise ein No-Go im Marathon, weil nasse Socken die Gefahr von Blasenbildung erheblich erhöhen. Aber ich verwarf die Idee, trockene Socken anzuziehen, sehr schnell, im Rennen würde ich dieselbe Gerade laufen müssen. Das Ergebnis wären wieder nasse Socken, also konnte ich die alten auch gleich anbehalten.

Ich hatte mir vorgenommen, wegen des schwülwarm vorhergesagten Wetters das Rennen langsam anzugehen. Das tat ich dann auch, merkte jedoch nach fünf Kilometern, dass die allermeisten der 155 Teilnehmer vor mir waren. Ich war mit einem Tempo angelaufen, das in einer 2:16-Endzeit resultieren würde, und hatte nicht erwartet, dass große Teile des Feldes deutlich schneller anlaufen würden. Also erhöhte ich mein Tempo etwas und hielt mich in der zweiten größeren Gruppe hinter der Spitzengruppe.

Nach einem Viertel der Strecke hörte es zu regnen auf, die Sonne brach durch und brannte bald erbarmungslos. Die Temperatur lag schnell bei 25 Grad; viel härter war allerdings die Luftfeuchtigkeit, die 95 Prozent betrug und mir das Gefühl gab, gegen eine Wand aus feuchtwarmer Luft zu laufen. Beim Halbmarathon ging ich mit einer Zeit von 1:08:08 Stunden auf Platz 92 durch, aber ich war mir nicht sicher, ob das, was ich tat, richtig war. Würde ich das Tempo durchhalten können oder wäre es sinnvoller, langsamer zu laufen?

In der zweiten Rennhälfte gab es wahnsinnige Szenen zu bestaunen. Am Straßenrand sah ich regelmäßig andere Athleten, die ihrem hohen Anfangstempo Tribut zollen mussten. Manche brachen einfach zusammen, andere mussten sich übergeben oder wanden sich mit Krämpfen. An den Verpflegungsstationen herrschte, da sie recht eng angelegt waren, ein Hauen und Stechen um die Plätze an der Tränke. Nur mit Mühe und Not schaffte ich es, mich jedes Mal zu den Kolleginnen und Kollegen aus dem deutschen Team durchzukämpfen, die die Versorgung übernommen hatten und mit viel Einsatz darum kämpften, mir meine Flasche zu reichen.

Sieben Kilometer vor dem Ziel gingen auch bei mir langsam die Lichter aus. Ich spürte, dass mein Kreislauf unter der Extrembelastung ächzte. Mir wurde schummrig, ich wusste aber nicht, ob es daran lag, dass ich zu wenig getrunken hatte oder ob es einfach die ungewohnte Belastung war. Ab Kilometer 38 schwanden zunehmend die Sinne. Bei der letzten Verpflegungsstation bei Kilometer 40 trank ich, hatte aber nicht das Gefühl, dass das irgendetwas bewirkte. Von dort an zog sich die Strecke wie Kaugummi. Vom Start wusste ich, dass es eine lange Gerade war, die zum Sambódromo hinunterführte. Aber nun, mit 40 Kilometern in der Sauna von Rio in den Beinen, fühlte sich diese Gerade endlos an.

Bei Kilometer 35 hatte ich noch eine Reihe an Konkurrenten überholt, die jetzt wieder bedrohlich nahe kamen. Hatte ich zum Start des Rennens, als ich es langsam anging, das Gefühl zu joggen, so glaubte ich nun zu schleichen. Auf der zweiten Hälfte des Rennens war ich mehr als zweieinhalb Minuten langsamer, dennoch schloss ich meinen olympischen Marathon auf Rang 55 ab, in 2:18:56 Stunden. Julian belegte in 2:20:47 Rang 70. Unmittelbar hinter der Ziellinie geriet ich ins Straucheln. Tadesse Abraham, der Schweizer Läufer, den ich wenige Tage zuvor in der adidas-Lounge kennengelernt hatte, war in 2:11:42 Siebter geworden und hatte im Ziel auf mich gewartet. Als er sah, dass ich zu stürzen drohte, fing er mich auf. Die Szene beschreibt eindrucksvoll die

Magie von Olympia und worum es geht: um den Zusammenhalt über alle Konkurrenz hinweg.

Nun lag ich also im Sambódromo von Rio de Janeiro, hatte meinen olympischen Marathon ins Ziel gebracht, und wusste nicht genau, wie ich wieder auf die Beine kommen sollte, so schwach fühlte ich mich. Aber dafür gibt es bei Olympia Helfer, die die Gestrauchelten aus dem Blickfeld der Kameras entfernen. Ein Arzt und zwei Helfer kamen, legten mir ein Eispack in den Nacken und schoben mich im Rollstuhl aus dem Ziel- in den Sanitäterbereich. Das Eis half, das Ausruhen auch, und so konnte ich nach ungefähr einer Viertelstunde zum ZDF-Interview mit Norbert König antreten. Hinterher haben mir viele Bekannte geschrieben, dass ich tatsächlich so aussah, als hätte ich alles gegeben.

Das war das schönste Kompliment. Denn genau darum ging es mir: dass ich bei meinem olympischen Rennen die letzten Reserven mobilisieren und alles raushauen würde. Auch um meine Dankbarkeit all denen gegenüber, die mir bei der Verwirklichung meines Traums geholfen haben, auszudrücken.

In der Mixed Zone warteten Barbara und meine Eltern. Ich konnte sehen, dass meine Freundin und meine Mutter geweint hatten. In solchen Momenten braucht es keine Worte. Es war ein sehr emotionales Erlebnis, das ich immer im Herzen tragen werde. Julian und ich fuhren, als der Zielbereich geleert wurde, ins olympische Dorf zurück. In unserem Apartment war nicht viel los. Im Kühlschrank fanden wir zwei Flaschen Bier, die wir gerade öffnen wollten, als Uli Knapp hereinkam, der Bundestrainer Frauen-Weitsprung. „Jungs, wie ist es gelaufen?“, fragte er, und organisierte gleich noch einige Flaschen mehr, damit wir stilecht anstoßen konnten.

Nach drei Bier im Dorf und einer schnellen Dusche mussten wir auch schon los, um rechtzeitig zur Schlussfeier ins Maracanã-Stadion zu kommen. Damit alle Teilnehmer pünktlich auf ihre Plätze verteilt waren, hatten die Organisatoren die Shuttlebusse sehr früh abfahren lassen, und so standen wir im Stadion mehrere Stunden in den Katakomben und später bei der Feier zwei weitere

Stunden im Regen – und das mit einem Marathon in den Beinen und drei Bier im Kopf, aber wenig Essen im Bauch. Und trotzdem war es ein großartiges Erlebnis! Nach der Rückkehr waren wir zu k. o., um noch zu feiern. Und so endete der größte Tag meines sportlichen Lebens so unspektakulär, wie die Reise begonnen hatte.

War das jetzt wirklich der größte Tag meines sportlichen Lebens gewesen? Ich habe seitdem viel darüber nachgedacht und bin mir heute ziemlich sicher, dass der Marathon 2015 in Berlin angesichts der selbst gewählten Umstände das wichtigste Rennen meiner Karriere war. Aber erst im Verbund mit Rio wurde die Geschichte für mich komplett. In dem Moment, in dem ich die Ziellinie überquerte, hat es sich auf sehr positive Art so angefühlt, als würde ein 21 Jahre währendes Kapitel abgeschlossen. Es war so wichtig, dieses Ziel, auf das man so lange hinarbeitet und für das man so viel opfert, irgendwann auch zu erreichen.

Was sollte nach Rio kommen, Karriere beenden, neue Ziele setzen und wenn ja, welche? Ich wusste es in dem Moment nicht, das brauchte Zeit. Und diese Zeit nahm ich mir.

KILOMETER 20

DIE LEHREN AUS RIO

Man muss nicht im Amazonas baden, um auf andere Gedanken zu kommen. Aber es hilft! Die ersten zweieinhalb Wochen nach den Olympischen Spielen waren für mich wie ein Ausbruch aus dem Leben. Sportler haben oft einen Zeitplan, der dem der meisten anderen Menschen diametral entgegensteht. Wir haben Wettkämpfe, wenn andere Wochenende haben. Wir sind im Trainingslager, wenn andere Urlaub machen. Ich hatte in den Jahren vor Rio sehr wenig Urlaub. Jetzt genoss ich es, einfach mal ein paar Tage in der Sonne zu liegen und nichts zu tun, außer ab und an ein Kaltgetränk zu schlürfen. Ich bin in jenem Urlaub keinen Meter gelaufen; wenigstens nicht schneller als der Marschschritt, den wir bei unseren Dschungelwanderungen draufhatten.

Zweieinhalb Wochen reiste ich mit Barbara, Felix und dem ehemaligen Teamkollegen Erik Somssich durch Brasilien. Wir waren bei den berühmten Wasserfällen von Iguaçu, die von der argentinischen Seite noch deutlich beeindruckender waren. Wir hatten eine Lodge im Dschungel des Amazonas in der Nähe von Manaus gemietet, von der aus wir Ausflüge unternahmen. Wir sahen Flussdelfine und Alligatoren, Spinnen und Schlangen, und an einem Nachmittag sind wir sogar kurz in den Amazonas gesprungen, weil unser Guide – er hieß Herrmann und wir waren „Herrmanns Germans“ – uns dazu überredete. Obwohl wir beim Piranha-Angeln schon erlebt hatten, wie spitz die Zähne dieser Raubfische sind und wie viel Beißkraft sie entwickeln. Im Nachhinein haben wir uns schon gefragt, wie bekloppt man sein muss, um in diese braune Brühe zu springen. Aber es waren alles tolle Erlebnisse, sie pusteten meinen Kopf komplett frei, und nicht ein einziges Mal dachte ich darüber nach, wie es nach Olympia weitergehen sollte.

Es gibt ja das Klischee, Profisportler würden aufgrund der Wettkämpfe die ganze Welt sehen. Und natürlich ist das auch ein Privileg, man reist an Orte, die man sonst wahrscheinlich nicht besuchen würde. Aber zur Wahrheit gehört auch, dass für Sightseeing kaum Zeit bleibt. Anreise, im Hotel einchecken, und ansonsten sieht man außer Trainingsanlage und Wettkampfstätte maximal das, was auf der Fahrt vom und zum Flughafen am Fenster vorbeizieht. Das kennt jeder, der Geschäftsreisen macht. Insofern war die Entscheidung, die Reise nach Brasilien zu nutzen, um auch das Land kennen zu lernen, genau richtig.

Am Tag unserer Rückkehr nach Frankfurt am Main wollte Felix noch eine Laufrunde drehen. Ich ließ mich breitschlagen, ihn zu begleiten. Wir liefen zehn Kilometer in etwas unter 40 Minuten – eine Zeit, über die ich normalerweise lächeln würde. Aber diesmal war ich total fertig. Die Strapazen von Brasilien, die ganz sicher nicht optimale Nachbereitung des Marathons, ohne Massage oder Physiotherapie, machten sich bemerkbar. Und trotzdem – es war einfach so cool, sich wieder zu bewegen und sich auszupowern. An diesem Tag wurde der Keim dafür gesät, dass ich meine Karriere fortsetzen wollte.

Auf der anderen Seite wusste ich noch nicht genau, wie ich das finanzieren sollte, aber dass ich das so unabhängig wie möglich machen wollte. Dieses Leben von der Hand in den Mund wollte ich wirklich nicht mehr. Zwar habe ich mit Barbara eine Partnerin, die maximales Verständnis für meine Leidenschaft aufbringt und bereit ist, für mich nicht nur zurückzustecken, sondern auch in die Bresche zu springen. Aber mein Bild einer gleichberechtigten Beziehung sieht so aus, dass beide Partner einen finanziellen Beitrag leisten, um sich ein gemeinsames Leben aufzubauen. In den Jahren vor Rio hatte ich Schwierigkeiten, mich selbst über Wasser zu halten. So sollte es nicht weitergehen.

Dass zum Jahresende 2016 mein Ausrüstervertrag mit adidas auslief, trug zunächst nur bedingt dazu bei, neuen Mut zu schöpfen, denn es fiel mir schwer, mein Standing bei der Marke mit den drei Streifen einzuschätzen. Auch wenn ich deutlich das

Vermarktungspotenzial, das im Marathon steckt, sah. Also dachte ich darüber nach, die Zusammenarbeit mit einer Agentur zu suchen, die mich in der Vermarktung meiner Person und meiner sportlichen Leistungen unterstützte. Zu dieser Zeit hatte die Hamburger Werbe- und Vermarktungsagentur Jung von Matt/Sports gerade eine weitere Sparte ins Leben gerufen, die sich um die Markenberatung für Sportpersönlichkeiten kümmerte. Und tatsächlich: Wir fanden zueinander und schlossen zum Jahreswechsel 2016/17 einen Vertrag. Parallel fand ich mit adidas ein neues Agreement. Der Einstieg in die Selbstvermarktung, über die ich später in einem eigenen Abschnitt mehr erzählen möchte, war geschafft.

Was noch fehlte, war ein neues sportliches Ziel. Das berüchtigte schwarze Loch, in das Athleten fallen, wenn sie sich ihren großen Traum erfüllt haben, gab es für mich gar nicht so richtig. Im Gegenteil: Alles, was jetzt noch kommen sollte, sah ich als Bonus, es war quasi die Kür.

Viel schneller als nach meinem traumatischen ersten Marathon-Erlebnis 2014 in Frankfurt war ich wieder in einer Trainingsroutine. Schon am 18. September, nur vier Wochen nach dem olympischen Marathon, lief ich in Tübingen einen Zehn-Kilometer-Straßenlauf. Isabell und Dieter Baumann, die in der Organisation des Laufes mitwirken, hatten mich eingeladen, und auch wenn ich wusste, dass ich vollkommen unfit dort aufschlagen würde, sagte ich zu. Auf einer schwierigen Strecke über Kopfsteinpflaster in der Tübinger Altstadt wurde ich in knapp unter 31 Minuten Vierter – aber ich genoss dieses Rennen sehr.

Ein neues, großes sportliches Ziel habe ich mir nach Rio nicht mehr gesteckt, und trotzdem – oder vielleicht gerade deswegen – macht mir der Sport seitdem noch mehr Spaß. Natürlich habe ich schon immer wieder neue Ziele, die Teilnahme an internationalen Wettkämpfen oder traditionsreichen Marathons wie Boston oder New York zum Beispiel. Und es ärgert mich auch heute noch wahnsinnig, wenn diese Ziele nicht aufgehen. Aber Scheitern kommt mir nicht mehr so fatal vor wie früher. Frei nach dem Motto: „Was noch kommt, ist gut; und wenn es nicht mehr kommt, ist es nicht so schlimm."

Ich möchte diese Haltung nicht als anspruchslos missverstanden wissen. Selbstverständlich bin ich weiterhin Leistungssportler aus ganzem Herzen. Aber im Vordergrund steht, der nach meinen eigenen Maßstäben beste Läufer zu werden, und nicht mich ständig an anderen oder irgendwelchen willkürlich gesetzten Normen messen zu müssen. Ich habe seit Berlin 2015 meine Marathon-Bestzeit nicht verbessern können. Aber ich habe einige Normen geschafft und meine Halbmarathon-Bestmarke mehrfach hochgeschraubt.

Ich glaube, jeder Athlet, der einmal bei Olympischen Spielen war, möchte sehr gern noch weitere Male dort starten. Man kann sich diesem Zauber einfach nicht entziehen. Tokio 2020 ist für mich deshalb sicherlich eine Option, die ich wahrnehmen werde, wenn ich die sportliche Qualifikation dafür erbringe. Sollte es klappen mit Japan, dann würde ich definitiv früher anreisen als nach Rio. Tokio hat sieben Stunden Zeitverschiebung, das Klima dort soll im August noch heftiger sein als in Rio, auch über 35 Grad und extreme Luftfeuchtigkeit, man sollte sich also mindestens eine Woche akklimatisieren, eher mehr. Aber ich würde auch mehr Zeit vor Ort einplanen, um andere Wettkämpfe zu besuchen und das besondere Flair Olympischer Spiele aufzusaugen. Ihr seht, ich beschäftige mich schon mit dem Thema … Aber ich weiß, dass noch viel Arbeit nötig ist und vor allem auch der Verband mitspielen muss. Warum das besonders schwierig werden könnte, dazu komme ich gleich.

#VERPFLEGUNG 4

ERNÄHRUNG

Essen und Trinken ist besonders für einen Athleten ein wichtiges Feld, um die Leistung zu optimieren. Vor einem langen Lauf beginnt die optimierte Nahrungszufuhr deshalb schon am Vorabend.

Ich esse vor langen Trainingsläufen immer das, was ich auch vor einem Wettkampf esse, um den Körper daran zu gewöhnen und um auszutesten, was mir am besten bekommt. Am Vorabend eines langen Laufes ist kohlenhydratreiche Nahrung wichtig. Das muss nicht der klassische Teller Pasta sein. Auch Kartoffeln mit Fisch sind denkbar. Hier gilt: Ausprobieren, was einem am besten bekommt.

Zum Frühstück gibt es ein, zwei Scheiben Brot oder eine Semmel mit Honig oder etwas Marmelade, dazu eine Banane. Außerdem versuche ich direkt nach dem Aufstehen so viel Wasser wie möglich zu trinken, um den Flüssigkeitsspeicher aufzufüllen. Je näher der Lauf rückt, desto weniger sollte man an Essen und Trinken zuführen, um den Magen zu schonen.

Während des Laufes nimmt man besser keine feste Nahrung zu sich, also möglichst auch keine Energie- oder Müsliriegel. Stattdessen empfehlen sich Energie-Gels, die es mittlerweile auch schon in Liquid-Form gibt. Die liefern einem alles, was man braucht, ohne das Verdauungssystem zu sehr zu belasten.

Trinken sollte man nur in kleinen Mengen, aber konsequent. Ich empfehle nicht mehr als 250 Milliliter pro Verpflegungsstopp. Und bitte nicht nur Wasser trinken, da sonst wichtige Nährstoffe und vor allem Natrium ausgeschwemmt werden. Isotonische Elektrolytgetränke sind die beste Wahl. Wer die fertigen Produkte der diversen Hersteller nicht mag oder sie zu teuer findet, kann sich auch eine Traubenschorle aus 50 Prozent Saft und 50 Prozent stillem Wasser mischen und eine Messerspitze Salz zugeben.

Nach dem langen Lauf ist es wichtig, die Speicher schnell wieder aufzufüllen. Ich nutze dafür Getränke, die Eiweiße und Elektrolyte enthalten. Außerdem sollte man zeitnah eine feste Mahlzeit zu sich nehmen, auch wenn das Hungergefühl noch nicht eingesetzt hat. Der Körper braucht diese Energie. Ich empfehle dafür Rührei aus drei bis vier Eiern mit Gemüse, ein paar Streifen Lachs und zwei Scheiben Vollkornbrot.

Kleiner Tipp: Um festzustellen, ob ihr nach einem langen Lauf wieder ausreichend hydriert seid, ist der Urin ein guter Gradmesser. Ist er weiß und fast klar, ist alles im grünen Bereich.

TEIL 5
TEMPO VERSCHÄRFEN

KILOMETER 21

ÄRGER MIT DEM VERBAND

Angefangen hat alles im Herbst 2015. Obwohl das eigentlich nicht stimmt. Ich habe mich schon deutlich früher über die Praxis des Deutschen Leichtathletik-Verbandes (DLV) geärgert, die internationalen Normen, die der Weltverband IAAF oder der Europaverband EAA vorgeben, deutlich zu verschärfen. Offiziell, um eine größere Wettbewerbsfähigkeit zu schaffen. Tatsächlich, um die eigene Macht zu zementieren.

Ich finde es absolut richtig, sauberen Sport zu propagieren und Doping hart zu bestrafen. Umso inkonsequenter finde ich, Normen anzusetzen, die sich an Zeiten orientieren, welche zum Teil auch unter dem Missbrauch von Dopingsubstanzen erzielt wurden. Das konterkariert nicht nur den Antidopingkampf, sondern erzeugt auch vollkommen unnötigen Druck auf die Athleten. Mein Standpunkt ist deshalb: Der DLV sollte sich an internationalen Normen orientieren und dann die besten drei Sportler, die diese Norm erreichen, zum Wettkampf antreten lassen. Alles andere halte ich für nicht vermittelbar und ungerecht. Leider ist die Praxis eine andere.

Ich vertrete diese Meinung schon seit vielen Jahren, doch vor Berlin 2015, dem Marathon, bei dem der Streit um die Normen eskalierte, hatte ich nicht die Lobby und die Aufmerksamkeit. In Berlin aber, das habe ich bereits geschildert, stand ich im ARD-Liveinterview vor der Kamera und wurde um meine Meinung gebeten. Plötzlich war da eine Chance, für meine Ansichten zu kämpfen. Es ging mir nicht nur um meine persönliche Rio-Teilnahme, sondern um eine grundsätzliche Veränderung der Praxis, die allen deutschen Athleten zugutekommen würde. Auch wenn mir das möglicherweise einige nicht abnahmen.

Zunächst änderte sich ja auch alles zum Positiven, die Normen wurden abgemildert, in Rio konnten deshalb einige Athleten starten, die es unter der strengeren Vorgabe nicht geschafft hätten. Diese Geschichte kennt ihr ebenfalls. Aber schon ein Jahr später war der Effekt komplett verpufft. Die Normen für die WM 2017 in London waren wieder strenger, als sie es vor Rio gewesen waren. Kurt hatte mich aus seinem Erfahrungsschatz heraus vor genau diesem Szenario gewarnt.

Trotzdem konnte ich die Willkür kaum fassen. Vor allem die Intransparenz, mit der die Richtzeiten festgesetzt wurden, irritierte mich. Der Bundesausschuss Leistungssport (BAL) ist dafür verantwortlich, aber wer dort alles in Person vertreten ist, ist nebulös. Überhaupt gab es nach Rio zwischen dem Verband und mir keinen Kontakt. Mein Gefühl war, dass der DLV versuchte, Kritiker durch ein System des passiven Ausgrenzens zu zermürben. Von dieser Kritik ausnehmen möchte ich meine damalige Bundestrainerin Katrin Dörre-Heinig, die sich ab und an meldete, Hilfe in sportlichen Belangen anbot und so anständig war, mir meinen Ausschluss aus dem Bundeskader, zu dem ich gleich komme, in einem persönlichen Gespräch mitzuteilen. Das erfahren viele Athleten heutzutage gerne auch mal per Brief.

Aber ansonsten gab es keinerlei Austausch, und ich gebe zu, dass es mich nicht störte, weil auch ich daran nicht interessiert war. Ich zählte 2017 zwar noch zum Bundeskader, trainierte aber nicht an einem Stützpunkt und nahm kaum Fördermittel in Anspruch. Ich war also im Prinzip schon damals unabhängig vom DLV. 2017 war ein schlechtes Jahr für mich, da ich keinen Marathon-Leistungsnachweis erbringen konnte. Den geplanten Start im April in Hamburg musste ich wegen einer Verletzung absagen, im Oktober in Berlin kollabierte ich wenige Kilometer vor dem Ziel.

Deshalb war es für mich keine große Überraschung, dass mich der Verband nach elf Jahren aus dem Bundeskader strich. Die Begründung allerdings fand ich haarsträubend: Ich hätte keine Perspektive mehr. Mit der gleichen Erklärung wurden auch meine Vereinskollegen Florian Orth und Benedikt Huber aussortiert. Interessant nur, dass wir drei ein Jahr später doch für die EM 2018 nominiert wurden – so viel zur fehlenden Perspektive. Nein, leistungssportlich waren die Entscheidungen des Verbandes nicht nur in meinen Augen kaum zu erklären. Ich hatte das Gefühl, man wollte unbequeme Athleten loswerden.

Flo, Bene und ich starten für Regensburg, was der Zentralisierung entgegensteht, die der Deutsche Olympische Sportbund (DOSB) mit seiner Leistungssportreform vorantreiben möchte. Ich bin kein grundsätzlicher Gegner von Zentralisierung, weil ich sehe, dass es durchaus Vorteile haben kann, die Besten an einem Ort zusammenzuziehen, um die Trainingsmöglichkeiten zu optimieren. Aber ich finde, so etwas darf nicht erzwungen werden. Die Individualität jedes Sportlers sollte gewahrt bleiben; wenn er anderweitig sein Leistungsmaximum besser erreicht, sollte man es ihm zugestehen. Es sei denn, es geht in Wahrheit gar nicht um das Wohl des Athleten.

Durch die Zentralisierung wird auch eine neue Generation von Sportlern aufgebaut, die den Verbänden hörig sein müssen, wenn sie Teil des Belohnungssystems sein wollen, das unter dem Begriff Förderung etabliert ist. Flo, der in der Zahnarztpraxis seiner Eltern arbeitet, Bene, der bei BSH arbeitet, und ich als Sportprofi waren unabhängig von diesem System und deshalb nicht auf den Verband angewiesen. Deshalb traf uns der Bannstrahl nicht so hart. Nachvollziehbar war die Begründung trotzdem nicht.

Leider hat der einzelne Athlet kaum eine Handhabe, sich zu wehren. Der DLV hatte aus den Querelen vor Rio gelernt und sich darauf zurückgezogen, keinerlei schriftliche Garantien zu geben. Damit war er juristisch nicht angreifbar. Es sollte, wie es auch mit mir nach meiner offenen Kritik in Berlin 2015 versucht wurde, alles in „vertraulichen Gesprächen“ geregelt werden, das heißt ohne Rechtsbindung. Wer dagegen offen aufbegehrte, wurde ausgegrenzt, es sei denn, er hieß Robert Harting und war so erfolgreich und in der Öffentlichkeit beliebt, dass man ihn nicht fallen lassen konnte. Ich fand es klasse, wie sich Robert immer wieder klar positioniert hat. Dass er unbequem für den DLV war, wusste jeder. Aber einen Diskus-Olympiasieger fallen zu lassen, das konnte sich der Verband nicht erlauben. Bei Läufern, die keine Medaillen bringen, ist es einfacher, sie aufs Abstellgleis zu schieben. Die kennt keiner, die vermisst keiner.

Die harten Bandagen brauchte ich dann im Sommer 2018. Mein Plan war, bei der Heim-EM in Berlin im Marathon zu starten. Dafür wurden eine A- und eine B-Norm vorgeschrieben, da es einen Teamwettkampf geben sollte und deshalb sechs statt drei Athleten pro Nation gemeldet werden durften. Nur einer davon musste die harte A-Norm, die bei 2:14:00 Stunden lag, vorweisen, dann konnten fünf weitere mit der B-Norm von 2:17:00 die Qualifikation schaffen. Ich lief die A-Norm beim Hamburg-Marathon am 29. April in 2:13:39 Stunden und hatte damit meinen Berlin-Start sicher.

Nachdem ich das Wettkampfprogramm für die EM im August studiert hatte, war mir die Idee gekommen, zusätzlich zum Marathon, der für den Sonntag der EM-Woche geplant war, beim 10.000-Meter-Rennen am Dienstag zu starten. Diese Doppelstarts hatte es in der Vergangenheit immer mal wieder gegeben, und mein Trainer und ich waren der Meinung, dass ich mir das zumuten könne. Außerdem reizte mich die Aussicht, zum vielleicht letzten Mal ein Bahnrennen im Berliner Olympiastadion bestreiten zu können. Die nötige Zielzeit lief ich am 23. Juni bei einem Sportfest in Regensburg. Mit 28:41,75 Minuten hatte ich die drittschnellste deutsche 10.000-Meter-Zeit des Jahres aufgestellt und damit auch das zweite Berlin-Ticket gelöst. Dachte ich zumindest.

Ich teilte also dem Verband meinen Wunsch mit, bei der EM doppelt an den Start zu gehen. Die Marathon-Bundestrainerin Katrin Dörre-Heinig fand das okay, doch der ihr übergeordnete leitende Bundestrainer für den Bereich Lauf, Thomas Dreißigacker, vertrat eine andere Meinung. Er rief mich an und fragte, ob ich mir das gut überlegt hätte. Die Belastung zweier Rennen sei doch sehr hoch, zumal ich einziger Marathon-Starter mit A-Norm war und man sich im Teamwettbewerb gute Medaillenchancen ausrechnete. Doch, sagte ich, es sei mein Wunsch, auch über 10.000 Meter zu starten, die Norm dafür hatte ich geknackt, man möge mich bitte nominieren.

Anfang Juli stand die zweite Nominierungsrunde an, und auf der Liste für die 10.000 Meter fehlte mein Name. Richard Ringer und

Amanal Petros, die beide schneller gewesen waren als ich, standen drauf, dazu kam Sebastian Hendel, ein 22 Jahre altes Toptalent, das die viertschnellste Zeit gelaufen war. Ich konnte es trotzdem kaum fassen. Ich hatte mich damit abgefunden, national härtere Normen erfüllen zu müssen. Aber bis dahin hatte ich geglaubt, dass die drei Besten, die die Norm erfüllen, auch antreten dürfen. Nun sollte das auch nicht mehr gelten?!

Mir war klar, dass es schwer werden würde, dagegen vorzugehen. Also bat ich den Sportrechtsexperten Paul Lambertz, der mich schon 2015 im Normenstreit vor Rio verteidigt hatte, ein Verfahren anzustrengen, um feststellen zu lassen, ob der DLV rechtswidrig handelte. Ich wollte Rechtssicherheit erwirken, dass sich ein Verband an die Richtlinien, die er – wie intransparent auch immer – selbst vorgibt, zu halten hat. Was ich nicht wollte, war dem jungen Sebastian Hendel schaden. Es ging nicht darum, einem Talent den EM-Platz streitig zu machen, um mir einen egoistischen Traum von einem Doppelstart in Berlin zu erfüllen. Es ging ums Prinzip; darum, dass Wettbewerb fair sein muss.

Was folgte, hatte mit Fairness nichts zu tun. Geklagt wurde beim Landgericht Darmstadt, wo der Verband seinen Sitz hat. Der DLV verkündete, was ich schäbig fand, Sebastian Hendel den Streit und zog ihn damit ins Verfahren hinein, weil er Regressansprüche geltend machen konnte, wenn das Gericht es als erwiesen ansehen würde, dass ihn der DLV fälschlicherweise nominiert hatte. Insofern wurde eine Front aufgebaut, die ich überhaupt nicht beabsichtigt hatte. Mir ist klar, dass vor Gericht immer versucht wird, die Gegenseite schlecht darzustellen. Aber dass man mir unterstellte, ich würde einem Kollegen aus egoistischen Gründen den Platz streitig machen; dass man mit meinem Kollaps beim Berlin-Marathon 2017 argumentierte, um zu belegen, dass ich für einen Doppelstart nicht belastbar genug sei, empfand ich als sehr schmutziges Spiel.

Da ich mich mitten in der EM-Vorbereitung befand, war ich bei den Verhandlungen nicht anwesend, sondern wurde von Dr. Lambertz vertreten. Intern hatten wir aufgrund der fortschreitenden Zeit – der DLV hatte naturgemäß kein Interesse an einer schnellen Lösung – bereits entschieden, dass wir selbst im Fall eines positiven Urteils den 10.000-Meter-Platz an Sebastian Hendel abtreten würden, weil die verbleibende Vorbereitungszeit nicht reichte, um für beide Rennen zu trainieren. Aber es ging, wie gesagt, ums Prinzip, und ich konnte während eines laufenden Prozesses natürlich nicht mit Sebastian Hendel Kontakt aufnehmen und ihm sagen, dass ich verzichten würde.

Das Urteil fiel Ende Juli. Der Richter entschied zu meinen Ungunsten, die Nominierung sei Ermessenssache der Verbände. Für mich war das ein Sargnagel für die Athletenrechte, faktisch bedeutete dieser Richterspruch, dass die Richtlinien, die Verbände schwarz auf weiß ausgeben, das Papier nicht wert sind, weil sie sich im Zweifel nicht daran gebunden fühlen müssen. Es gibt für Athleten demnach keinerlei Rechtssicherheit in Nominierungsprozessen. Ein niederschmetterndes Urteil. Als Prozessverlierer musste ich neben den Kosten für das Verfahren natürlich auch die Kosten für die Anwälte der Gegenseite tragen.

Der Empfang bei der EM in Berlin war dann so frostig, wie man ihn sich angesichts der Vorgeschichte vorstellen kann. Die Athleten waren im Trainingszentrum Kienbaum zusammengezogen und reisten erst kurzfristig zu den Wettkämpfen nach Berlin. Als ich im Teamhotel ankam und das Wettkampfbüro betrat, herrschte eisiges Schweigen.

Der Oberhammer aber folgte noch. Eine Woche nach der EM, bei der ich den Marathon nicht beendet hatte und mit meiner sportlichen Leistung dementsprechend sehr unzufrieden war, rief mich Paul Lambertz an. Der Verband habe trotz seines Sieges seinen Feldzug gegen mich nicht beendet. Ich konnte mir beim besten Willen nicht erklären, was er meinte. „Man wirft uns vor, dass wir den Streitwert zu niedrig angegeben haben“, sagte Paul. Das war absurd! Tatsächlich bemessen sich die Anwalts- und Gerichtskosten nach dem Streitwert; sollte der DLV auch hier Recht bekommen, kamen erheblich mehr Kosten als ohnehin schon auf mich zu.

Leute, die aufmucken, mundtot zu machen, funktioniert am besten, wenn man ihnen wirtschaftlich schadet. Diese Masche des DLV durchschaute ich. Aber dass man mir vorhielt, ich hätte aus finanziellen Beweggründen gehandelt, war grotesk. Als Streitwert hatten wir 5001 Euro angegeben, den Mindeststreitwert, um vor dem Landgericht Klage erheben zu können. Vereinfacht gesagt gibt der Streitwert das finanzielle Interesse am Ausgang des Verfahrens wieder. Da der Doppelstart bei der EM, und das ist die traurige Realität des Laufens in Deutschland, mir kaum finanzielle Vorteile gebracht hätte, war eigentlich schon das zu hoch gegriffen, aber wir wollten unbedingt vor dem Landgericht auftreten. Nun warf mir der DLV vor, dass ich eigentlich viel mehr Geld mit dem Start verdient hätte, und zwar mindestens 20.000 Euro!

Dazu muss man wissen: Wäre es mir ums Geld gegangen, hätte ich auf die EM verzichtet und mich für einen der lukrativen Herbst-Marathons gemeldet. Die EM war für mich „non profit". Aber ich wollte bei der Heim-EM für mein Land antreten und dort meine vielleicht letzte Chance nutzen, noch einmal einen Bahnwettbewerb im Olympiastadion zu laufen. Ich war schockiert vom Vorgehen des Verbandes.

Zum Glück kam der DLV damit nicht durch. Das Landgericht verwarf Anfang September das Rechtsmittel des Verbandes. Dieser ging vorm Oberlandesgericht in die nächste Instanz, die aber ebenfalls ablehnte. Seitdem habe ich in der Causa nichts mehr gehört und die Kommunikation zwischen dem Verband und mir beschränkt sich auf ein Minimum. Ich gehöre nicht dem Bundeskader an, was aber auch kein Muss ist, um für Deutschland an internationalen Wettkämpfen teilzunehmen. Dafür reicht – theoretisch zumindest – die Erfüllung einer Norm.

Die Frage, ob der ganze Aufwand, der Stress und Ärger, gerechtfertigt war, stelle ich mir nicht. Vor Rio hatte es in einem ähnlichen Fall funktioniert, obwohl es ähnlich aussichtslos erschien. Und ich bin der festen Überzeugung, dass sich nie etwas ändern wird, wenn nicht ab und an jemand aufsteht und protestiert. Dass sich die Laufszene an diesem Fall so gespalten hat, war nicht meine Absicht.

Die meisten haben gar nicht mitbekommen – oder durchschaut –, worum es wirklich ging. Es ist einfacher, in den sozialen Netzwerken draufzuhauen, als sich mit Hintergründen zu beschäftigen. Ich habe das Thema während der laufenden Prozesse bewusst so gut es ging aus den Medien gehalten, habe nur ein Interview dazu gegeben, weil ich wusste, wie stark es polarisiert. Mir lag es auch fern, mich als Robin Hood aufzuspielen, als Rächer der kleinen Athleten, der sich dem großkopferten Verband entgegenstellt, wie das von manchen Hatern dargestellt wurde.

Bleibt mein Vorteil, dass ich vom DLV unabhängig agiere, weil ich keine Förderung beziehe und nicht auf einen Kaderplatz angewiesen bin.

Das Gute am Marathon-Lauf ist die Freiheit, die Starts völlig eigenständig auswählen zu können. Ich bin nicht davon abhängig, dass mich der Verband nominiert. Meine Partner kommen aus der Wirtschaft, und ich werde nicht staatlich alimentiert. Ich brauche das Nationaltrikot nicht, auch wenn ich es sehr gern trage.

KILOMETER 22

DIE HATZ NACH EINER NORM

Warum wegen ein paar simplen Zahlen ein ernster Streit ausbrechen kann, ist sicher nicht sofort zu verstehen. Was bedeutet es denn für einen Marathon-Läufer, „eine Norm" erfüllen zu müssen? Mir selbst war das, bevor ich mich auf die berühmt-berüchtigten 42,195 Kilometer konzentrierte, auch nicht in aller Deutlichkeit klar. Deshalb möchte ich in diesem Kapitel versuchen, euch die Bedeutung einer Normerfüllung nahezubringen.

Warum gibt es überhaupt Normen? Warum lässt man nicht einfach alle diejenigen starten, die möchten? Bei nationalen Straßen- oder Crosslaufwettbewerben wird dieses Prinzip grundsätzlich angewendet. Die meisten Marathons sind offen für alle, die sich die Strecke zutrauen. Es gibt einen Besenwagen, der nach einer sehr kulant bemessenen Maximalzeit die letzten Verbliebenen von der Strecke fegt.

Normen, die man auch als Qualifikationszulassung beschreiben kann, sind allerdings überall dort vonnöten, wo das Starterfeld aufgrund von räumlichen oder zeitlichen Einschränkungen begrenzt werden muss. Wenn Leichtathletik-Wettkämpfe in einem Stadion stattfinden und von einem Fernsehsender übertragen werden, muss auch immer ein Zeitplan eingehalten werden. Das geht nur, wenn es eine Kontrolle über die jeweiligen Starterfelder gibt. Um diese numerisch zu begrenzen, braucht es Normen, die auch bei deutschen Meisterschaften zur Anwendung kommen. Bei internationalen Wettkämpfen braucht es zudem, da oftmals mehr Athleten die Norm erfüllen, als es Plätze gibt, eine Beschränkung der Startplätze pro Nation. Das leuchtet jedem ein und ist gelebte Praxis.

Eine Norm wird in einem gebührenden zeitlichen Abstand zum geplanten Wettkampf offiziell festgelegt. In Deutschland geschieht dies in der Regel im Spätherbst vor einem Großereignis. Beispiel: Die Normen für die WM 2019 Ende September / Anfang Oktober in Katar wurden im Dezember 2018 festgelegt. Der Bundesausschuss Leistungssport im Deutschen Leichtathletik-Verband gibt die Normen, über deren Zustandekommen leider nicht transparent informiert wird, im Internet auf der offiziellen DLV-Seite (leichtathletik.de) bekannt. Eine direkte Information der Athleten erfolgt nicht, jeder hat die Holschuld, sich über die für ihn gültige Norm und den dafür angesetzten Qualifikationszeitraum zu informieren.

Dasselbe gilt im Übrigen auch für die Nominierungen für Nationalmannschaftseinsätze und die Berufung in einen Bundeskader, sie werden ebenfalls im Internet bekannt gegeben. Allerdings liegt es im Ermessen der Bundestrainer, ihre nominierten Sportler persönlich zu informieren, ein offizielles Verbandsschreiben folgt meist erst später. Eine möglichst frühzeitige Information ist vor allem deshalb empfehlenswert, weil mit der Einstufung in verschiedene Kader auch der Testpool-Status der Nationalen Antidoping-Agentur (NADA) zusammenhängt. Wer für internationale Meisterschaften startberechtigt ist, muss sich 24 Stunden sieben Tage die Woche für Dopingtests bereithalten und der NADA täglich seine Aufenthaltsorte offenlegen. Wird ein Athlet von einem Kontrolleur nicht zu der angegebenen Zeit am angegebenen Ort angetroffen, gilt das in der Regel als verpasster Test. Insofern werden Nominierungen vom Verband sensibler kommuniziert als Normen.

Ist die geforderte Qualifikationszeit bekannt, gibt es zwei Szenarien. Entweder es ist eine Zeit, die man schon gelaufen ist oder die man sich wenigstens mit normalem Trainingsaufwand zu laufen zutraut. Dann kann man einigermaßen gelassen sein übliches Trainingspensum planen. Oder aber es ist eine Zeit, die deutlich unterhalb dessen liegt, was man bereits geleistet hat oder sich zu leisten zutraut. Dann gilt es, seinen Trainingsplan komplett zu überarbeiten und zu überlegen, wie die Qualifikation gelingen kann – oder von vornherein die Flinte ins Korn zu werfen, was natürlich die wenigsten tun.

Nun gibt es in der Leichtathletik einen nicht unerheblichen Unterschied zwischen Langstreckenläufern und den anderen Disziplinen. Wenn man Diskuswerfer ist, Hochspringer oder auch Sprinter, hat man während des Qualifikationszeitraumes (für die WM 2019 beispielsweise vom 1. April bis 4. August 2019) theoretisch die Möglichkeit, ein bis zwei Wettkämpfe pro Woche zu bestreiten, in denen man die Norm erreichen kann. Der Qualifikationszeitraum für Marathon- oder 10.000-Meter-Läufer geht zwar rückwirkend bis zum 1. April 2018 und endet für Marathon am 30. Juni 2019 und für die 10.000 Meter am 4. August 2019, doch die Auswahl an Startmöglichkeiten ist stark begrenzt.

Einem Marathon-Läufer stehen in besagtem Zeitraum realistisch betrachtet zwei, maximal drei Chancen zu, allein schon aufgrund der langwierigen Vorbereitung und Regenerationsdauer. Über die 10.000 Meter sind es kaum mehr Gelegenheiten. Warum das so ist? Gefragt ist für Doha für die 10.000 Meter eine Zeit von 27:40 Minuten. Das hat 2018 national nur Richard Ringer geschafft, der eine 27:36 stehen hat. Rennen, die so hochklassig besetzt sind, dass eine solche Zeit angepeilt werden kann, gibt es vorrangig in der Diamond League, einer Weltserie mit 14 Meetings, bei der nur die Elite startberechtigt ist, sowie einer Handvoll weiterer Ausnahmemeetings wie dem Payton Jordan Invitational in Stanford, dem Golden Spike Meeting in Ostrava oder dem Europacup. Die Konkurrenz aus Afrika ist so groß, dass die Plätze für europäische Läufer sehr limitiert sind. So bleiben realistisch eingeschätzt vielleicht vier oder fünf Rennen weltweit, die für die Erfüllung der WM-Norm taugen.

Noch härter ist es für Marathon-Läufer. Wer in Doha starten will, hatte im Herbst 2018 eine Chance und konnte es im Frühjahr 2019 noch einmal versuchen. Für uns Deutsche, die die nötige Norm erst im Dezember 2018 erfuhren, fiel der Herbst 2018 – zumindest in Hinsicht auf einen gezielten Angriff auf die Norm – dadurch aus. So blieb unter dem Strich im Frühjahr die einzige Chance, um die Norm zu erfüllen. Vergleiche ich das einmal mit der WM-Qualifikation in Teamsportarten, wäre das so, als müsste sich die deutsche Fußballnationalmannschaft in einem einzigen Spiel gegen England, Spanien, Italien oder die Niederlande – denn vergleichbar stark ist die Konkurrenz im Marathon – für die WM qualifizieren.

Die nervliche Belastung, die daraus entsteht, ist entsprechend herausfordernd. Vor allem, wenn eine Zeit zu erfüllen ist, die man bislang noch nicht erreicht hat. Was also tun? Ich erläutere das am Beispiel der Heim-EM 2018 in Berlin, für die ich mich unbedingt qualifizieren wollte. Die Norm von 2:14:00 erschien mir aufgrund meiner 2015 aufgestellten Bestzeit von 2:12:50 durchaus erreichbar. Also schaute ich zunächst, welche Alternativen mir in Deutschland für einen Frühjahrsstart geboten wurden. Hamburg, Hannover und Düsseldorf waren die drei Möglichkeiten. Ich lotete aus, wo die besten individuellen Bedingungen sein könnten, wo es vielleicht eine leistungsstarke Gruppe gab, die ähnliche Ziele verfolgte und damit das Rennen schnell machen konnte. Meine Wahl fiel auf Hamburg, dessen Veranstalter Frank Thaleiser schon in den Jahren zuvor um mich geworben hatte. Die Chance, es dort zu schaffen, schätzte ich am höchsten ein – was sich mit meiner Zeit von 2:13:39 Stunden letztlich auch bewahrheitete.

Mit der Heim-EM im August im Hinterkopf entschieden wir uns – entgegen meines sonst meist auf zwölf Wochen geplanten Vorbereitungszeitraumes – für eine längere Präparation auf den Hamburg-Start. Das Ziel war, so viel Substanz wie möglich aufzubauen, da die Zeit für Erholung zwischen Hamburg Ende April und der EM Mitte August sehr knapp werden würde.

Wenn ein entscheidendes Rennen noch Wochen entfernt ist, verspüre ich eine Art Aufbruchsstimmung. Dieses Gefühl wird einige Wochen später durch Müdigkeit abgelöst, die im Marathon-Training völlig normal ist. Die Aufregung beginnt bei mir dann ungefähr eine Woche vor dem Startschuss. Dann, wenn einem der ultimative Charakter eines Rennens bewusst wird und natürlich der eigene Anspruch, für die investierte Arbeit einen Gegenwert zu schaffen. Ich bin Langstreckler und laufe gerne eine große Bandbreite von verschiedenen Strecken auch auf verschiedenen Untergründen, aber ich definiere mich hauptsächlich über den Marathon. Wenn dir ein Marathon gelingt, kannst du alle Rennen in der Vorbereitung vermasselt haben; niemand wird danach fragen. Wenn dir ein Marathon misslingt, sind alle Erfolge, die du davor hattest, nichts mehr wert.

Was mir in den Tagen vor einem Marathon-Start hilft, ist Ablenkung. Deshalb reise ich gern, da der Starttag in der Regel ein Sonntag ist, schon donnerstags an. Meist stehen dann zwei Tage lang diverse Termine mit Medien und Sponsoren auf dem Programm, da bin ich gut beschäftigt. Mir machen diese Termine Spaß. Das Einzige, worauf ich achte, ist, nicht zu viel zu stehen, weil das der Muskulatur vor einem Marathon nicht guttut. Ein positiver Nebeneffekt ist, dass ich abends müde bin und schnell einschlafe.

Den Tag vor dem Rennen nutze ich stets zum Abschalten. Ich nehme mir keine Termine vor, mache nur noch einen rund acht Kilometer langen Abschlusslauf und verwende den Rest des Tages darauf, mein Equipment für das Rennen vorzubereiten und ansonsten zu entspannen. Das hat aber zur Folge, dass ich abends nicht so müde bin – und die Gedanken zu kreisen beginnen. Irgendwann, wenn ich alle möglichen Szenarien des Rennens durchgespielt habe, falle ich für wenige Stunden in einen unruhigen Schlaf.

In Athletenkreisen heißt es, die vorletzte Nacht sei entscheidend. Wer da gut schläft, kann eine durchwachte Nacht vor dem Rennen ohne Probleme kompensieren. Ich habe noch nichts darüber gehört oder gelesen, was diese Theorie wissenschaftlich untermauert. Vielleicht ist das auch schlicht positive Suggestion.

Ist die Nacht vor dem Rennen überstanden, schalte ich in den Wettkampfmodus. Mir hilft ein Auftakt-Warm-up, ein Drei-Kilometer-Lauf direkt nach dem Aufstehen, um den Kreislauf in Gang zu bringen und in den Körper hineinzuhorchen. Fühlt sich alles so an, wie man es sich wünscht, ist der Start in den Tag perfekt. Gibt es Probleme, rede ich mir ein, dass es sich im Rennen umso besser anfühlen wird. Dieser Zweckoptimismus ist ungemein wichtig.

Wenn du an der Startlinie stehst, musst du davon überzeugt sein, es zu schaffen. Im Marathon kannst du trotz des besten Trainings nie sicher sein, denn die letzten zehn, zwölf Kilometer sind einfach nicht planbar. Sei überzeugt, dass das dein Tag ist und du genau dort, wo du stehst, hingehörst.

Mit allem, was ich selbst beeinflussen kann, kann ich gut umgehen. Habe ich im Warm-up das Gefühl, dass die Beine nicht frisch sind, denke ich daran, was in der Vorbereitung alles gut gelaufen ist. Schwierig ist es, wenn ich nur eine Chance habe oder die äußeren Einflüsse gegen mich spielen. Schlechtes Wetter wie Sturm oder starker Regen lässt sich nicht ausblenden. Der Super-GAU ist natürlich ein plötzlicher Infekt. Kommt vor und kann jedem passieren. Deshalb bleibt unterm Strich: Sei bereit, gib dein Bestmögliches und akzeptiere, wenn es nicht reichen sollte.

Ich hoffe, dass dieser kleine Exkurs geholfen hat, meinen Standpunkt zu verstehen: Ein Verband, dem das Wohl seiner Athleten am Herzen liegt, sollte die Normen nicht unnötig verschärfen und ausreichend Zeit für ihre Erfüllung einräumen. Die Belastung, sie zu knacken, ist nämlich auch so schon hoch genug.

KILOMETER 23

MARATHON WELTWEIT

Würde man in Deutschland eine Umfrage unter sportaffinen Menschen starten und fragen, was das Marathon-Mekka der Welt ist, wäre die häufigste Antwort sicher: Afrika. Einige würden vielleicht sogar das Epizentrum der Laufbegeisterung auf ostafrikanische Staaten wie Kenia, Äthiopien, Eritrea oder Uganda begrenzen. Damit lägen die Befragten mit ihrer Antwort ziemlich richtig, denn die größten Marathon-Läufer waren und sind Afrikaner. Die meisten der weltweit jährlich ausgetragenen Marathons – rund 200 allein in Deutschland! – werden von Afrikanern gewonnen.

Dennoch gibt es in Afrika keine mit der westlichen Welt vergleichbare Laufkultur. Ein Phänomen wie „Recreational Running", also dass Menschen vor der Arbeit oder nach Feierabend zur Entspannung laufen gehen, was in Deutschland rund 22 Millionen Menschen tun, gibt es in Afrika nicht. Ebenso gibt es dort keine weltweit renommierten Laufveranstaltungen. Was es gibt, sind vergleichsweise große Gruppen an Laufprofis, für die ein Sieg bei einem gut dotierten Marathon in Europa, Amerika oder Asien ihr Leben – und nicht selten auch das ihres Heimatdorfes – verändern kann. Daraus entsteht ein Hunger auf Erfolg, der die besten Afrikaner zuhauf an die Spitze der weltweiten Ergebnislisten treibt.

Wenn ich die Bedeutung des Sports, seine Verwurzelung in der Kultur und die Erfolge einheimischer Athleten in die Gesamtbewertung einfließen lasse, dann ist für mich persönlich das Marathon-Mekka die Ostküste der USA. Dort finden der wichtigste (New York) sowie der älteste Marathon der Welt (Boston, Erstaustragung als Straßenlaufwettkampf im Jahr 1897) statt. Es ist mein großer Wunsch, an beiden einmal teilzunehmen. Dort ins Elitefeld eingeladen zu werden, um sich mit den Besten der Welt zu messen, wäre ein Ritterschlag.

In beiden Städten geht es, weil die Streckenprofile das nicht hergeben, nie um den Weltrekord. Umso mehr fasziniert die Amerikaner das Duell Mann gegen Mann oder Frau gegen Frau. Beide Rennen verzichten auf Tempomacher, was auch dazu führt, dass es die Afrikaner dort etwas schwerer haben zu gewinnen. Sie sind es gewohnt, einfach im Pulk so schnell wie möglich dem „Hasen“ hinterherzuhetzen, und einer kommt dann meistens durch. Wenn aber kein Tempomacher da ist, muss man selbst sein Rennen gestalten. Als 2009 in New York der – allerdings aus Eritrea stammende – US-Amerikaner Mebrahtom Keflezighi gewann, war das ein Riesending. Und dann wiederholte er als erster Amerikaner seit 1983 diesen Triumph 2014 in Boston. Solche Geschichten lieben sie, die sportverrückten Amerikaner!

Trotzdem, und das ist der immensen Sportbegeisterung in den USA geschuldet, steht nicht nur der Sieger im Vordergrund. Mein Kumpel Felix konnte im vergangenen Jahr in New York einen Startplatz ergattern und erleben, dass dort jeder Finisher nicht nur auf der Strecke, sondern auch im Ziel gefeiert wurde, als wäre er der Sieger. Am Tag nach dem Lauf trugen viele Teilnehmer ihre Finisher-Medaille in der U-Bahn stolz um den Hals, und sie wurden von allen angesprochen und gefeiert.

Man stelle sich das in Berlin vor, montags nach dem Marathon. Wer dort mit seiner Medaille um den Hals herumliefe, würde vermutlich gefragt, ob er sich am Vortag nicht nur die Lunge, sondern auch sein Hirn aus dem Leib gelaufen habe. Die Erhebung von Sportlern in den Heldenstatus, den in den USA die Besten jeder Sportart genießen, erfolgt hierzulande nur bei absolut außergewöhnlichen Erfolgen, wie sie Steffi Graf und Boris Becker, Michael Schumacher, Dirk Nowitzki oder einige Fußballweltmeister vorweisen. Die Sportbegeisterung der Deutschen würde ich mehr im Mittelfeld verorten. Das ist nicht schlimm, aber irgendwie doch schade.

Der Stellenwert des Marathons in Deutschland hat in den vergangenen Jahren allerdings zugelegt. Es gibt 22 Millionen joggende Deutsche. Laufen ist in bestem Sinn ein Volkssport. Mir erscheint Marathon heutzutage auch populärer als Leichtathletik zu sein, obwohl Marathon ja eigentlich eine Teildisziplin ist. Die Veranstalter der großen Marathons haben es geschafft, ihre Events zeitgemäß zu halten, während die Leichtathletik oft veraltet wirkt. Die Deutschen Meisterschaften beispielsweise werden noch immer nach dem alten Muster an einem Sommerwochenende tagsüber ausgetragen, anstatt zum Beispiel daraus ein cooles Flutlicht-Event zu machen. Die Marathon-Veranstalter haben den Laufboom der 90er-Jahre genutzt und sich Live-Übertragungszeiten im Fernsehen gesichert, die große Leichtathletik-Veranstaltungen nicht mehr haben.

Dennoch sind die deutschen Marathon-Topläufer weit davon entfernt, einer breiten Masse bekannt zu sein. Arne Gabius stellte am 25. Oktober 2015 in Frankfurt deutschen Rekord auf. In 2:08:33 Stunden war er 14 Sekunden schneller als 1988 der DDR-Athlet Jörg Peter in Tokio. Würde man die anfangs erwähnte Umfrage um die Frage erweitern, wer den deutschen Rekord im Marathon hält, was glaubt ihr, wie viele Menschen darauf die Antwort wüssten? Es wurde zwar in den Medien darüber berichtet, aber Arne hat im Anschluss weder bessere Werbeverträge noch eine höhere Bekanntheit außerhalb der Laufszene erhalten. Das liegt zum Teil daran, dass der Bedarf an Idolen hierzulande nicht so ausgeprägt ist und Spitzenleistungen, die im Vergleich zu anderen Sportarten zugegeben deutlich seltener sind, nicht wahrgenommen werden. Zum anderen liegt es sicher auch an der mangelnden Eigenvermarktung von Sportlern. Das ist natürlich immer auch eine Typfrage und jedem selbst überlassen. Dennoch finde ich es schade, wenn solche außergewöhnlichen Leistungen wie die von Arne nicht mehr Wertschätzung und Aufmerksamkeit erfahren.

Dabei verbessern sich in Deutschland die Bedingungen für Marathon-Spitzenläufer langsam. Das Bewusstsein für regionale/nationale Helden setzt sich bei den TV-Sendern durch, die drei Stunden Live-Strecke zu füllen haben, sie merken, dass es kaum noch Läufer gibt, über die die Zuschauer vorher etwas wissen. Weltweit hat die Zahl der markanten internationalen Stars, mit denen sich die Fan-Community identifizieren kann, abgenommen. Die heutigen Läufer aus Afrika sind größtenteils so austauschbar, weil sie mit 18 in die Rennen geworfen und dort verheizt werden, bis im Folgejahr der nächste kommt. Das Reservoir an Talenten ist riesig, ein gezielter Aufbau von charismatischen Stars, wie es Haile Gebrselassie, Paul Tergat, Kenenisa Bekele oder Eliud Kipchoge waren beziehungsweise sind, findet aber nicht mehr statt.

So versuchen die TV-Sender eben, die nationalen Läufer mehr in Szene zu setzen. Wenn aus Hamburg oder Berlin live gesendet wird, sind das für mich exzellente Möglichkeiten, meinen Partnern eine ansprechende Plattform zu bieten, weil ich über mehrere Stunden im Bild zu sehen bin. Und dabei fällt immer weniger ins Gewicht, dass wir Deutschen selten unter den Siegern sind. Dass zwischen einer Zeit von 2:04 oder 2:05, die der Sieger läuft, und meiner Bestzeit von 2:12:50 Welten liegen, wissen Insider. Interessierten Sportfans sind diese acht Minuten Unterschied relativ egal. Und das erhöht die Aufmerksamkeit für uns nationale Eliteläufer.

Verhältnisse wie in den USA wird es in Deutschland nie geben, oder wie in Japan, das auf meiner persönlichen Liste der Marathon-Mekkas auf Position zwei folgt. Marathon ist japanischer Volkssport, die einheimischen Stars der Szene sind so populär wie bei uns die besten Fußballer. Ich war 2013 zum traditionellen Staffelwettbewerb in Chiba eingeladen, in Japan unter dem Namen „Ekiden" bekannt. Ich war vollkommen geflasht davon, wie wir Teilnehmer – es waren drei japanische und zwölf Gästeteams am Start – in der ganzen Stadt gefeiert wurden. Auf einmal hatte ich für ein paar Tage eine Ahnung davon, wie es sein muss, ein Popstar zu sein. Deshalb würde ich sehr gern 2020 den olympischen Marathon in Tokio laufen, vielleicht auch schon den Frühjahrsmarathon an selbiger Stelle.

Die wichtigste europäische Laufnation sind für mich die Briten, die in allen Disziplinen immer wieder tolle Athleten hervorbringen. Paula Radcliffe hält mit 2:15:25 Stunden, aufgestellt im April 2003 in London, noch immer den Weltrekord bei den Frauen. Aus Spanien und Italien kamen und kommen immer wieder gute Läufer, wobei die Entwicklung in Spanien seit der Enttarnung des Dopingnetzwerkes von Eufemiano Fuentes auffällig stockt.

Die größte Überraschung war für mich Tschechien. Den Marathon in Prag kennt man, aber 2014 nahm ich in der Stadt Usti nad Labem am Halbmarathon teil, was außer mir noch 3700 weitere Menschen taten. Die Stimmung war bombastisch, es war eine große Zahl einheimischer Läufer am Start. Ich bin in der osteuropäischen Laufszene noch nicht so bewandert, aber Tschechien fand ich sehr beeindruckend.

Eine Marathon-Laufkultur entsteht in einem Land nur, wenn die wirtschaftlichen und politischen Rahmenbedingungen gut sind. Die Organisation von Marathon-Läufen ist teuer, es braucht entsprechend gute Sponsoren. Außerdem müssen die Infrastruktur und das Flair der Stadt so reizvoll sein, dass es für Läufer von außerhalb einen Wochenendtrip lohnt. Städte wie New York und Boston, Tokio und Prag, London, Paris, Berlin oder Hamburg haben diesen Reiz. Millionenstädte in China, wo aktuell Marathons aus dem Boden schießen, haben ihn meist nicht. Deshalb ist China auch kein Faktor im Marathon – noch, wohlgemerkt. Auf die dortige Entwicklung der kommenden Jahre bin ich sehr gespannt.

Ein Faktor ist schließlich auch das Klima. Wer läuft schon gern einen Marathon in einer Stadt, in der man am liebsten nicht atmen möchte? Städte wie Dubai, wo die Wüstensonne brennt, sind für Hobbyläufer völlig abwegig, höchstens Profis lockt das große Geld in die Vereinigten Arabische Emirate.

Es gibt also geschichtlich gewachsene, von der Bevölkerung getragene Marathon-Hochburgen. Das Potenzial, das unser Sport hat, ist aber noch lange nicht ausgeschöpft. Es liegt in den Händen der Verbände, Veranstalter und Athleten, die Wirtschaft davon zu überzeugen. Denn ohne die Unterstützung von Unternehmen ist Leistungssport auf professionellem Level schon lange nicht mehr möglich.

KILOMETER 24

SPORT UND WIRTSCHAFT

Wie eng Profisport und Wirtschaft miteinander verwoben sind, wird in Deutschland vor allem im Fußball deutlich. Fußballvereine arbeiten längst wie Wirtschaftsunternehmen, die meisten von ihnen haben ihre Lizenzspielerabteilung in eine Kapitalgesellschaft ausgegliedert. Die Summen, die im Fußball bewegt werden, um Ablösungen, Abfindungen oder Gehälter zu finanzieren, sind mittlerweile so absurd, dass die Fans den Bezug dazu verloren haben. Trotzdem hat der FC Bayern München mehr als 4400 Fanclubs weltweit, die sich dem Unternehmen emotional verbunden fühlen. Von einem Siemens-Fanclub habe ich dagegen noch nie gehört. Deshalb würde ich auch nicht Profisport mit Wirtschaftsunternehmen gleichsetzen. Es ist ein Wirtschaftszweig, aber die Ware, mit der der Profisport handelt, sind Menschen.

Wenn sich Unternehmen im Sport engagieren, tun sie das vorrangig wegen des positiven Imagetransfers, den sie sich davon erhoffen. Ich will gar nicht kleinreden, dass manche sicherlich auch einen tiefen Sinn darin sehen, sich um Sportförderung verdient zu machen, einfach weil die Athleten und der Sport es ihnen wert sind. Aber natürlich möchte ein Sponsor im Optimalfall am Erfolg eines Athleten oder eines Teams teilhaben und hofft, dass von einem Titel oder einer Medaille ein Stück des Glanzes auch auf das Unternehmen abstrahlt. Völlig in Ordnung.

Tatsächlich tritt der Optimalfall dann ein, wenn es eine funktionierende Dreiecksbeziehung zwischen Sportlern, Sponsoren und Fans/Kunden gibt. Ein perfektes Beispiel dafür war die Handball-WM 2017, als sich die Deutsche Kredit-Bank (DKB) die Ausstrahlungsrechte an den Spielen der deutschen Männer sicherte, weil das Fernsehen nicht bereit war, die geforderte Summe aufzurufen. Die DKB bot einen Livestream an. Dadurch hatten die

Fans die Chance, die Spiele live zu sehen. Die Sportler konnten sich und ihre weiteren Sponsoren einem breiten Publikum präsentieren. Und die DKB steigerte ihre Markenbekanntheit und lud zusätzlich ihr Image positiv auf.

Wenig passiert noch in der deutschen Wirtschaft, um Leistungssportler als Arbeitnehmer in Unternehmen einzubeziehen. Ich muss vorwegschicken, dass ich noch in keinem üblichen Arbeitsumfeld tätig oder in einem Unternehmen angestellt war. Ich bin seit einigen Jahren selbstständig und arbeite mit einer Reihe an Firmen eng zusammen. Auch durch Gespräche mit anderen Athleten erfahre ich, dass die Fähigkeiten, die speziell Leistungssportler mitbringen, in vielen Unternehmen gar nicht so sehr genutzt werden. Leistungswillen – und ohne diesen wird man es im Sport nicht nach vorn schaffen – ist ein Wesensmerkmal, das auch im Berufsleben eine wichtige Rolle spielt: Der Wille, Projekte positiv und mit dem bestmöglichen Ergebnis abzuschließen, zeichnet Leistungssportler in besonderem Maß aus. Damit einher geht die Bereitschaft, zum Erreichen dieser Ziele mehr als andere leisten zu wollen. Zumindest bei einem Großteil der deutschen Leistungssportler ist das Erfolgsstreben von einem monetären Anspruch abgekoppelt. Jeder möchte gut bezahlt werden; aber eine maximale Bezahlung ist für Sportler in der Regel nicht Voraussetzung für maximale Leistungsbereitschaft.

Was noch? Die Fähigkeit, Prioritäten zu setzen und ein Zeitmanagement zu entwickeln, um multiple Aufgaben zu bewältigen. Sportler bringen diese Fähigkeit mit. Außerdem die Bereitschaft, im Team zu arbeiten und sich in Gruppen ein- oder auch unterzuordnen.

Ich habe darüber nachgedacht, ob es Berufe gibt, für die Marathon-Läufer besonders gut geeignet sind. Fakt ist, dass in meinem Sport die Fähigkeit, sich über eine lange Strecke zu konzentrieren und sich notfalls auch durchzubeißen, besonders ausgeprägt ist. Wir lernen, so komplex wie möglich zu trainieren und uns immer wieder auf neue Reize einzustellen. Pauschalisierungen sind natürlich schwierig, aber ich denke schon, dass Marathon-Läufer in Berufen, in denen es auf Akribie und eine lang anhaltende Konzentrationsfähigkeit ankommt, besonders geeignet sind und besonders gute Leistungen erzielen.

Das wiederum verbindet Wirtschaft und Leistungssport vielleicht mehr, als uns lieb sein kann. Bei beiden steht oft die Leistung im Vordergrund, das nackte Ergebnis, und der Weg dorthin ist diesem untergeordnet. Ich verstehe, dass man immer nach Höherem strebt. Es ist das Wesen des Sports, Bestzeiten zu brechen. Dazu gehören Neugier und Lust an Veränderung. Sich auf die eigenen Stärken besinnen und diese ausbauen, gleichzeitig aber auch nicht nur von einem Standbein abhängig sein und an seinen Defiziten arbeiten, zeichnet diejenigen aus, die erfolgreich sind. Dennoch gibt es Grenzen, die weder im Sport noch in der Wirtschaft überschritten werden sollten. Dem Erfolg ist eben nicht alles unterzuordnen, er ist nicht um jeden Preis zu erzwingen. Ich würde für keinen Titel dieser Welt betrügen, sei es durch Dopingmissbrauch oder andere krumme Machenschaften; ganz einfach, weil ich das Gefühl hätte, nicht nur andere, sondern vor allem mich selbst zu betrügen. Und ich würde langfristige Partner nicht leichtfertig über die Klinge springen lassen, nur weil ein neuer Partner mit mehr Geld lockt. Wer nur auf den schnellen Erfolg schaut, zerstört Werte und schadet sich langfristig damit selbst.

Was ich sagen möchte, ist dies: Wirtschaft und Sport haben viel gemeinsam. In meinen Augen sind es vor allem die Soft Skills, die saubere Leistungssportler einbringen und mit denen sie eine Unternehmenskultur positiv beeinflussen können. Natürlich wird ein aktiver Athlet nicht wie andere Arbeitnehmer eingesetzt werden können. Aber das, was er an Werten und Charaktereigenschaften mitbringt und transportiert, wird eine Gemeinschaft, wie sie ein Wirtschaftsunternehmen darstellt, auf lange Sicht mit nach vorn bringen. Ich wünsche mir deshalb noch mehr Mut von der Wirtschaft, Leistungssportler gezielt zu fördern und sie als Bereicherung im Unternehmen anzusehen.

KILOMETER 25

LEISTUNGSSPORTREFORM

Barcelona 1992: 82 Medaillen; 33 Gold, 21 Silber, 28 Bronze. Atlanta 1996: 65 Medaillen; 20 Gold, 18 Silber, 27 Bronze. Sydney 2000: 56 Medaillen; 13 Gold, 17 Silber, 26 Bronze. Athen 2004: 49 Medaillen; 13 Gold, 16 Silber, 20 Bronze. Peking 2008: 41 Medaillen; 16 Gold, 11 Silber, 14 Bronze. London 2012: 44 Medaillen; 11 Gold, 20 Silber, 13 Bronze. Rio de Janeiro 2016: 42 Medaillen; 17 Gold, 10 Silber, 15 Bronze.

Der Trend des deutschen Abschneidens bei Olympischen Sommerspielen seit der Wiedervereinigung ist eindeutig: abwärts. Kein Wunder also, dass sich der Deutsche Olympische Sportbund (DOSB) und das Bundesinnenministerium (BMI) nach den Rio-Spielen auf eine umfangreiche Leistungssportreform einigten. Deren Umsetzung sollte zum Ergebnis haben, dass die vom BMI eingesetzten Fördermittel – 2018 rund 200 Millionen Euro – zielgerichteter im Leistungssport verwendet werden. Die zentrale Frage, die noch immer nicht genau beantwortet ist, lautet: Wie definieren wir Erfolg in Zeiten, in denen viele Nationen ihre Sportförderung ausweiten und zudem der Missbrauch von Dopingmitteln immer weiter um sich greift? Messen wir diesen an gewonnenen Medaillen oder doch eher an der Teilnahme an Finals? Und wollen wir in Zukunft nur noch Sportarten fördern, die Erfolgspotenzial haben, oder ist uns eine Vielfalt im Leistungssport wichtig, auch wenn wir am Ende „nur“ dabei sind, aber nicht mittendrin?

Die Leistungssportreform stützt sich auf zwei zentrale Elemente. Zum einen das Potenzialanalyse-System (PotAS), mit dessen Hilfe die Dachverbände nicht mehr Erfolge der Vergangenheit belegen, sondern potenzielle Erfolge der Zukunft ermitteln können. Zum anderen auf die Zentralisierung der Sportarten an einem Ort, der zum Stützpunkt ausgebaut wird, an dem die gesamte Elite gemeinsam trainiert. Davon verspricht man sich eine Erhöhung des Trainingsniveaus, aber auch Kosteneffizienz.

Ich bin nicht per se gegen eine Zentralisierung und kann die Argumente dafür nachvollziehen. Was mir widerstrebt, ist die Radikalität, mit der sie umgesetzt werden soll. Muss man hoffnungsvollen Sportlern wirklich mit dem Verlust des Kaderstatus drohen, wenn sie sich weigern, ein Umfeld zu verlassen, in dem sie über Jahre erfolgreich gearbeitet haben? Es gibt Sportarten, in denen eine Zentralisierung absolut sinnvoll ist, zum Beispiel im Rodeln oder Bobfahren, da braucht es entsprechende Infrastruktur zum Training. Sollte es in Hamburg einen hoch talentierten Anschieber geben, wird der natürlich an einen Standort wechseln, der eine Bobbahn hat.

Aber wenn Sportler an ihrem Heimatort Trainingsmöglichkeiten haben, die sich von denen am Stützpunkt kaum unterscheiden, warum diese zu einem Umzug nötigen? Ein Beispiel dafür ist die Beachvolleyballerin Karla Borger, die sich weigerte, von Stuttgart nach Hamburg zu ziehen und deshalb zunächst vom Verband nicht in den Nationalkader berufen wurde, obwohl sie in der Heimat alles hat, um zielgerichtet zu trainieren. Wenn damit argumentiert wird, dass es um eine Verbesserung der Leistung gehe, dann erwarte ich, dass man sich im Einzelfall genau damit auseinandersetzt, ob diese Leistungsoptimierung nicht auch ohne einen Standortwechsel erbracht werden kann.

Das Prinzip, die Verbände zu verpflichten, sich mit der Zukunft ihrer Sportler auseinanderzusetzen und zu ermitteln, wie deren Potenziale künftig optimal auszuschöpfen wären, halte ich ebenfalls grundsätzlich für richtig. Wer staatliche Mittel in Anspruch nimmt, muss damit leben, dass intensiv kontrolliert wird, wofür diese eingesetzt werden und wie der Einsatz noch zielgerichteter umgesetzt werden kann. Allerdings habe ich das Gefühl, dass der Druck, den das BMI ausübt, von den Verbänden direkt an die Sportler weitergegeben wird. Welcher Sportler braucht zusätzlichen Druck, wenn er sowieso schon das Maximum zu leisten versucht?

Das größte Problem habe ich mit dem Anspruch, mit gleichbleibenden Mitteln mehr Medaillen holen zu wollen. Das kann nicht funktionieren, wenn man weiß, dass andere Nationen ihre Förderung deutlich erhöhen und zum Thema Doping eine laxere Einstellung pflegen. Wenn wir über Chancengleichheit sprechen, wäre nicht vorrangig über eine Angleichung der Fördermittel zu diskutieren, sondern vor allem den Antidopingkampf weltweit auf dasselbe Niveau zu heben. Davon sind wir leider so weit entfernt wie ich vom Olympiasieg im Marathon.

Wer Erfolg nur über die Anzahl der gewonnenen Medaillen definiert, hat zwei Möglichkeiten. Die eine ist, deutlich mehr Geld in die Förderung zu stecken. Die andere ist, das vorhandene Geld in deutlich weniger Sportarten zu geben und nur noch die zu fördern, die Medaillen versprechen. Die zweite Lösung halte ich für nicht erstrebenswert. Sie wäre der Sargnagel für die Vielfalt des Sports in Deutschland, die trotz der Übermacht des Fußballs noch immer ein hohes Gut darstellt.

Wie also sähe der Vorschlag für eine Leistungssportreform aus Sicht eines Marathon-Läufers aus? Als Athlet einer Disziplin, die keine Chance auf eine olympische Medaille hat, stehe ich auf dem Standpunkt, dass in die Bewertung des Potenzials einer Sportart auch deren gesellschaftliche Relevanz einfließen sollte. Das bedeutet: Sportarten wie Laufen, Schwimmen, Turnen oder Radfahren haben einen gesellschaftlichen Wert, weil sie von einer breiten Masse ausgeübt werden. Natürlich soll Leistungssport auch nach Leistung bewertet werden. Aber es braucht Vorbilder, an denen der Breitensport wachsen und sich orientieren kann. Dieser Aspekt fehlt mir in der Potenzialanalyse völlig.

Außer Acht wird auch gelassen, dass die Konkurrenzsituation in Populärsportarten wie den genannten eine ganz andere ist. Warum ist Deutschland im Wintersport so stark? Weil zum Beispiel im Rodeln, Skeleton oder Bobfahren, aber auch im Biathlon und Skispringen der Stand der Technik eine ganz entscheidende Rolle spielt, was ganze Kontinente ausschließt. Zudem ist aufgrund klimatischer Bedingungen der Kreis der Konkurrenten begrenzt. Deutschland dominiert im Eiskanal doch nicht nur, weil die Athleten – zugegeben – überragend sind. Sondern auch, weil sie weniger Konkurrenz haben.

Ich weiß, dass die Bewertung der gesellschaftlichen Relevanz für viel Unmut sorgen würde, weil sich dann jede Sportart irgendwie benachteiligt fühlte. Aber ich glaube, dass eine Potenzialanalyse nur dann ehrlich und auch fair ist, wenn sie diese Aspekte mit einbezieht. Und wenn es eine neutrale Instanz gibt, die all diese Punkte bewertet, könnte daraus ein sinnvolles und gerechtes Fördersystem werden. Erfolg muss honoriert werden. Aber wir sollten diesen in Deutschland loslösen vom Medaillenzählen, wenn wir die gesellschaftliche Relevanz des Sports in seiner Gänze nicht gefährden wollen. „Fördern und fordern“ ist ein Prinzip, dem ich vieles abgewinnen kann.

Bleibt nur noch die Frage, wie insgesamt die Fördermittel erhöht werden können, ohne den Staat noch weiter in die Pflicht zu nehmen. Meine Wünsche an die Wirtschaft, die sich ja bereits durchaus anerkennenswert beteiligt, kennt ihr. Umso wichtiger fände ich es, auch die Gesellschaft noch mehr teilhaben zu lassen. Die Idee einer Sportlotterie, die in Großbritannien dazu geführt hat, eine in Atlanta 1996 mit einer gewonnenen Goldmedaille am Boden liegende Sportnation zurück an die Spitze zu führen, halte ich für gut. Leider ist vor Rio die Einführung eines eigenen Lotteriesystems gescheitert. Vielleicht sollte die Idee noch nicht aufgegeben werden. Vielleicht ließen sich auch Teile des klassischen Lotto-Umsatzes für die Leistungssportförderung verwenden. Für die deutschen Athletinnen und Athleten wäre das wirklich wie ein Sechser im Lotto. Und natürlich würden wir uns alle freuen, wenn spätestens 2024 in Paris die Anzahl der gewonnenen Medaillen wieder steigen würde.

#VERPFLEGUNG 5

ANFÄNGERFEHLER

Wer mit dem Laufen dauerhaft Spaß haben möchte, sollte ein paar Fehler unbedingt vermeiden.

Falsche Schuhe: Ich habe schon Leute gesehen, die mit Chucks laufen gehen oder Straßensneaker tragen. Das mag modisch zwar auf der Höhe sein, aber es macht auf Dauer die Füße kaputt. Deshalb: Beim Kauf von Laufschuhen von Experten beraten lassen. Es ist das einzige „Gerät", das Läufer wirklich brauchen.

Überschätzen: Ganz gefährlich ist es, zu schnell zu viel zu wollen. Selbst wenn es sich anfangs gut anfühlt und die Motivation groß ist, sollte man nicht jeden Tag laufen, wenn der Körper daran noch nicht gewöhnt ist. Menschen, die den täglichen Reiz brauchen, um nicht die Motivation zu verlieren, empfehle ich einen Ausgleichssport. Man kann sich auch beim Schwimmen oder Radfahren auspowern.

Überpacen: Wer es beim Laufen zu schnell angehen lässt, wird genauso fix von seinem Körper ausgebremst. Seitenstechen, Atemnot, vielleicht sogar Schwindel oder Pulsrasen – all das sind Symptome, die man ernst nehmen und mit einer Pause beantworten sollte. Die klassische Empfehlung, das richtige Tempo zu finden, lautet: Wenn man sich beim Laufen noch ordentlich mit jemandem unterhalten kann, ist die Geschwindigkeit gut. Und wenn keiner da ist zum Unterhalten, helfen auch Selbstgespräche.

Schmerzen oder Krankheiten ignorieren: Der schlimmste Fehler, weil er im äußersten Fall sogar das Leben kosten kann. Muskelkater ist okay, aber nur, wenn er nicht über längere Zeit anhält.

Wer beim Laufen einen stechenden Schmerz spürt, sollte sofort aufhören und einen Arzt aufsuchen. Ein kranker Mensch gehört nicht auf die Laufstrecke, sondern ins Bett. Ein kleiner Schnupfen ist akzeptabel, aber bei Fieber, Schmerzen, Kreislaufschwäche gibt es kein Pardon. Ein kranker Körper nimmt sowieso keinen Trainingsreiz an. Es ergibt also keinerlei Sinn, den Helden respektive die Heldin zu spielen.

TEIL 6
AUF DEN KÖRPER HÖREN

KILOMETER 26

GESUNDHEIT

René Herms war mehrere Jahre lang Deutschlands bester 800-Meter-Läufer. Er war 26 Jahre alt, als er starb. 2008 habe ich ihn auf dem Einlaufplatz bei einem internationalen Meeting kennengelernt, und ein paar Monate später, am 9. Januar 2009, war er tot. René war am plötzlichen Herztod verstorben, ausgelöst durch eine beidseitige Herzmuskelentzündung, die ihre Ursache wiederum in einer verschleppten Herpesinfektion hatte. Sein Tod war ein schwerer Schock für viele in der Läuferszene, unfassbar, dass einer, der lange zu den Gewinnern zählte, so plötzlich und so jung aus dem Leben gerissen wurde.

Sein tragischer Fall hat mich wochenlang beschäftigt. Und er hat mich im Umgang mit Krankheiten noch einmal sensibler gemacht. Signale des eigenen Körpers muss man ernst nehmen, zumindest bei Infekten. Seit Beginn meiner Leistungssportkarriere hatte ich Trainer, die sehr verantwortungsbewusst mit diesem Thema umgegangen sind. Bei all meinen Coaches galt und gilt nicht nur in Wettkämpfen, sondern auch im Training ein striktes Verbot für alle Athleten mit fiebrigem Infekt. Kurt hat zudem eine Regel: „Wenn der Hals schmerzt, wird nicht trainiert.“ Ich weiß nicht, ob er die medizinisch untermauern kann, aber ich habe seine Regel verinnerlicht.

Das bedeutet: Bei einem Schnupfen ist leichter Dauerlauf erlaubt. Aber ab dem Punkt, wo der Halsschmerz einsetzt oder gar Fieber dazukommt, ist Sport tabu. Alles andere ist falscher Ehrgeiz, der sich nicht auszahlt. Der Körper ist nicht leistungsbereit, wenn er einen Infekt ausbrütet. Setzt man ihn unter zusätzlichen Stress, ist weder die eigene Leistungsgrenze zu erreichen, noch hat es einen positiven Trainingseffekt. Im Gegenteil: Wer krank trainiert, braucht länger, um gesund zu werden.

Ich gebe zu, dass ich manchen Sportler aus psychologischer Sicht verstehe, der krank trainiert oder mit Infekt bei einem Wettkampf antritt. Da hast du bei einem großen Marathon einen der begehrten Startplätze ergattert, eine teure Reise bezahlt und das Startgeld zusammengespart, jetzt geht's aber auch an den Start. Wer die letzte Chance hat, eine Norm zu erfüllen, und kurz vor dem Rennen krank wird, überlegt zweimal, bevor er absagt. Oder seine Mannschaft wegen eines Infekts im Stich lässt.

Aber unter dem Strich ist es auch in diesen Fällen wichtiger, den Körper zu schonen, als ein zu hohes Risiko einzugehen. Am Ende ist es nur Sport, selbst wenn der Sport manchmal der Beruf ist. Gesundheit geht vor. Deshalb bin ich sehr froh darüber, dass meine Trainer in puncto Krankheiten eine Null-Toleranz-Politik betreiben. Wer eine Krankheit verschweigt und damit auffliegt – was eigentlich immer der Fall ist, weil die verminderte Leistungsfähigkeit einem guten Trainer natürlich auffällt –, muss sich auf riesigen Ärger einstellen.

Im Profibereich erlebe ich es tatsächlich höchst selten, dass jemand krank startet. Die meisten Athleten sind sich der Gefahren, die ein verschleppter Infekt für die Herz-Kreislauf-Gesundheit birgt, absolut bewusst. Unter Hobbyläufern ist diese Erkenntnis, fürchte ich, weniger verbreitet. Regelmäßig sterben bei Marathons Menschen, weil sie sich überbelasten oder eben krank an den Start gehen und dann am plötzlichen Herztod versterben. Das ist furchtbar, für die Angehörigen ebenso wie für die Mitläufer, Zuschauer, Ärzte, Sanitäter und nicht zuletzt den Veranstalter. Die Verantwortung dafür liegt bei den Hobbysportlern selbst. Es ist eine fatale Mischung aus Unwissenheit und Selbstüberschätzung.

Die Bereitschaft von Menschen, sich selbst zu schaden, ist erschreckend. Ich mache das vor allem an der hohen Zahl derjenigen fest, die mit Verletzungen an den Start gehen und Schmerzen mit Medikamenten betäuben – Profis wie Hobbyläufer. Eine Verletzung ist meist nicht lebensgefährlich, entsprechend hoch ist die Bereitschaft, den Schmerz einfach auszudimmen. Die Folgen davon können dennoch fatal sein. Die Heilungszeit wird deutlich verlängert, und Schmerzmittel schaden dem Magen und vor allem den Nieren, die sowieso unter der Belastung eines Marathons Schwerstarbeit im Stoffwechsel zu verrichten haben.

Gleiches gilt für einen Magen-Darm-Infekt. Das einzig Gute an dieser wirklich höchst lästigen Erkrankung ist, dass die Symptome wie Durchfall und Erbrechen meist innerhalb von zwei, drei Tagen abklingen. Unterschätzt wird aber die Langzeitwirkung auf den Körper, denn durch den hohen Flüssigkeitsverlust ist der Körper stark dehydriert und braucht mindestens eine Woche, um wieder voll funktionsfähig zu sein.

Richtig gebeutelt sind Sportler, die unter Allergien leiden. Insbesondere Heuschnupfen kann einen über Monate in seiner Leistungsbereitschaft einschränken. Bei Profis ist der Einsatz von Asthmasprays deshalb weit verbreitet, allerdings muss man sehr vorsichtig sein, kein Mittel zu verwenden, das auf der Liste der verbotenen Substanzen steht, oder sich eine Ausnahmegenehmigung ausstellen lassen. Ich erlebe aber oft, dass die erlaubten Mittel nur bedingt wirken. Allergien sind deshalb echte Wettbewerbsnachteile, von denen ich zum Glück verschont bin.

Ich empfehle jedem Hobbyläufer dringend, sich drei Monate vor einem Marathon-Start einer sportmedizinischen Untersuchung zu unterziehen. Diese kann man bei niedergelassenen Sportärzten oder an darauf spezialisierten Kliniken absolvieren, und sie sind heute auch nicht mehr so teuer wie früher. In jedem Fall aber sind sie ihr Geld wert. Und wer in den Wochen der Vorbereitung oder kurz vor dem Rennen Symptome eines Infekts bemerkt, sollte von einem Arzt die Sporttauglichkeit feststellen lassen.

Bei vielen Laufveranstaltungen müssen auch Hobbystarter entsprechende Leistungsnachweise vorlegen. Was mich bis heute befremdet, ist, dass das für Profis nur bedingt gilt. Bei Kaderathleten ist das nachvollziehbar, weil diese die vom Verband vorgeschriebenen Jahresuntersuchungen absolvieren. Aber jemand wie ich, der aktuell keinem Kader angehört, muss privat Vorsorge betreiben, und wenn ich es nicht täte, würde mir niemand untersagen, trotzdem zu starten. Natürlich habe ich ein Eigeninteresse daran, auf meine Gesundheit zu achten, fände es aber nicht verkehrt, wenn solche Nachweise allgemein für alle Profiläufer verpflichtend wären.

In der Regel mache ich mindestens einmal im Jahr eine sportmedizinische Untersuchung und zwei bis drei Leistungsdiagnostiken, bei der alle relevanten Körperwerte erfasst und zudem auch EKG, Ultraschall, Herzecho, Lungenfunktionstest und Atemanalyse durchgeführt werden. Zusätzlich dazu lasse ich drei- bis viermal im Jahr ein Blutbild erstellen, um mögliche Veränderungen entdecken zu können.

Nur ein einziges Mal habe ich mich vor einem Rennen so komisch gefühlt, dass ich unsicher war, ob ich starten sollte. Das war vor meinen Marathon-Debüt im Oktober 2014 in Frankfurt. In der Nacht vor dem Rennen schlief ich furchtbar schlecht und schwitzte so stark, dass ich nachts zweimal das Shirt wechseln musste. Aber am Morgen des Wettkampfes habe ich mich nicht krank gefühlt, ich hatte auch kein Fieber und bin deshalb gestartet. Nach dem Rennen habe ich eine Blutuntersuchung machen lassen, in der auch nichts Auffälliges gefunden wurde. Wahrscheinlich waren es damals einfach Stress und Aufregung.

Ich habe auch schon Vitamincocktails injiziert bekommen, um einen Infekt schneller zu bekämpfen. Manchmal wird zusätzlich Eisen gegeben, denn wer mit zu wenig Eisen im Blut etwa in der Höhenlage trainiert, wird nach wenigen Tagen komplett zerstört sein, weil der Effekt des niedrigeren Sauerstoffgehalts der Luft fatal sein kann.

Bei der Auswahl des Arztes achte ich persönlich darauf, wie schnell dieser Kortison oder Schmerzmittel verschreibt. Von solchen Medizinern nehme ich Abstand. Ich habe sehr gute Erfahrungen mit alternativer Medizin wie Homöopathie und mit Kinesiologie gemacht. Die Heilung damit kostet meist mehr Zeit, ist aber meines Erachtens auch nachhaltiger.

Das beste Mittel, Krankheiten zu kurieren, bleibt der Schlaf. Ohnehin ist der Schlaf das wichtigste Element in der Regeneration eines (Leistungs-)Sportlers.

KILOMETER 27

ERNÄHRUNG

Natürlich kenne ich dieses Vorurteil uns Marathon-Profis gegenüber: So dürr kann nicht gesund sein. Und bestimmt haben viele von uns eine Essstörung. Ich kann verstehen, dass Menschen so über uns denken. Bei 1,88 Meter Körpergröße liegt mein Gewicht normalerweise bei knapp unter 70 Kilo. In einen Marathon starte ich meist nach den Wochen zehrender Vorbereitung mit 66 Kilo. Das ergibt einen Body-Mass-Index von 18,7 – und damit gelte ich als untergewichtig.

Dennoch kann ich versichern, dass ich großen Spaß am Essen habe. Weder zähle ich Kalorien noch folge ich irgendeiner Diät. Mein Essproblem liegt eher darin, dass ich, zumindest in der Marathon-Vorbereitung, so viel essen muss, dass es manchmal schon zur Last wird. Wer aufs Essen verzichtet, um Gewicht zu verlieren und dadurch schneller zu werden, wird damit vielleicht kurzfristig einen Effekt erzielen. Mittel- und langfristig sind die Belastungen eines Ausdauersports wie Marathon nicht auszuhalten, wenn man nicht auf eine ausreichende und vor allem ausgewogene Ernährung achtet. Ich behaupte, dass ich sofort erkennen kann, ob jemand dünn ist, weil er viel trainiert oder weil er gehungert hat.

Die größte Gefahr für Ausdauerläufer liegt darin, irgendwann die Lust am Essen zu verlieren, weil man so viel pflichtgemäß in sich hineinschaufelt, dass es kein Genuss mehr ist. Klingt paradox? Wenn ich 15 Kilometer Dauerlauf in einer Zeit von 56 Minuten absolviere, verbrenne ich dabei gut 800 Kilokalorien. Das mache ich an einem normalen Trainingstag zweimal. Dazu kommt dann noch eine Kraft- oder Koordinationseinheit, sodass ich zusätzlich zu den 2500 Kalorien, die der normale Tagesbedarf eines erwachsenen, körperlich tätigen Mannes beträgt, rund 2000 weitere Kalorien zu mir nehmen muss, um meinen Bedarf zu stillen.

Natürlich ist eine ausgewogene Ernährung unerlässlich, wenn man auf seinen Körper achtet. Das bedeutet, dass ich die 4500 Kalorien nicht über Zucker und Junkfood in mich hineinstopfe, sondern in Form von gesunden Lebensmitteln. Aber ich bin kein Dogmatiker. Das war zu meiner Anfangszeit, in der ich vieles noch verbissener gesehen habe, vielleicht anders. Mit Ende 20 hatte ich das Gefühl, nicht für ein Prozent mehr Output auf zu viel verzichten zu wollen. Den Burger mit Pommes gab es auch damals manchmal schon. Heute lebe ich mehr im Moment und trinke abends, wenn ich mit Freunden ausgehe, auch gerne mal ein Bier oder zu einem guten Essen ein Glas Wein.

Sport mag wichtig sein, Leistungssport für Profis vielleicht sogar sehr wichtig, aber man lebt eben auch nur einmal. Wenn ich Lust auf eine Tafel Schokolade habe, dann gönne ich sie mir. Eine Tafel Schokolade verpufft bei meinem Kalorienumsatz.

Mein Glück ist, dass ich keinerlei Allergien oder Unverträglichkeiten habe. Der Verzicht auf Gluten oder Laktose, der seit einigen Jahren im Profisport hoch im Kurs steht, ist für mich deshalb kein Thema. Ich kann alles essen, und ich mag auch alles – außer Oliven, an den Geschmack mag ich mich bis heute einfach nicht gewöhnen. Ich zähle keine Kalorien, wiege auch mein Essen nicht ab, weil ich im Lauf der Zeit einfach ein Gefühl dafür entwickelt habe, was ich wann brauche und wie viel davon.

Wie also sieht mein Essensplan an einem normalen Trainingstag aus, und wie unterscheidet sich der von einem Tag in der intensiven Marathon-Vorbereitung? Auf den ersten Blick gar nicht so immens. Zum Frühstück esse ich zwei Vollkorntoasts mit Erdnussbutter, dazu eine Banane und je nach Saison eine Mischung verschiedener Beeren. In der Marathon-Phase würde ich, da ich dann auf eine deutlich erhöhte Proteinzufuhr achte, noch 250 Gramm Magerquark hinzufügen.

Mittags gibt es zum Beispiel Rührei mit Lachs und angebratenem Gemüse. In einer normalen Trainingsphase nehme ich drei Eier, in der Marathon-Phase eher fünf und etwas mehr Fisch. Abends variiere ich zwischen einer Brotzeit, wie Dinkel-Vollkornbrot mit

Käse und dazu rohes Gemüse, und einer warmen Mahlzeit, etwa Vollkornpasta mit Garnelen. Danach gibt es, um den Kalorienbedarf zu decken, in der Marathon-Phase zum Beispiel noch 100 Gramm Nussmischung. Und zum Nachtisch darf es gern eine halbe Tafel Zartbitterschokolade sein. Die zähle ich explizit nicht zu den Süßigkeiten, weil sie durch den hohen Kakaogehalt von 80 Prozent kaum Zucker hat, dafür aber einige positive Effekte auf den Körper.

Einen festen Zeitplan für meine Mahlzeiten halte ich nicht ein. Frühstück findet, je nachdem, ob ich die erste Einheit auf nüchternen Magen bestreite oder erst etwas esse, zwischen sechs und 7.30 Uhr statt. Mittag- und Abendessen sind nicht festgelegt, sondern richten sich nach dem jeweiligen Tagesplan. Vor einer intensiven Trainingseinheit versuche ich allerdings vier Stunden Verdauungspause einzuhalten. Ich bin kein Freund üppiger Zwischenmahlzeiten. Ich esse auf dem Weg zum Training vielleicht mal einen Apfel oder ein paar Nüsse. Grundsätzlich versuche ich bewusst, bei den Hauptmahlzeiten ausreichend Nahrung zu mir zu nehmen. In der Marathon-Phase bedeutet das, nachdem das Sättigungsgefühl eingesetzt hat, immer noch etwas mehr zu essen, um den Bedarf zu decken. Trotzdem kann es natürlich bei einem Wochenpensum von 200 Kilometern und mehr mal sein, dass man auf halbem Weg durch den zweiten Lauf des Tages Hunger bekommt. Dann hilft nur Augen zu und durch – und die Vorfreude auf was immer die Fantasie zu leisten imstande ist.

Ein Trick ist der punktuell gezielte Verzicht auf Kohlenhydrate. Das mag viele überraschen, weil es als die richtige Lehre gilt, nach harten Trainingseinheiten oder vor Marathons seine Kohlenhydratspeicher aufzufüllen. Aber die Neubildung der Mitochondrien, unserer kleinen Kraftwerke, die in den Zellen für die Produktion des Energieträgers Adenosintriphosphat zuständig sind, wird besser stimuliert, wenn die Kohlenhydratzufuhr vermindert wird. Das bedeutet, dass ich Kohlenhydrate durch gesunde Fette und Eiweiße ersetze. Also lasse ich zum Fisch Reis oder Nudeln weg und esse nur Gemüse dazu und zum Nachtisch Magerquark mit Beeren.

Obst ist grundsätzlich der beste Lieferant für Zucker, den wir als Energiespender benötigen. Das große Problem an industriellem Zucker ist, dass er Entzündungen im Körper ebenso begünstigt wie das Wachstum von Pilzen, die dann das Verdauungs- und Immunsystem belasten können. Deshalb ist eine harte Beschränkung von industriellem Zucker unerlässlich, wenn man seinem Körper Gutes tun will – oder muss.

Besondere Bedeutung kommt im Leistungssport der Flüssigkeitszufuhr zu. An einem normalen Trainingstag trinke ich zwischen drei und vier Liter Wasser, an warmen Tagen oder unter Vollbelastung sind es gern auch vier bis fünf Liter. Ich schwitze viel, wenn es heiß ist, und habe deshalb auch so viel Durst, dass ich nach dem Training problemlos einen Liter in wenigen Zügen trinken kann. Allerdings muss man wissen, dass zu viel Wasser dringend benötigte Mineralstoffe aus dem Körper spült. Deshalb nutze ich ein Elektrolytgetränk, ein Kohlenhydrat-Eiweiß-Pulver mit Mineralstoffen.

Eins meiner wenigen Laster ist Kaffee. Ich trinke drei große Tassen oder zwischen drei und vier doppelte Espressi am Tag. Ich liebe den Geschmack und habe das Gefühl, das Koffein hilft mir, die Müdigkeit zu bekämpfen, die sich zwischen den Trainingseinheiten breit macht. Früher galt Kaffee als ungesund, weil man ihm die Eigenschaft zuschrieb, Wasser auszuschwemmen und so zur Dehydrierung beizutragen. Diese Sichtweise ist aber überholt, Kaffee hat keine andere Wirkung als Tee auf den Flüssigkeitshaushalt. Wichtig ist nur, dass man ihn ungezuckert trinkt. Entweder schwarz oder mit etwas Milch.

Säfte stehen bei mir nicht sonderlich hoch im Kurs. Zu einem ausgedehnten Sonntagsfrühstück darf gern auch ein frisch gepresster Orangensaft gehören, ansonsten trinke ich meistens Wasser. Dagegen bin ich ein großer Freund des alkoholfreien Weizenbiers. Ob die isotonische Wirkung, die die Marketingabteilungen der Brauereien ihm zuschreiben, wirklich nachzuweisen ist, kann ich nicht beurteilen. Aber das Zeug schmeckt einfach gut und ist eine willkommene Abwechslung zum Wasser.

Eine umstrittene Rolle spielen Nahrungsergänzungsmittel, die einen schlechten Ruf haben, weil viele sie gelegentlich fälschlicherweise mit Doping gleichsetzen. Wenn ich kein Leistungssportler wäre, würde ich wahrscheinlich keine einnehmen, denn wer sich ausgewogen ernährt, braucht eher selten zusätzlichen Präparate. Aber da das, was wir machen, nicht normal ist, ist auch unser Nährstoffbedarf nicht normal. Es bedarf einer gewissen Unterstützung. Ich nehme drei Präparate täglich in Form von Tabletten ein: Eisen, Vitamin D und Zink.

Der Eisenbedarf eines Leistungssportlers ist so hoch, dass er pro Woche mehrere Kilogramm Rindfleisch essen müsste, um ihn über die Nahrung zu decken. Da das schon aus Gründen des Klima- und Tierschutzes unmoralisch wäre, sind Eisentabletten ein Muss. Ebenso verhält es sich mit Vitamin D. In Deutschland sind rund 80 Prozent der Bevölkerung unterversorgt mit Vitamin D, das der Körper nur durch Sonneneinstrahlung selbst bildet und das für den Knochenbau unerlässlich ist. Die meisten leiden nicht darunter, dass sie unterversorgt sind, weil sie ihre Knochen nicht so stark beanspruchen. Aber für Leistungssportler ist Vitamin-D-Mangel kontraproduktiv, ja sogar gefährlich. Zink schließlich hilft dabei, das Immunsystem zu stärken und Infekte zu verhindern.

Punktuell nutze ich auch Proteinriegel, Eiweißshakes oder Aminosäuren-Supplements. Diese Produkte kommen aber situationsabhängig zum Einsatz. Und selbstverständlich achte ich bei allem, was ich mir zuführe, darauf, dass die Produkte keinerlei dopingrelevante Inhaltsstoffe aufweisen. Die Kooperation mit ultraSPORTS ist für mich deshalb so wichtig, weil ich mich darauf verlassen muss, dass alle Nahrungsergänzungsmittel mit der Kölner Liste konform gehen. Das ist eine Serviceplattform, auf der dopingfreie Sportnahrung gelistet ist.

Auf das Thema Doping gehe ich in einem eigenen Kapitel ein. Selbstverständlich gilt für mich der Verzicht auf jegliche verbotenen Substanzen ebenso wie der Verzicht auf Rauschmittel. Einzige Ausnahme ist Alkohol, der, solange er nur punktuell und in Maßen eingenommen wird, keine langfristig negativen Auswirkungen auf den Körper hat. Geraucht habe ich nie. Aus meiner Sicht passen Rauchen und Sport einfach nicht zusammen. Vor allem im Ausdauersport ist die Schädigung der Atemwege und der Lunge so kontraproduktiv, dass sich Rauchen von selbst verbietet. Das kann natürlich jeder halten, wie er will, zu meinem Verständnis von Sport passt es nicht.

KILOMETER 28

EMOTIONEN UND SEX

Jeder Langstreckenläufer kennt dieses Gefühl. Du glaubst, du könntest ewig weiterlaufen, es fühlt sich an, als würdest du schweben. Ich habe keine Erfahrung mit harten Drogen, aber ich stelle mir den ersten Rausch ungefähr so vor wie das, was man als „Runner's High" bezeichnet. Ein außergewöhnliches Glücksgefühl, mit nichts vorher Erlebtem vergleichbar, nicht plan- und deshalb auch nicht willentlich reproduzierbar. Aber ein so starkes emotionales Erlebnis, dass man es wieder und wieder spüren möchte.

Welche Reaktionen genau beim „Runner's High" im Körper ablaufen, hat eine deutsche Forschergemeinschaft 2015 herausgefunden. Dass das Läuferhoch erst ab einer Belastungsintensität von 80 Prozent der maximalen Sauerstoffaufnahme auftritt und deshalb nicht im normalen Dauerlauftempo erreicht werden kann, war schon bekannt. Aber dachte man zunächst, dass eine erhöhte Endorphinausschüttung verantwortlich sei, so ist die aktuelle Erkenntnis, dass die Ausschüttung körpereigener Cannabinoide notwendig ist, um den Zustand vollkommener Glückseligkeit beim Laufen zu erreichen.

Wie auch immer: Ich kann nicht beziffern, wie oft ich dieses Gefühl schon hatte. Es passiert nicht zwangsläufig einmal im Monat, aber doch recht verlässlich auf langen Tempodauerläufen von mindestens 20 Kilometer Distanz. Ich muss in einen gewissen physischen Erschöpfungszustand gelangen, um das „Runner's High" anzubahnen. Wie bei allen Süchtigen nutzen sich Emotionen ab, was bedeutet, dass die Häufigkeit eines Läuferhochs nicht mit der Anzahl an Trainingseinheiten steigt. Umso intensiver erlebe ich dieses Gefühl aber, wenn es sich dann einstellt.

Ein einziges Mal ist es mir während eines Wettkampfes passiert. 2015 beim Berlin-Marathon war das, als ich meine persönliche

Bestzeit aufstellte. Da fühlte ich mich, als stünde ich über den Dingen; unantastbar, unbesiegbar. War natürlich Quatsch, ich wurde ja besiegt und verpasste knapp die Norm für die Olympischen Spiele 2016. Aber trotzdem war dieses Erlebnis magisch. Das Rennen fühlte sich so an, als wäre es komprimiert und im Schnelldurchlauf abgespielt worden. Auf der Bahn habe ich etwas Vergleichbares nie erlebt, vermutlich ist ein 5000- oder 10.000-Meter-Rennen auch zu kurz, um in diesen Zustand zu geraten. Es muss schließlich alles zusammenpassen: Man muss genauso Lust aufs Laufen haben wie auf die Qual, die darin steckt, und einen absoluten Sahnetag erwischen. Deshalb ist es auch nicht planbar.

Wie entscheidend Emotionen Einfluss auf Leistungssportler nehmen können, ist bekannt. Nicht umsonst putschen sich viele Athleten vor ihrem Wettkampf auf verschiedene, ihrem Charakter entsprechende Arten auf, um in einen Geisteszustand zu gelangen, den sie für besonders leistungsförderlich halten. Für mich ist es am besten, wenn ich meinen Konkurrenten möglichst emotionslos begegne. Es gibt immer Gegner, die man nicht mag. Ich glaube aber nicht, dass Abneigung zu Bestleistung führt. Mein Motto lautet deshalb: „Laufe nicht gegen andere, sondern für dich. Laufe dein eigenes Rennen und gib dein Schicksal nicht aus der Hand."

Natürlich bin ich auch kein Eisblock, der sich jeglicher menschlicher Regung widersetzt. Dass ich Trainingseinheiten vergeigt habe, weil ich emotional nicht auf der Höhe war – ob durch eine schlechte Note in der Schule oder im Studium, durch einen Streit oder eine traurige Nachricht –, natürlich ist das vorgekommen. Dann wurde aus einem geplanten Dauerlauf schon mal ein Tempolauf zum Abreagieren.

Aus zwei Gründen jedoch ist es besser, Emotionen so zu kontrollieren, dass sie keinen Einfluss auf die sportliche Leistung haben. Zum einen, weil ein Trainer neben seiner im besten Falle jahrzehntelangen Erfahrung auch über eine so brillante Menschenkenntnis verfügt, dass seine Vorgaben bei 98 Prozent des maximal Möglichen liegen. Wer diese Vorgaben ignoriert, weil ihn Emotionen leiten, macht einen großen Fehler, den er meist kurz darauf mit einem Leistungseinbruch teuer bezahlt. Zum anderen lässt sich im Sport nur in absoluten Ausnahmefällen etwas erzwingen. Emotionsgesteuert in einen Wettkampf zu gehen bedeutet aber immer, dass man unter Zwängen läuft.

Oft werde ich gefragt, ob es mir auch so gehe wie Freizeitläufern, die auf ihrer Laufrunde entweder komplett abschalten oder ihr Gedankenkarussell in Schwung bringen. Tatsächlich sind Läufe, bei denen mein Gehirn im Leerlauf mitläuft, genauso selten wie die, bei denen ich ins Grübeln komme oder meine besten Ideen entwickle. Das liegt wahrscheinlich daran, dass Laufen mein Beruf ist. Menschen, die beim Laufen abschalten oder besonders kreativ denken, machen das ja aus genau diesem Grund: als Ausgleich zum Beruf. Ich muss im Training oder – viel wichtiger noch – im Wettkampf auf so viele Kleinigkeiten achten, zum Beispiel auf meinen Kilometerschnitt oder auf die abgeforderten Intervalle, dass ich, wenn überhaupt, nur bei lockeren Läufen gedanklich abschweife.

Was ich am Laufen besonders genieße, ist die Möglichkeit, mal für eine Stunde nicht zu reden. Als Junge bin ich viel mit meinem Vater laufen gewesen. Aber schon in der Jugend war ich oft allein in der Natur und empfand die Funkstille als sehr angenehm. In Regensburg absolviere ich viele Trainingseinheiten in der Gruppe, und dabei wird natürlich auch gequatscht. Dennoch bin ich glücklich, wenn ich ab und an einfach nur ganz bei mir selbst sein kann.

Habe ich vorhin über den Einfluss von negativen Emotionen geschrieben, soll selbstverständlich ein positiver Gemütszustand nicht unterschlagen werden, der für mich eine sehr wichtige Rolle in der Leistungsoptimierung spielt: Freude. Zum einen halte ich gerade Vorfreude auf einen Wettkampf für unabdingbar. Zum anderen bewirkt Freude während eines Wettkampfes, dass man auf einer positiven Welle bis ins Ziel surft. Allerdings habe ich oft genug gemerkt, wie die Freude über ein gelungenes Rennen dazu führen kann, dass man danach im Training zum Überpacen neigt. Deshalb sollten wohl auch positive Emotionen ein Stück weit kanalisiert werden.

Bliebe noch die stärkste Emotion, die der Mensch empfinden kann: Liebe. Und die Liebe bringt mich zu einem Thema, das im Sport immer wieder kontrovers diskutiert wird: Es ist die Frage, ob Sex leistungshemmend oder leistungsfördernd wirkt. Man hört ja regelmäßig von Sportlern oder auch Trainern, die der Meinung sind, schon einige Tage vor einem Wettkampf enthaltsam sein zu müssen, um nicht unnötig Energie zu vergeuden. Ich muss ehrlich sagen, dass ich davon überhaupt nichts halte. In meiner ganzen Laufbahn hatte ich weder einen Trainer noch Teamkollegen, die sich mit diesem Thema überhaupt ernsthaft auseinandergesetzt haben.

Sex ist im Leistungssport natürlich kein Tabuthema. Schauen wir nur auf die Berichterstattung bei Olympischen Spielen, wo die wichtigste Zahl die der Kondome ist, die im olympischen Dorf ausgegeben werden. Tatsächlich habe ich in Rio gesehen, dass die Kostenlose-Gummi-Automaten optimal sichtbar im Eingangsbereich der Mensa hingen und entsprechend gut frequentiert wurden. Ich war allerdings zu kurz im olympischen Dorf, um eine veritable Feldstudie durchführen zu können.

Fakt ist: Ich kenne niemanden, der sein Liebesleben auf Basis seines Sports verändert hätte. Nach harten Trainingstagen reguliert sich das mit der Lust auf Sex sowieso von selbst, ansonsten ticken Leistungssportler sicher nicht anders als alle anderen Menschen auch. Und ich finde, dass ein gelegentliches „Runner's High" – so schön es auch ist – das Bedürfnis an Höhepunkten nicht allein befriedigen kann.

KILOMETER 29

DOPING

Sechs Uhr morgens. Die Türklingel reißt Barbara aus dem Schlaf. Und es ist gut, dass sie das Schellen hört, denn ich schlafe tief und fest. Ohne sie hätte ich jetzt ein Problem: Wer einem Dopingfahnder nicht öffnet, dem wird ein verpasster Test angelastet. Und drei verpasste Tests bedeuten zwei Jahre Sperre. Braucht kein Mensch. Also: schnell zur Tür.

Der Kontrolleur kommt meist allein, es sei denn, er ist kein Arzt, weil nur ein Arzt Blut abnehmen darf. Nicht immer muss Blut abgezapft werden, manchmal reicht auch Urin. Aber um sechs Uhr morgens ist es ziemlich egal, welche Körperflüssigkeit gefragt ist. Dass da ein fremder Mensch in deine Küche marschiert, ist und bleibt ein krasser Eingriff in die Privatsphäre.

Um es vorweg klar zu sagen: Ich bin ein Verfechter des harten Antidopingkampfes, mit allen Konsequenzen, die dieser für uns Athleten mit sich bringt. Aber natürlich gibt es eine Reihe an Dingen, die mich beim Thema Doping ärgern oder nachdenklich machen.

Wie geht so eine Kontrolle überhaupt vonstatten? Es ist zunächst zwischen der Wettkampf- und der Trainingskontrolle zu unterscheiden. Nach größeren Wettkämpfen werden meist zwei bis drei der Topplatzierten in einem dafür vorgesehenen Raum getestet, sie müssen Blut und Urin abgeben. Dazu kommen in der Regel zwei weitere von zehn bestplatzierten Athleten, die ausgelost werden. Wer bei einer Wettkampfkontrolle erwischt wird, dem muss man neben der Dreistigkeit des Betruges auch noch grenzenlose Dummheit vorwerfen, denn heutzutage ist die Wissenschaft so weit, dass sie die meisten verbotenen Substanzen verschleiern kann, und Doping wird in der Regel weit vor den Wettkämpfen im Training angewandt, sodass die Präparate längst nicht mehr nachweisbar sind, wenn der Wettkampf ansteht.

Umso größere Bedeutung kommt den unangemeldeten Trainingskontrollen bei, deren Bezeichnung etwas missverständlich ist. Schließlich wird nicht nur im Training kontrolliert, sondern gern auch im privaten Wohnraum oder überall dort, wo ein Athlet eben anzutreffen ist. Woher der Kontrolleur weiß, wo ich gerade bin? Über das Antidoping-Administrations- und Managementsystem, kurz ADAMS genannt, müssen alle Athleten, die einem Bundeskader angehören, ihre Aufenthaltsorte melden. Dabei gibt es verschiedene Kategorien. Die der Topkategorie zugeordneten Sportler müssen für mehrere Monate im Voraus angeben, wann sie wo anzutreffen sein werden. Dabei ist eine Stunde täglich als verpflichtend geltender Kontrollzeitraum freizuhalten. Ich war glücklicherweise immer in der zweiten Kategorie, da reicht es, für ein Quartal im Voraus die regelmäßigen Termine wie zum Beispiel feste Trainingszeiten anzugeben. Dazu muss man täglich den Ort benennen, an dem man zu übernachten gedenkt. Ein Problem hat man, wenn dieser sich spontan ändert, denn zu vergessen, das im System zu hinterlegen, könnte fatale Folgen haben.

Ich hatte schon die Situation, dass ich einen Teamkollegen eines Morgens früh um 5.45 Uhr von Regensburg zum Arzt nach München gefahren habe. Auf halber Strecke klingelt mein Handy. Unterdrückte Nummer um diese Uhrzeit? Keine Frage, ein Dopingkontrolleur. Warum ich nicht in meiner Wohnung anzutreffen sei wie angegeben? Weil ich spontan einen Kollegen zum Arzt fahren müsse. Das sei aber so nicht im System vermerkt. Nein, war ja auch spontan. Hmm, nicht gut. Es folgte einige Tage später Post von der Nationalen Antidoping-Agentur (NADA), die die Tests koordiniert und durchführt. Ich wurde zu einer schriftlichen Stellungnahme aufgefordert. Zum Glück glaubte man mir. Aber spaßig ist so etwas nicht. Man lebt ein Stück weit in ständiger Angst, unverschuldet in ein schlechtes Licht gerückt zu werden.

Wenn der Kontrolleur den Athleten wie geplant antrifft, muss zunächst online ein umfangreiches Formular ausgefüllt werden, bevor die Abgabe von Blut und Urin beginnt. Vor der Blutentnahme muss man zehn Minuten ganz ruhig aufrecht sitzen. Außerdem fragt der Kontrolleur, wann man das letzte Mal in einer Höhenlage war, ob man kürzlich in der Sauna war oder im Training besondere Belastungen hatte; eben all die Dinge, die Blutwerte verändern können. Der Athlet wählt dann aus dem vom Kontrolleur mitgebrachten Koffer die Spritze und die Röhrchen, in die das Blut abgefüllt werden soll, damit der Kontrolleur nicht seinerseits in irgendeiner Form betrügen kann. Und dann geht's los mit Abzapfen.

Beim Urin läuft es ähnlich, der Athlet sucht die Testbecher aus. Vor der Probenabgabe muss man sich die Hände waschen, allerdings ohne Seife, damit nicht Seifenpartikel den Becher und damit die Probe verunreinigen. Damit für A- und B-Probe ausreichend Flüssigkeit vorhanden ist, sind mindestens 90 Milliliter Pipi notwendig. Das ist besonders nach dem Training oder Wettkämpfen eine echte Herausforderung und kann den Kontrollvorgang, der normalerweise inklusive Formularausfüllen 45 bis 60 Minuten dauert, gern mal auf drei Stunden ausdehnen.

Beim Wasserlassen muss die Hose in die Kniekehlen und das Shirt unter die Achseln gezogen werden, damit der Blick für den Kontrolleur frei ist und Manipulationen ausgeschlossen sind. Man hat schon die wildesten Geschichten gehört von Leuten, die mit Fremdurin schummeln wollten oder eine Waschmittelperle in die Probe geworfen haben, die das Ergebnis im wahrsten Wortsinn reinwaschen sollte. Deshalb ist es schon okay, dass der Kontrolleur genau hinschaut. Bei Athletinnen ist der Kontrolleur selbstredend eine Kontrolleurin.

Die Proben werden dann versiegelt, sicher verstaut und vom Kontrolleur, der pro Tag natürlich nicht nur einen Termin hat, gesammelt an das zuständige Dopinglabor geschickt. Irgendwann kommt das Ergebnis, das dann hoffentlich negativ ausfällt. Das bedeutet, man ist sauber.

Der Aufwand, das lässt sich aus dieser Beschreibung sicherlich herausfiltern, der in Deutschland getrieben wird, um Dopingsünder zu erwischen, ist hoch. Umso mehr Fragen wirft für mich die sehr niedrige Quote der überführten Athleten auf. Im Jahr 2012 wurden bei 8567 Trainingskontrollen gerade einmal acht Sportler mit unerlaubten Substanzen erwischt. 2017 waren es bei 7015 Trainingskontrollen zwölf Verstöße. Natürlich ist es mein großer Wunsch, dass die deutschen Athleten wirklich so sauber sind, wie es diese Zahlen ausdrücken. Tatsächlich wird in kaum einem anderen Land der Welt das Thema Doping von den Medien derart akribisch und kritisch behandelt wie bei uns, kaum irgendwo anders ist auch die gesellschaftliche Ächtung von Dopingsündern so hoch wie hierzulande. Seit Dezember 2015 haben wir ein Antidopinggesetz, das den Einsatz von Dopingmitteln und Dopingmethoden im Sport unter Strafe stellt. Wenn das wirklich dazu führen würde, dass deutsche Athleten weniger dopen als andere Nationalitäten, wäre das ein großartiger Erfolg.

Allein: Mir fehlt der Glaube daran. Überall, wo es um viel Geld geht, finden sich Menschen, die betrügen, da ist Deutschland keine Ausnahme. Die Annahme, dass die deutschen Athleten die saubersten der Welt sind, halte ich zumindest für fragwürdig. Ist unser Testsystem so schlecht, dass es das Katz-und-Maus-Spiel gegen die Wissenschaft nicht gewinnen kann und einfach die genutzten Mittel nicht entdeckt? Oder werden Fälle unter Verschluss gehalten, um in der Öffentlichkeit die weiße Weste zu wahren? Ich weiß es nicht.

Was ich weiß: Das System ist inkonsistent, und das kann ich an einem Beispiel belegen. Als ich Ende 2017 aus dem Bundeskader gestrichen wurde, war ich automatisch nicht mehr im NADA-Testpool. Wer da nicht drin ist, wird auch nicht getestet, schließlich finanziert die NADA das System, hauptsächlich aus Bundes- und Ländermitteln, aber auch aus Spenden aus der Wirtschaft. Im April 2018 qualifizierte ich mich für die EM im August in Berlin, wurde wieder in den Testpool aufgenommen, zum 31. Dezember erneut gestrichen und erst am 1. April 2019 wieder aufgenommen.

Den Grund für das Hin und Her kenne ich nicht, aber dadurch vergingen 2019 erneut drei Monate, in denen ich keinen einzigen Test hatte. Im Trainingslager in Kenia im Januar wurden deutsche Kaderathleten von extra aus Deutschland angereisten Kontrolleuren getestet. Ich saß daneben und wurde in Ruhe gelassen, obwohl ich mich mit den Fahndern sogar darüber unterhielt, ob es nicht sinnvoll wäre, mich auch zu testen, angesichts der weiten Reise. Die Antwort war: „Du bist nicht im NADA-Pool, also wirst du nicht getestet." Dass ich aber trotzdem auf professioneller Ebene zu Wettkämpfen antrat, schien niemanden zu interessieren.

Das führt mich zu dem für mich drängendsten Problem: die fehlende Gleichbehandlung aller Athleten. Will man wirklich eine echte Chancengleichheit schaffen, dann sollte dafür Sorge getragen werden, dass weltweit alle Athleten mit derselben Sorgfalt und Unabhängigkeit getestet werden. Wir brauchen dringend ein international einheitliches Kontrollsystem, denn man wird Menschen, die betrügen wollen, nicht ändern, kann aber das System, mit dem sie verfolgt werden, stetig verbessern. Das ist Wunschdenken, ich weiß.

Als in Jamaika alle Trainingskollegen von Usain Bolt positiv getestet wurden, nur der schnellste Mann der Welt selbst sauber gewesen sein sollte, war das sehr schwer zu glauben. Eliud Kipchoge, der kenianische Weltrekordhalter im Marathon, hat zwar einen unglaublich eleganten Laufstil und ist zweifelsohne ein Jahrhunderttalent. Aber dass er seine Marathons alle wie ein Uhrwerk abspult, eine Durchschnittszeit von 2:04 Stunden aufweist, ist eine übermenschliche Leistung. Die vielen zuletzt unter afrikanischen Läufern aufgetretenen Positivtests lassen leider auch dort ein System des Betruges vermuten.

Ob in China Kontrolleure unabhängig die staatlich geförderten Athleten testen dürfen, darf zumindest stark bezweifelt werden. Und dass in Russland Staat und Kontrolleure Hand in Hand gearbeitet haben, um zu betrügen, ist längst verbrieft. Wenn ich dann sehe, wie lasch der deutsche IOC-Präsident Thomas Bach dieses russische Betrugssystem sanktioniert hat, wundere ich mich auch nicht mehr, wie stumpf das Schwert der Antidopingkämpfer ist. Ich bin nicht blauäugig und weiß natürlich, dass es geschäftliche Zwänge gibt, denen sich Funktionäre manchmal beugen müssen.

Dennoch sage ich: Gegen Konkurrenz aus Ländern anzutreten, von denen man weiß, dass sie den Kampf gegen Doping nicht konsequent bestreiten, erzeugt bei sauberen Athleten ein Gefühl der Hoffnungslosigkeit. Ich bin 2013 beim 10.000-Meter-Europacup mal gegen den Spanier Sergio Sánchez gelaufen, der zuvor schon wegen Dopings gesperrt war und einen Monat später erneut mit EPO erwischt wurde. Da fühlt man sich schon verarscht, selbst wenn ich damals nur 17. geworden bin. Wie muss es Athleten gehen, die von Dopern um Medaillen betrogen werden? Wir werden im Stich gelassen von denen, die uns schützen sollten. Meist decken die Medien die großen Dopingfälle auf und zwingen die Verbände zum Handeln.

Ich befürchte, der Kampf gegen den Betrug ist nicht zu gewinnen, weil es eben immer Menschen geben wird, die für Geld (und ein bisschen Ruhm) alles riskieren, sogar ihr Leben. Zwei radikale Lösungswege, die immer wieder diskutiert werden, kommen für mich nicht infrage. Zum einen kann man den Profisport nicht einfach einstellen und zum Amateurwesen zurückkehren, dazu ist das System Leistungssport längst zu weit entwickelt, es hängen zu viele Geschäftszweige daran.

Zum anderen wäre eine Freigabe von Dopingmitteln für mich eine Kapitulation vor den Betrügern. Was wäre das für ein fatales Zeichen? Wo bliebe die Vorbildfunktion des Sports, vor allem für Kinder? Wie sollte man denen erklären, dass sie zu Spritze und Tabletten greifen müssen, um etwas zu erreichen? Das kann und darf nicht der Sinn von Sport sein. Ganz abgesehen von den fatalen Auswirkungen von Dopingmitteln auf die Gesundheit.

Wie kann man als sauberer Athlet also überhaupt noch seinem Sport nachgehen? Wenn man in manchen Disziplinen weiß, dass es keine Chance auf eine Medaille geben kann, weil man nicht mitmacht beim Dopen? Entweder es macht dich fertig, dann musst du aufhören. Oder du definierst dich darüber, was du selbst maximal zu leisten imstande bist. Letzteres ist meine Währung.

Und schließlich ist es doch sehr schade, dass jede große Leistung heute erst einmal kritisch beäugt und angezweifelt wird. Auch wenn wir wissen, dass es nicht nur einzelne schwarze Schafe sind, die betrügen, sind Pauschalisierungen ebenso wenig angebracht. Doping macht aus einem Ackergaul kein Rennpferd, aber es kann den Unterschied zwischen einem sehr guten und einem Topathleten machen. Ich bin überzeugt, dass es weiterhin eine große Mehrheit von Sportlern gibt, die ohne Betrug zum Erfolg kommen wollen.

KILOMETER 30

SUCHTGEFAHREN

Ich habe eine Affinität zur Sucht. Das ist, wenn man ihn so direkt liest, ein krasser Satz. Aber das Extreme zu suchen, im Training und vor allem im Wettkampf, und aus einem starken Gefühl des Schmerzes und der Qual ein noch extremeres Gefühl der Glückseligkeit zu ziehen, macht etwas mit einem Menschen. Deshalb muss ich auf die Frage, ob beispielsweise Laufen süchtig machen kann, ehrlicherweise mit Ja antworten. Sein Leben am Limit zu leben, ist ein extremer Reiz, eine explosive Mischung, die bewirkt, dass man sie immer und immer wieder erleben möchte. Letztlich ist das nichts anderes als Suchtverhalten.

Für mich ist es alltäglich geworden, die Belastung kontinuierlich zu steigern, den Körper also über immer neue Limits zu pushen, um noch ein bisschen schneller laufen zu können. 2015, als ich in Berlin meinen ersten Marathon gefinisht habe, konnte ich am eigenen Leib spüren, was ein solches Erlebnis an Hormonen freisetzt. Es ist unbeschreiblich, welche emotionalen Distanzen zwischen dem Meter vor der Ziellinie und dem Meter danach liegen! Die körperlichen wie auch die seelischen Schmerzen, die nach 42,195 Kilometern auf dir lasten wie eine Bleiweste auf einem Apnoetaucher, sind wie weggeblasen, sobald du diese ominöse Linie überquerst. Wie eine Welle rauschen die Glückshormone durch deinen Körper; es gibt nichts, was dich in diesem Moment belastet, es ist ein einziger Rausch.

An gewissen Verhaltensmustern kann ich ablesen, dass ein Hang zum Extremen bei mir allgemein vorhanden ist. Nicht, dass ich den Kick in anderen Extremsportarten suche. Marathon-Laufen auf Topniveau ist zumindest für mich der extremste Sport überhaupt. Tatsächlich stelle ich mir aber so manches Mal die Frage, was mir eigentlich den Kick geben wird, wenn das Laufen irgendwann nicht mehr dazu taugt. Die Geschichten von Sportlern, die nach ihrem Karriereende in ein tiefes Loch gefallen sind, könnten viele Bücher füllen. Es ist schon nachvollziehbar, wenn das passiert. Es gibt Menschen, die darunter leiden, plötzlich nicht mehr im Rampenlicht zu stehen. Da bin ich eher nicht gefährdet, schließlich ist das Rampenlicht, in dem ich stehe, verglichen mit Stars in Fußball, Formel 1 oder Tennis meist nicht heller als eine alte Glühbirne. Aber was wird für mich irgendwann diesen Rausch ersetzen, den ich spüre, wenn ich nach einem quälend harten Wettkampf in der angepeilten Bestzeit ins Ziel renne? Reicht es dem Körper irgendwann, reduziert sich die Suche nach Höhen und Tiefen von selbst?

Ich weiß es nicht, und eine Strategie, mit der ich mich auf diese Situation vorbereiten könnte, habe ich noch nicht gefunden. Das Thema wird in den allermeisten Sportverbänden ziemlich stiefmütterlich behandelt. Dabei neigen sicher gerade Leistungssportler dazu, sich Extremen zuzuwenden, in manchen Fällen wird der Kick dann über Drogen gesucht.

Was im Leistungssport völlig fehlt, ist ein ganzheitliches Konzept, das alle Phasen von der Nachwuchsförderung über die aktive Karriere bis zum Übergang in ein „ziviles" Leben einschließt. Es wäre ein sehr wichtiger Schritt, Athleten diesen Übergang zu erleichtern, Unterstützung anzubieten von Sportpsychologen und Laufbahnberatern, die es an den Olympiastützpunkten überall gibt. Es braucht ja nicht nur einen beruflichen Ersatz für den Sport, sondern auch eine mentale Vorbereitung darauf, dass plötzlich eine Lücke klafft, wo sonst der Erfolg für Glücksgefühle gesorgt hat.

In den meisten Sportverbänden ist der Athlet selbst dann schon nur noch eine Nummer, wenn er verletzt ist und gerade seine Leistung nicht bringen kann. Insofern ist das Interesse daran, wie Athleten im Leben nach dem Sport klarkommen, naturgemäß noch geringer. Sie sind für die Verbände nicht mehr interessant, weil sie schlichtweg keine Medaillen mehr gewinnen werden. Dabei wird – völlig zu Recht natürlich – propagiert, dass Sportler nach dem Karriereende nicht sofort auf null schalten, sondern sorgfältig abtrainieren müssen, um den Körper umzustellen. Aber auch die

Psyche muss man abtrainieren und von den extremen Reizen des Leistungssports herunterregeln, um stabil zu bleiben.

Es gibt eine weitere, sehr greifbare Suchtgefahr im Leistungssport. Das ist der Missbrauch von Schmerz- und Schlafmitteln. Mit beidem habe ich Erfahrungen.

Schlafmittel sind insbesondere eine Gefahr für Athleten, die für ihre Wettkämpfe regelmäßig durch die Welt reisen müssen. Wenn du Australier bist, hast du grundsätzlich das Problem, weite Flugreisen durch verschiedene Zeitzonen absolvieren zu müssen, wenn du international antreten willst. Auch Tennisspieler, Beachvolleyballer, Golfer oder sogar Teamsportarten, die in einer Weltliga organisiert sind, kennen diese Probleme.

Schlafmittel werden meist eingesetzt, um den Jetlag zu bekämpfen. Sie werden auch vor Wettkämpfen eingenommen, wenn Sportler wegen großer Aufregung schwer oder gar nicht in den Schlaf finden – und da beginnt es, kritisch zu werden. Schlafmittel bergen die Gefahr, schnell abhängig zu machen, vor allem psychisch. Und weil Schlaf grundsätzlich für die Regeneration des Körpers unabdingbar ist, sind viele Athleten bereit, mit Mitteln nachzuhelfen. Die Dunkelziffer in dem Bereich soll extrem hoch sein; offen gesprochen wird darüber selten.

Ich selbst habe zweimal ein Schlafmittel eingesetzt, das uns vom DLV sogar empfohlen worden war. Ich erinnere mich nicht mehr an den Namen des Präparates, glaube aber, dass es ein pflanzliches Mittel war, das wir nehmen sollten, um auf Langstreckenflügen zu schlafen und so den Jetlag zu mindern. Ich habe es 2016 auf dem Weg zu den Olympischen Spielen in Rio de Janeiro und ein halbes Jahr später auf der Reise ins Trainingslager nach Südafrika eingenommen. Die Wirkung tendierte bei mir gen null, entsprechend habe ich es nicht weiter verwendet.

Deutlich mehr Erfahrung habe ich mit Schmerzmitteln. In meiner Anfangszeit in Regensburg hatte ich diese vielen Probleme mit Verletzungen. Für mich war es deshalb einige Jahre fast normal, regelmäßig Ibuprofen oder Diclofenac – besser bekannt als Voltaren – einzunehmen, um die Belastungen des Trainings schmerzfrei zu überstehen. Gerade bei meinen Knieproblemen im Sommer 2010 wirkten diese Mittel nur noch bedingt, sodass ich mir von meinem Arzt auch zweimal ein Schmerzmittel spritzen ließ.

Wenn ich mich in anderen Sportarten umhöre, lag ich damit eher noch am unteren Ende der Missbrauchsskala. Handballer berichten davon, dass manche von ihnen Voltaren wie Bonbons futtern. In Schweden gab es vor einigen Jahren eine hervorragende und gleichzeitig schockierende Doku mit dem Titel „The Price of Gold", in der Leichtathleten über ihren Schmerzmittelmissbrauch sprachen. Das Thema ist alles andere als harmlos. Die Bereitschaft, sich sogar starke Substanzen spritzen zu lassen, um den Schmerz auszuschalten, ist unter Sportlern erschreckend weit verbreitet.

Und ja, ich kann das auf der einen Seite sogar verstehen. Wer mal erlebt hat, wie befreiend es ist, durch einen kleinen Pikser schmerzfrei zu sein und seine Leistung abrufen zu können, greift gern wieder danach. Entscheidend ist dann ein medizinisches Umfeld, das nicht nur auf die Gefahren hinweist, sondern ihnen auch aktiv entgegenwirkt. Je jünger ein Sportler ist, desto anfälliger ist er für den Rat der Ärzte, weil er sich erstens selbst zu wenig mit der Thematik auskennt und zweitens auch eher bereit ist, dem Erfolg sogar die eigene körperliche Unversehrtheit unterzuordnen.

Im Lauf der Jahre haben sich für mich die Maßstäbe in mehrerlei Hinsicht verschoben. Ich habe heute ein medizinisches Team um mich herum, das dem Einsatz von Schmerzmitteln sehr kritisch gegenübersteht. Aber auch ich selbst habe begriffen, dass man mit Schmerzmitteln nur die Symptome bekämpft, nicht die Wurzel des Übels. Der Preis, den ich Anfang 20 dafür gezahlt habe, Schmerzen mit Schmerzmitteln zu betäuben, anstatt dem Körper die nötige Ruhe zu geben, war eine wohl vermeidbare Knieoperation.

Heute weiß ich, dass Schmerz nichts Schlechtes ist, sondern ein Warnsignal des Körpers. Wer in einer Entzündungsphase den Schmerz mit Entzündungshemmern bekämpft, hat zwar keine Schmerzen mehr, hilft seinem Körper aber auch nicht bei der Heilung. Das Problem bleibt also bestehen und verschlimmert sich eher noch. Deshalb nehme ich Schmerzmittel nur noch im

Ausnahmefall und trainiere nur so intensiv, dass ich die daraus entstehenden Schmerzen aushalten kann. Muskelkater nach intensiven Trainingseinheiten ist normal. Eine Sehnenreizung dagegen braucht Schonung. Es geht darum, ein Körpergefühl zu entwickeln und dem behandelnden Physio oder Arzt die richtigen Beobachtungen schildern zu können.

Letztlich geht es um eine einzige Frage: Wie weit gehe ich für sportlichen Erfolg?

#VERPFLEGUNG 6

STRETCHINGTIPPS

Wer seine Muskeln liebt, dehnt sie. Das ist zwar keine neue Erkenntnis, allerdings hat sich über die Jahre auf diesem Feld einiges entwickelt. Zu meiner Anfangszeit habe ich mich vor intensiven Belastungen noch statisch gedehnt. Das ist heute nicht mehr „state of the art", da es keinen Sinn ergibt, vor der Belastung zu viel Spannung aus den Muskeln zu nehmen. Also folgt heute auf das Einlaufen ein 15- bis 20-minütiges dynamisches Stretching.

Eingeleitet wird das von Schwunggymnastik, bei der jedes Bein hin- und hergeschwungen wird, um alle fürs Laufen nötigen Muskelgruppen in den Beinen anzuregen. Anschließend folgen zum Beispiel Ausfallschritte nach vorn, nach hinten und zur Seite, um Leisten, Adduktoren und die Gesäßmuskulatur zu aktivieren. Danach folgen noch für zehn Minuten klassische Übungen aus dem Lauf-ABC und zwei bis drei Steigerungsläufe, bevor ich mit meinem Tempoprogramm beginne.

Erst nach dem Lauf geht es dann darum, die Muskelgruppen auszudehnen. Dabei stehen die Beine im Vordergrund. Waden, Gesäß, Oberschenkelvorder- und -rückseite, aber auch die Innenseiten sind aufgrund ihrer Stützfunktion wichtig. Das fortgeschrittene Level bezieht auch den Oberkörper mit ein. Die Rippenmuskulatur und das Zwerchfell etwa leisten eine wichtige atemunterstützende Funktion. Der untere Rücken kann mit durchgestreckten Beinen entlastet werden. Ein solches Programm dauert zehn bis 15 Minuten. 30 bis 60 Sekunden Halten der einzelnen Muskelgruppen ist Standard.

Eine heute nicht mehr wegzudenkende Ergänzung zur Regeneration sind die Faszienrollen, mit denen verklebte Muskelfasern und Triggerpunkte gelöst werden und die Muskulatur in sich gelockert wird. Damit lassen sich Muskelblessuren optimal vorbeugen. Das Faszienrollen kann entweder in die Erwärmung mit eingebaut oder aber nach dem Training zum Ausrollen genutzt werden.

Im Sommer absolviere ich mein Stretchingprogramm direkt nach dem Lauf, im Winter gehe ich meist erst duschen, bevor ich mich stretche, um dem Auskühlen vorzubeugen. Aber da muss jeder den Modus finden, der ihm am meisten behagt.

TEIL 7

MANN MIT DEM HAMMER

KILOMETER 31

HÄRTESTE NIEDERLAGE

Die Tränen kamen mir schon, als mich mein Wettkampfmanager Christoph Kopp zum Auto führte. Und als ich in meinen nassen Laufklamotten auf den Rücksitz kletterte und die Tür hinter mir zuschlug, heulte ich hemmungslos. Meine persönliche Bestzeit von 2:12:50 Stunden hatte ich knacken, eine 2:11 hatte ich laufen wollen. Stattdessen konnten mir Millionen Menschen live in der ARD dabei zuschauen, wie ich kläglich scheiterte; wie ich zusammenklappte bei Kilometer 39,5 auf der Leipziger Straße in Berlin und nur noch ein Häufchen Elend war. Geschlagen letztlich vom eigenen Körper und, ja, auch der eigenen Überheblichkeit.

Auf die härteste Niederlage meiner Karriere, die ich am 24. September 2017 einstecken musste, hatte nichts hingedeutet. Nach den Olympischen Spielen 2016 in Rio hatte ich einen entspannten Herbst gehabt, 2017 wollte ich erstmals zwei Marathons innerhalb einer Saison laufen. Im April musste ich dann meinen Start in Hamburg kurzfristig wegen Nervenproblemen im Oberschenkel absagen. Nach vier Wochen war das ausgestanden, sodass ich von Juni an in die Vorbereitung auf Berlin startete.

Es war eine reibungslose Vorbereitung. Wir hatten die Aufbaurennen genauso geplant wie zwei Jahre zuvor, als ich in Berlin die Norm für Rio laufen wollte. Ich war drei Wochen im Höhentrainingslager in St. Moritz, das extrem gut lief. Am 20. August legte ich beim Wörthersee-Halbmarathon in Österreich eine 63er-Zeit hin. Nur sechs Tage später war ich in der Lage, einen 35-km-Lauf so problemlos und schnell abzuspulen, dass es fast schon unheimlich war. Ich hatte das Gefühl, auf einem neuen Level unterwegs zu sein, ich erholte mich schnell, hatte immer frische Beine und war überzeugt, in Berlin eine 2:11 hinzulegen. Als Halbmarathon-Durchgangszeit peilten wir 1:05:30 an.

Am Tag vor dem Rennen zeichnete sich allerdings ab, dass das Wetter in Berlin nicht mein Freund werden würde. Regen und recht heftiger Wind waren angesagt, und nach dem „Technical Meeting" am Vorabend des Rennens riet mir mein Trainer Kurt deshalb davon ab, weiterhin das Projekt Bestzeit durchzuziehen. Er war sehr skeptisch, dass das prognostizierte Wetter eine Zeit in der von mir erhofften Dimension ermöglichen würde, und schlug vor, mich stattdessen nur auf das Abhaken der Norm für die Heim-EM 2018 in Berlin, die auf 2:14 Stunden festgelegt war, zu konzentrieren.

Das Problem an der ganzen Sache war, dass ich ein sehr zielorientierter Mensch bin. Für eine Marathon-Vorbereitung setze ich mir ein Ziel, für das ich mich dann über die langen zwölf Wochen quäle. Ich brauche dieses Gefühl, auf etwas Besonderes hinzuarbeiten, um die nötige Motivation aufzubringen. Diese Zielsetzung war für Berlin eine persönliche Bestzeit, und ich war nicht davon abzubringen. Eine Minute schneller zu laufen, als es mir bis dato gelungen war, hätte mir die Welt bedeutet. Auf diese Chance zu verzichten, nur weil das Wetter nicht so gut war, hätte mich maximal frustriert.

Ich würde trotz heute besseren Wissens wahrscheinlich wieder so entscheiden. Kurt war darüber natürlich nicht glücklich, er war besorgt. Aber da er mich und meinen Hang zum Risiko kennt, trug er die Entscheidung mit.

Das Setup vor dem Start war fast identisch mit dem von 2015. Jonas Fischer war als mein persönlicher Verpflegungshelfer dabei, meine Eltern und mein Bruder waren an der Strecke. Der einzige Unterschied – neben dem Wetter – war, dass auch Barbara mitlaufen würde. Sie hatte im Herbst 2016 ihren ersten Marathon in Frankfurt in 3:03 Stunden absolviert und wollte nun in Berlin die magische Drei-Stunden-Grenze unterschreiten.

Als Jonas und ich morgens um fünf Uhr zur obligatorischen Erwärmungsrunde durch den Tiergarten aufbrachen, war es kalt und regnete stark. Aber als wir um 9.30 Uhr am Start standen, hatte sich zumindest der Regen gelegt. Auf den Straßen standen aber Pfützen, vom Spritzwasser wurden die Beine nass und die Muskeln kalt, und der Wind tat sein Übriges, das Ganze zu einer sehr ungemütlichen

Veranstaltung werden zu lassen. Ich fühlte mich trotzdem super. Der Kopf ist stärker als der Körper, nicht wahr?

Wahrscheinlich hätte ich ahnen können, dass dieses Rennen kein normales werden würde, als schon bei Kilometer acht der erste der drei kenianischen Tempomacher, die eine Gruppe von fünf Athleten mitziehen sollten, wegen Fußproblemen ausstieg. So früh einen Hasen zu verlieren, ist weder gewöhnlich noch leistungsfördernd. Dennoch gingen wir in guten 1:05:45 durch die Halbmarathon-Distanz. Nach 25 Kilometern verabschiedete sich der zweite Kenianer, so dass ich mich zwischen 25 und 30 in der Gruppe etwas zurückfallen ließ, um etwas mehr Windschatten zu suchen. Kurz vor Kilometer 30 war dann auch für den letzten Tempomacher Schluss.

Das Trinken an der 30-Kilometer-Verpflegungsstation fiel mir vergleichsweise schwer. Ich merkte, dass von der Energie nichts ankam, und spürte erstmals, dass ich für die bislang absolvierte Distanz deutlich zu erschöpft war. Ich war nicht mehr Herr der Lage, dieses Gefühl machte sich in mir breit. Also ließ ich die Gruppe ziehen, denn wer schon ab Kilometer 30 mit der Brechstange arbeiten muss, wird eher früher als später ein Problem bekommen. Die Gruppe blieb allerdings in Sichtweite, und als ich bei Kilometer 35 zur nächsten Verpflegung kam, nahm ich meinen restlichen Kampfgeist zusammen und wollte noch einmal attackieren.

Im Nachhinein habe ich mich oft gefragt, ob das schon der Punkt war, an dem mir das Rennen entglitt. Ob es eine bewusst getroffene oder unterbewusst tolerierte Entscheidung war. In jedem Fall spürte ich schon kurz nach Kilometer 35, dass nichts mehr war, wie es sein sollte. Die Hände waren taub, mir war unglaublich kalt, die Beine wurden schwer, und ich hatte keinen Spielraum mehr für rationale Entscheidungen. Ich konnte meine Schrittfrequenz nicht mehr wirklich steuern. Alles fühlte sich ähnlich an wie 2014 in Frankfurt bei meinem ersten Marathon. Aber diesmal war ich doch viel besser vorbereitet!

Ich sah das Führungsfahrzeug vor mir, in dem mein Manager Christoph Kopp und mein Trainer Kurt Ring saßen, und dachte nur: „Einfach drauf bleiben." Zwischen Kilometer 36,5 und 37,5 setzte erstmals die Erinnerung aus. Ich fand mich plötzlich auf der rechten Straßenseite wieder, obwohl die Ideallinie links war, und konnte mir überhaupt nicht erklären, wie ich auf die falsche Seite geraten war. Es war, als wenn man in einer fremden Umgebung aus dem Schlaf hochschreckt und einige Sekunden braucht, um zu realisieren, wo man überhaupt ist. Das war der Anfang vom Ende. Der Körper fing an, seine Funktionen auf das Nötigste zu reduzieren. Ich lief nicht mehr, ich taumelte und torkelte nur noch. Bei Kilometer 37,5 stolperte ich erstmals in ein Absperrgitter. Diese Szene war live im Fernsehen zu sehen, man kann sie auf YouTube im Internet finden. Meine Beine knickten ein, ich hielt mich mit einem Arm am Gitter fest, kniete auf dem nassen Asphalt und begann zu realisieren, dass das Rennen für mich wohl beendet war.

Die letzte Szene, an die ich mich bewusst erinnere, ist das Führungsfahrzeug mit der Zeitmessung auf dem Dach vor mir. Die für mich prognostizierte Endzeit lag in jenem Moment noch immer im Bereich meiner Bestzeit. Natürlich wäre sie nur erreichbar gewesen mit dem Kilometerschnitt, den ich über die ersten 30 Kilometer erbracht hatte. Aber so weit zu denken wäre in diesem Moment deutlich zu viel verlangt gewesen. Stattdessen spürte ich diesen Impuls: Du kannst es immer noch schaffen, es ist immer noch möglich! Also rappelte ich mich wieder auf, zog mich am Gitter hoch und taumelte weiter. Nicht aufgeben. Das war das Letzte, woran sich mein Geist klammerte.

Einen endlos erscheinenden Kilometer später sprangen – für mich wie aus dem Nichts – zwei Sanitäter ins Bild und stützten mich. Ich war gestolpert, wieder in die Knie gegangen, aber ich machte mich von den beiden los und lief weiter. Wie? Ich weiß es nicht. Ich weiß auch nicht, was dann geschah, sondern kann nur das wiedergeben, was ich auf den TV-Bildern anschließend gesehen habe. Wie ich bei Kilometer 39,5 zur Seite driftete in der Hoffnung, mich wieder an einem Gitter festhalten zu können. Aber da waren nur Pylonen, die keinen Halt geben konnten. Und dann war da plötzlich Clemens, der Mann, der mich auffing, als nichts mehr ging. Der zufällig auf dem Weg zum Sporttraining mal gucken wollte, was da so läuft beim Marathon, und zur richtigen Zeit am richtigen Ort stand.

Keine Verletzung hätte mir körperlich solche Schmerzen zufügen können, wie es diese Niederlage seelisch tat. Dieser krasse Schmerz in dem Moment, als die Autotür zuschlug, hat sich eingebrannt. Für mich brach eine Welt zusammen. Gefühlt die ganze Welt hatte zugeschaut, wie ich zu Boden ging. Es tat vor allem deshalb so weh, weil es sich für mich überhaupt nicht abgezeichnet hatte. So ein Szenario hatte ich nicht im Hinterkopf gehabt. Ich hatte ein solches Gefühl der Verzweiflung vorher nie erlebt und möchte es auch nicht wieder erleben.

Was mir bis heute besonders leidtut, ist der Fakt, dass Barbaras Hammer-Leistung, sich nochmal um neun Minuten zu verbessern und den Marathon in 2:54 Stunden zu schaffen, angesichts meines Zusammenbruches nicht die Aufmerksamkeit bekam, die sie verdient hätte. Als Barbara ins Ziel kam, waren weder ich noch Kurt noch meine Familie im Zielbereich. Von meiner adidas-Teamkollegin Lisa Hahner erfuhr sie, was mit mir passiert war. Und von da an drehte sich wieder alles nur um meine Person. Das empfand ich zusätzlich als bitter!

Nachdem ich im Zielbereich aus dem Auto gestiegen war und mich stabilisiert hatte, ging ich zu meinen Eltern und meinem Bruder. Geredet haben wir kaum. Im Hotel habe ich mich noch auf die Pressekonferenz geschleppt, und obwohl ich keinerlei Erklärung für meinen Einbruch liefern konnte, hat man mir hoch angerechnet, mich gestellt zu haben. Es gibt zweifellos schönere Momente, als auf einer großen Bühne vor einer Menge Leute über sein Scheitern zu sprechen.

Am nächsten Tag fühlten sich meine Beine erstaunlich gut an. Mein Trainingszustand war also gut, eine Bestzeit wahrscheinlich möglich gewesen. Natürlich war dieser verregnete Septembertag in Berlin beileibe nicht der erste Nackenschlag meiner Karriere. Aber er fühlte sich brutaler an als alle Schläge vorher. Ich musste herausfinden, warum das so war.

KILOMETER 32

PHYSISCHER UMGANG MIT RÜCKSCHLÄGEN

Manchmal hilft es, dem Grauen ein Gesicht zu geben. Trotzdem ist der Mann mit dem Hammer für mich noch nie eine reale Person gewesen, sondern nur das in der Marathon-Szene gleichfalls bekannte wie gefürchtete Synonym dafür, dass der körpereigene Tank leer ist und der Athlet auf Reserve läuft. Ein Phänomen, das jeder Marathon-Läufer kennt – und auf das er sich trotzdem nicht einstellen kann.

Der gängigen Lehrmeinung nach kommt der Mann mit dem Hammer zwischen Kilometer 30 und 35, je nach individueller körperlicher Verfassung. Das allerdings trifft nur bei Profisportlern den Kern der Wahrheit. Vielmehr muss man den Moment, in dem der Körper die Kohlenhydratspeicher leergesaugt hat, eher an der absolvierten Laufzeit und nicht an der zurückgelegten Strecke festmachen. Eineinhalb bis zwei Stunden intensives Laufen an der Belastungsgrenze sorgen dafür, dass die Reserven verbraucht sind. Das bedeutet, dass bei Hobbyläufern die kritische Phase bereits zwischen Kilometer 20 und 25 beginnen kann. Umso höher ist mein Respekt vor den Athleten, die doppelt so lang für einen Marathon brauchen wie ich, denn die quälen sich entsprechend auch doppelt so lang. Und nur, wer den Hammerschlag schon einmal gespürt hat, kann ermessen, was diese Qualen bedeuten.

Es ist ja nicht so, dass er überraschend käme. Ich spüre den Schlag meist langsam heranrücken, die Beine fühlen sich an, als würden sie nach und nach mit Blei ausgegossen. Man darf dieses Gefühl nicht mit Muskelschmerzen gleichsetzen, die bei langen Läufen auf Asphalt vollkommen normal sind. Nein, der Moment, in dem das Gas ganz ausgeht, ist so heftig, dass man das Gefühl hat, gegen eine Mauer zu laufen. Nicht umsonst wird das

Hammermann-Phänomen im englischsprachigen Raum auch als „hitting the wall“ bezeichnet.

Damit der Hammer fällt, müssen mehrere Faktoren zusammenkommen. Zum Ersten die stetig zunehmenden Muskelschmerzen, die sich irgendwann in einen Zustand steigern, bei dem jeder Schritt peinigt und man Probleme hat, die einzelnen Muskelgruppen gezielt anzusteuern. Zum Zweiten ein radikaler Energieabfall, der auch nicht mehr mit der Zufuhr von Nährstoffen einzudämmen ist. Und zum Dritten eine beklemmende Atemnot; das Gefühl, die brennende Lunge nicht mit ausreichend Sauerstoff versorgen zu können, um den Kreislauf aufrechtzuerhalten. Die Kombination aus diesen drei Faktoren ergibt eine fatale Mischung, aus der herauszukommen praktisch unmöglich ist.

Wie aber lässt sich ein Marathon überstehen? Zunächst einmal schlägt der Mann mit dem Hammer ja nicht in jedem langen Lauf zu. 2018 beim Marathon in Hamburg zum Beispiel, da war das Wetter optimal, ich war in starker Form und hatte zusätzlich nicht geplant, an meine äußerste Belastungsgrenze zu gehen. Und so erreichte ich einen Zustand, wie ihn sich Läufer wünschen: Ich schwebte quasi über die Strecke, fühlte mich in keiner Phase grenzwertig erschöpft und konnte den Lauf einfach nur genießen. Ich war im Fluss; eine spezielle Konstellation, die es in der Form nicht häufig gibt und die ich deshalb auch als ein ganz besonderes Erlebnis abgespeichert habe.

In den meisten Fällen jedoch gibt es ab Kilometer 35 ein Leistungsloch, das zu überstehen ist. Das gilt im Übrigen auch für die Long Runs im Training, was letztlich aber hilfreich ist, weil man in diesen Momenten verschiedene Strategien üben kann, um im Wettkampf besser damit umgehen zu können. In erster Linie gilt es deshalb auch an dieser Stelle noch einmal zu betonen, dass Laufen ein Fleißsport ist. Das bedeutet: Je mehr man trainiert, die Belastungen eines Marathons auszuhalten, desto mehr wird man davon in einem Wettkampf profitieren. Es ist die absolute Ausnahme, wenn jemand einen Marathon ohne Training übersteht. Und wer sich ein Zeitziel setzt, muss entsprechend hart dafür arbeiten.

Ich gebe euch ein Beispiel. Meine Freundin Barbara hatte schon immer Spaß am Laufen und sich irgendwann zum Ziel gesetzt, einen Marathon zu schaffen – was ihr 2016 in Frankfurt dann auch gelang, und zwar in einer höchst respektablen Zeit von 3:03 Stunden. Wer so knapp an der Drei-Stunden-Schallmauer kratzt, will diese natürlich durchbrechen. Also bat Barbara Kurt um einen neuen Trainingsplan.

Als Kurt ihr diesen schickte, war sie perplex. Zwei 40-Kilometer-Läufe und drei weitere 35er waren dort vorgesehen. „Er muss mir deinen Plan geschickt haben", mutmaßte Barbara und sprach Kurt beim nächsten Training darauf an. Seine Antwort erklärt alles. „Gegenfrage", sagte er, „ist der Marathon für dich kürzer als für Philipp?" Ich finde, das trifft es perfekt. Jeder, der einen Marathon laufen will, muss der Strecke im Training gerecht werden, ganz egal, welchen Zeitanspruch er hat. Das heißt: Man muss sich der Distanz annähern und entsprechend mehr Zeit für das Training einplanen.

Das ist für Hobbyläufer oftmals sehr hart, aber letztlich alternativlos, wenn man nicht vom Mann mit dem Hammer im übertragenen Sinn erschlagen werden will. Viel hilft tatsächlich viel. Jeder Kilometer im Training wird dazu beitragen, im Wettkampf über die Distanz zu kommen. Für Barbara war dieses Trainingspensum ein Erweckungserlebnis, denn wie ihr bereits wisst, ist sie in Berlin 2017 eine grandiose Zeit von 2:54 Stunden gelaufen!

Was man tun kann, um dem gefürchteten Phänomen zu entgehen, werde ich oft gefragt. Außer einer ordentlichen, angemessenen Vorbereitung und einer sinnvollen Ernährung vor dem Rennen kann man nichts tun. Die Frage ist also nicht, wie man den Mann mit dem Hammer vermeiden, sondern wie man mit ihm umgehen kann. Laufen ist nicht wie Radsport, wo es mit dem „Hungerast" ein ähnliches Phänomen gibt, das aber wieder abklingt, wenn Nährstoffe zugeführt werden. Der Mann mit dem Hammer verschwindet nicht wieder, er schlägt weiter auf sein Opfer ein. Und dann kommt es darauf an, diese Schläge entweder abzublocken oder auszuhalten.

Im Idealfall gelingt es, das Tempo und damit den eigenen Rhythmus aufrechtzuerhalten und sich durch die Schmerzen, die Atemnot und den Energieverlust durchzubeißen. Das wird allerdings immer schwieriger, je mehr Reserven der Körper angreifen muss. Viele denken: Ich tanke bei der nächsten Verpflegungsstation ordentlich nach, um dem Nährstoffmangel beizukommen. Trugschluss!

Immer wieder steigen zum Ende eines Marathons sogar Topathleten aus, weil der Magen rebelliert. Das liegt daran, dass das Blut von Kilometer zu Kilometer weiter in die Beine sackt und für den Verdauungstrakt immer weniger zur Verfügung steht. Wer dann größere Mengen Flüssigkeit (250 Milliliter aufwärts) oder sogar Energieriegel oder Banane in sich hineinstopft, wird mit großer Wahrscheinlichkeit schon kurz darauf rückwärts essen. Zum Glück habe ich es noch nicht selbst erlebt, dass ich mich bei einem Marathon übergeben musste. Aber wem das passiert, der kann im besten Fall noch irgendwie finishen, eine gute Zeit ist abzuhaken.

Was also besser hilft, ist, das Tempo zu reduzieren und dadurch die Belastung ein wenig herunterzuregeln. Bei der Verpflegungsstation ist Disziplin gefragt, also nur in kleinen Schlucken trinken und lieber ein Energie-Gel als einen Riegel zu sich nehmen. Keinesfalls sollte man den Fehler machen, sich einer schnelleren Gruppe anzuschließen, um sich mitziehen zu lassen oder im Windschatten laufen zu können. Wobei diese Strategie für mich im Berlin-Marathon 2015, als ich bei Kilometer 32 mit den zwei Belgiern mithalten wollte, funktioniert hat. Aber die Option „Mit dem Kopf durch die Wand“ sollte man wirklich nur wählen, wenn man körperlich auf einem Niveau ist, das solche Ausbrüche erlaubt. Symptome wie Schmerzen oder das Gefühl von Atemnot lassen sich bis zu einem gewissen Grad verdrängen. Wer im Erschöpfungszustand versucht, durch noch mehr Leistung gegenzusteuern, wird schnell zum Ertrinkenden, der nicht ausreichend Luft bekommt, um zu überleben.

Außerdem setzen alle diese Maßnahmen voraus, dass der Athlet noch in der Lage ist, bewusste Entscheidungen zu treffen. In dem Moment, wo der Mann mit dem Hammer zuschlägt, ist allerdings auch das Gehirn auf Notstromversorgung umgestellt. Es ist wirklich erstaunlich, was in diesen Momenten im Kopf vor sich geht. Im Training bereiten wir uns darauf vor. Als Profi lernt man, rote Linien zu überschreiten, um die Schmerztoleranz zu verschieben, auch wenn das gegen jede Vernunft ist. Wir werden darauf konditioniert, dass Schmerz am Ende zu Erfolg führt. Natürlich ist diese Schmerztoleranz nicht endlos steigerungsfähig, und der Körper funktioniert eben auch nicht auf Knopfdruck.

Ich versuche, alle Beschwerden so lange wie möglich zu unterdrücken, rede mir ein, wie gut ich trainiert habe. Ich rechne mir die Distanzen vor, die ich im Training durchgezogen habe, und erinnere mich auch an die schlechten Einheiten, die ich trotzdem überstanden habe. Eins ist ganz klar: Man muss leiden wollen. Das Gehirn schreit, wenn der Hammermann zuschlägt, unaufhörlich: „Hör auf, hör endlich auf!" In dem Moment, in dem die negativen Gedanken die Überhand gewinnen, ist es vorbei. Deshalb ist der beste Geisteszustand der, in dem man nicht mehr denkt, sondern den Körper einfach machen lässt, in den Autopilot wechselt. Das ist, was man „Flow" nennt.

2017, als ich in Berlin aufgeben musste, war es nicht mein Geist, der mich im Stich ließ. Egal, was mein Körper auch forderte, mein Kopf sagte immer noch: „Weiterlaufen, einfach weiterlaufen." Das war kein rationales Handeln mehr. Mir ist bewusst, dass das mit Gesundheitssport nichts mehr zu tun hat. Aber nur in diesem Zustand ist es möglich, Grenzen zu verschieben, selbst wenn man dann kollabiert. Von meinem Kopf bin ich noch nie zur Aufgabe gezwungen worden, was zu einem anderen wichtigen Thema überleitet: dem psychischen Umgang mit Rückschlägen.

KILOMETER 33

PSYCHISCHER UMGANG MIT RÜCKSCHLÄGEN

Jeder, der schon einmal einen Marathon gelaufen ist, kennt die körperlichen Schmerzen am Tag danach. Wenn die Beine so weh tun, dass man sich nicht vorstellen mag, jemals im Leben wieder freiwillig auch nur einen Kilometer zu laufen. Was hat man seinem Körper angetan … Und trotzdem wiegen diese Schmerzen nichts im Vergleich zu der Seelenpein, die eine Niederlage, ein sportlicher Rückschlag verursacht.

Die Enttäuschung bricht sich bei mir meist erst einen oder zwei Tage später Bahn. Mit ihr einher gehen die Selbstzweifel. Am schlimmsten sind diese, wenn ich das Gefühl hatte, in der Vorbereitung alles in meiner Macht Stehende getan zu haben. Dann hinterfrage ich vieles und befürchte fast automatisch, vielleicht nicht mehr mithalten zu können. Besonders heftig war das nach meinem Zusammenbruch beim Berlin-Marathon 2017 der Fall. Ich war überzeugt davon, in optimaler Form an den Start zu gehen, und dann hat es mich vollkommen kalt erwischt.

Allerdings hat mich mein verpatztes Marathon-Debüt 2014 in Frankfurt wahrscheinlich auch hart aus der Bahn geworfen. Damals wusste ich zwar, dass meine Vorbereitung deutlich besser hätte laufen können – nein, sogar müssen. Aber während ich 2017 immerhin sicher sein konnte, dass ich grundsätzlich fähig war, einen Marathon in einer ordentlichen Zeit zu laufen, war mir das drei Jahre zuvor nicht klar. Und so warf mein Scheitern bei der Premiere existenzielle Fragen auf, auf die ich lange Zeit keine Antworten fand.

Nach Berlin 2017 war ich einige Tage wie paralysiert, wusste aber immerhin, dass das erneute Scheitern meine Karriere nicht infrage stellen würde. Insofern waren diese beiden Niederlagen unterschiedlich, in ihrer Auswirkung auf meine seelische Gesundheit dennoch durchaus vergleichbar.

Dank meiner Verletzungshistorie in der Jugend wusste ich, was mir in solchen Phasen am meisten hilft – und was gar nicht. Mir fällt es zum Beispiel wahnsinnig schwer, wenn Menschen versuchen, mich zu trösten. Ich weiß sehr wohl, dass diese Art von Zuspruch nett gemeint ist, trotzdem kann ich damit nur schwer umgehen. Ich versuche zwar, so gut ich kann, meine Übellaunigkeit nicht an meiner Umwelt auszulassen, aber ich weiß, dass ich in solchen Phasen ein echt ungenießbarer Zeitgenosse sein kann. Dafür möchte ich an dieser Stelle einmal bei all jenen um Entschuldigung bitten, die ich in der Vergangenheit vor den Kopf gestoßen habe.

Wenn ich ein Ziel, in dessen Erreichen ich eine Menge Zeit und Arbeit investiert habe, verpasse, ist da eine tiefe innere Leere. Es fühlt sich an, als sei die gesamte Lebensenergie von einem großen Sauger verschluckt worden. Ich bemühe mich, nicht in Selbstmitleid zu zerfließen, und brauche in solchen Phasen Ruhe, um Ursachenforschung zu betreiben.

Was für mich überhaupt nicht funktioniert, ist eine erzwungene Rückkehr in den Trainingsbetrieb. Manche schaffen es, sich sofort wieder in die Arbeit und neue Zielsetzungen zu stürzen. Erst wenn das Feuer wieder brennt und ich aus mir heraus neue Motivation entwickle, kann ich mich wieder dem Sport widmen. Bis dahin durchlebe ich eine Phase der Lethargie, bin gleichsam rastlos und antriebslos. Es ist eine Zeit im Pausenmodus.

Natürlich habe ich schon manches Mal überlegt, einen Mentaltrainer oder Sportpsychologen hinzuzuziehen. Im Grunde stehe ich dieser Möglichkeit sehr positiv gegenüber und halte diesen Bereich – im deutschen Sport – noch immer für deutlich unterschätzt. Trotzdem hilft mir persönlich der sogenannte Arschtritt von außen nicht. Ich bin dafür einfach nicht sonderlich empfänglich. Es braucht nur Zeit, um die Akkus aufzuladen und den Kopf regenerieren zu lassen. Antrieb von dritter Seite stört mich eher in diesem Prozess.

Man mag glauben, es sei mit zunehmender Erfahrung leichter, mit Verletzungen klarzukommen. „Du hast doch schon so viel hinter dir, das schaffst du doch auch noch.“ Ich weiß nur, wie viel Arbeit notwendig und wie schwer es im zunehmenden Alter selbst im gesunden Zustand ist, sein Leistungslevel zu halten, daher ist jede neue Verletzung ein Tiefschlag.

Gut tun mir Gespräche innerhalb einer Gruppe von Gleichgesinnten; wenn ich in meiner Trainingsgruppe zur Routine zurückfinde, sobald ich dazu wieder bereit bin. Eine Art Selbsthilfegruppe um sich zu haben, in der es Menschen gibt, die aus ähnlichen Situationen stärker hervorgegangen sind, halte ich für das beste Mittel, um Rückschläge psychisch zu verkraften. Es wäre vielleicht eine gute Idee, wenn Verbände ein solches Netzwerk anbieten würden, in dem in solchen Fällen betroffene Athleten Rat und Zuspruch finden. Natürlich ist der Optimalfall, dass es einen persönlichen Bezug zueinander gibt, zum Beispiel über eine gemeinsame Vereinszugehörigkeit. Ich erinnere mich, dass es in meiner Jugendzeit vom Verband Bundeskaderlehrgänge gab, bei denen Nachwuchssportler mit etablierten Athleten zusammenkamen, um sich auszutauschen und von diesen zu lernen. Das ist leider vollkommen eingeschlafen, und es wäre toll, wenn das reaktiviert würde.

Wer sich nun fragt, welche Rolle Partnerin, Familie und Freunde in der Verarbeitung von Rückschlägen spielen, dem sei versichert: Ein funktionierendes Umfeld ist beileibe nicht nur im Leistungssport die Grundlage für psychische Gesundheit.

KILOMETER 34

FAMILIE UND FREUNDE

Die schönen Dinge im Leben passieren oft zufällig. Im Frühjahr 2012 war ich zu einer Geburtstagsparty einer Vereinskameradin eingeladen. Ein harter Trainingstag lag hinter mir, und am nächsten Morgen ging es früh ins Trainingslager. Deswegen hatte ich eher so mittelgroße Lust, der Einladung zu folgen. Ein Freund überredete mich, wenigstens für ein, zwei Stunden vorbeizuschauen. Hätte ich das nicht getan, wäre mein Leben mit Sicherheit deutlich anders verlaufen.

Auf der Party lernte ich die Schwester des Geburtstagskindes kennen. Sie lebte nicht in Regensburg, sondern studierte in Nürnberg. Wir redeten nicht viel an dem Abend, aber das, was wir redeten, fand ich so spannend, dass ich schon am nächsten Tag auf der Reise nach Italien Nachrichten mit ihr austauschte. So ging das die gesamten zwei Wochen während des Trainingslagers; als ich zurückkam, trafen wir uns zum Date. Und seitdem sind Barbara und ich zusammen.

Sie ist ein großes Glück für mich, weil sie mir auf vielen Ebenen guttut. Sie ist der Gegenpol zu der sportlichen Kunstwelt, in der ich mich bewege, weil sie dank ihres Vollzeitjobs im Controlling eines Maschinenbauunternehmens einen sehr nüchternen Blick auf meinen Sport werfen kann. Wer ständig nur auf der Hatz nach neuen Bestleistungen im Hamsterrad herumtobt, verliert bisweilen den Sinn für die Realität. Barbara kann mich immer wieder daran erinnern, dass eine Niederlage, eine Verletzung oder sonst irgendein Rückschlag nicht das Ende der Welt bedeutet.

Gleichzeitig vereint sie beide Welten, da sie selbst eine passionierte Marathon-Läuferin ist. Sie kann beurteilen, wie hart das Training war; sie kann verstehen, wenn ich in einer Vorbereitung oft zu müde bin, um abends noch etwas zu unternehmen. Und sie weiß genau, wann sie mich in Ruhe lassen muss und wann ich zu einem Gespräch bereit bin. Sie kann mich „lesen“.

Gerade nach Niederlagen brauche ich, wie gesagt, zunächst einmal Zeit, um das Geschehene zu verarbeiten und zu mir selbst zurückzufinden. Das hat nichts mit Undankbarkeit zu tun. Im Gegenteil, es tut mir einerseits sehr gut zu wissen, dass es in meinem engen Umfeld Menschen gibt, die Anteil an meinen Erfolgen und auch Misserfolgen nehmen. Dass diese Menschen mich stützen wollen und es ihnen nicht in erster Linie um die Performance geht, die ich abliefere, sondern um den Menschen dahinter mit all seinen Gefühlen.

Andererseits finde ich es ganz schwer auszuhalten, dass andere Menschen bei meinem Scheitern mitleiden. Deshalb versuche ich, meine Probleme so wenig wie möglich auszuwalzen, auch wenn ich weiß, dass ich das Leid der anderen damit nicht verhindern kann.

Barbara ist der Mensch, mit dem ich als Erstes rede. Sie bekommt ja schon in der Vorbereitung alle Höhen und Tiefen mit. Als ich 2017 beim Marathon in Berlin zusammenbrach, war Barbara selbst als Läuferin auf der Strecke. Sie bekam das Drama um mich erst mit, als sie ins Ziel lief, wir trafen uns anschließend im Hotel. An dem Abend haben wir gar nicht darüber geredet, weil ich einfach nicht dazu bereit war. Erst zwei Tage später, als wir wieder in Regensburg waren und ich mit einem Fieberinfekt im Bett lag, konnte ich sprechen und die Dinge mit ihr bald recht klar analysieren.

Manches Mal denke ich über die Frage nach, ob sich in unserer Beziehung zu viel auf mich und meinen Sport konzentriert. Und ich muss zugeben: Es ist häufig der Fall, und das finde ich eigentlich nicht gut. Jeder Partner sollte genauso viel investieren wie profitieren. Momentan profitiere ich deutlich mehr. Ich bin zutiefst dankbar dafür, was Barbara opfert, um für mich da zu sein, obwohl sie selbst immens beansprucht ist. Doch auch wenn ich weiß, dass das eigentlich nicht richtig ist, glaube ich, dass viele Leistungssportler einen Partner brauchen, der für sie zurücksteckt. Natürlich könnte man sagen, dass eine Beziehung im Bewusstsein dessen eingegangen wird. Dennoch ist diese Zuneigung und Opferbereitschaft alles andere als selbstverständlich. Ich hoffe sehr, dass ich mich nach meiner Laufkarriere für all das revanchieren kann.

Die Rolle, die meine Eltern und mein Bruder spielen, hat sich über die Jahre verändert. Meine Eltern haben in meiner Jugend einen großen Einfluss auf meine Entscheidung ausgeübt, überhaupt mit dem Leistungssport zu beginnen, und sie waren anfangs durch die räumliche Nähe viel mehr in jede Phase meines sportlichen Werdeganges involviert als heute. Trotzdem sind sie natürlich immer noch wichtige Ratgeber für mich.

Als Jugendlicher gesteht man sich ungern ein, dass das, was Papa und Mama sagen, vielleicht richtig sein könnte. Heute weiß ich insbesondere ihre besonnene Art zu schätzen. Sie empfehlen, vor einer Entscheidung die Dinge in Ruhe zu überdenken und das Für und Wider abzuwägen. Meine Eltern stehen bei wichtigen Wettkämpfen an der Strecke und stellen oft die ersten „Blitzableiter“ dar. Sie äußern sich dann, wissen aber auch genau, was sie nicht sagen sollten. Analytische Gespräche führen wir erst einige Tage später am Telefon.

Mit meinem Bruder ist es ähnlich. Als wir noch zusammenwohnten, sind wir uns manchmal gehörig auf die Nerven gegangen. Aber seit wir beide ausgezogen sind, sprechen wir uns zwar nicht ganz so regelmäßig, aber wenn, dann sehr tiefgründig und auch nicht nur über unsere Berufe. Ich schätze seinen Blick von außen ungemein und empfinde seine Ratschläge als sehr wertvoll.

Genauso geht es mir mit Felix, meinem besten Freund. Wir kennen uns seit 2009. Er lebt seit gut einem Jahr in München und hat seine Leistungssportkarriere aufgrund seines Berufseinstieges deutlich heruntergefahren. Wir haben einen sehr ähnlichen Horizont, interessieren uns für dieselben Themen, neben Sport eben auch für Marketing. An Felix sehe ich, dass die Bedeutung von Freundschaft nicht an der Quantität der Treffen, sondern an der Qualität der Gespräche zu messen ist. Wir können uns drei, vier Wochen nicht gesprochen haben, und dann ist es nach einer Minute schon wieder so, als wäre das letzte Gespräch nur einen

Wimpernschlag her. Auf seine Meinung lege ich großen Wert, weil er sehr gut bewerten kann, was ich tue. Wer einen solchen Freund nicht hat, sollte sich schleunigst auf die Suche nach ihm machen.

Es tut gut, all diese Menschen um mich zu haben, die mir den Rücken stärken. Es mag keine neue Erkenntnis sein, dass Reden hilft. Aber eine wichtige, die besten Gesprächspartner zum Reden zu haben.

KILOMETER 35

AUFBAU ZUM COMEBACK

Ein Marathon-Läufer, der nicht laufen kann, ist in etwa so sinnstiftend wie ein Schwimmbecken ohne Wasser oder ein Feiertag, an dem man arbeiten muss. Insofern gibt es für mich zwei Phasen, die ich als mental und körperlich hoch belastend betrachte: die Rehaphase nach einer Verletzung und die Aufbauphase nach einer schweren Niederlage. Beide Phasen haben gemein, dass Laufen unmöglich ist; in ersterer aus körperlichen, in letzterer aus mentalen Gründen. Damit umzugehen ist auch nach vielen Jahren im Sport schwierig.

Trotz dieser Gemeinsamkeit unterscheiden sich beide Phasen grundlegend, und das liegt vor allem daran, dass mit dem Scheitern bei einer Niederlage ein Schuldgefühl einhergeht, im Fall einer Verletzung gibt es das in der Form nicht. Natürlich könnten Sportler schwere Verletzungen oft vermeiden, wenn sie auf die kleinen Warnsignale ihres Körpers achten würden. Ein Zwicken im Oberschenkel oder in der Achillessehne wird manchmal so lange ignoriert, bis der Muskel oder die Sehne gerissen ist. Und dennoch wird eine Verletzung meist als Schicksalsschlag angesehen, gegen den man sich wehren muss, wohingegen bei einer Niederlage das eigene Versagen in den Mittelpunkt rückt.

Wenn ich verletzt bin, fällt es mir leicht, mich auf die Rehabilitation einzulassen, positiv an die Sache heranzugehen. Bei einer Verletzung geht es darum, so schnell wie möglich wieder leistungsfähig zu werden. Die Schwere der Verletzung zieht einen Zeitraum der Rehabilitation nach sich, der einzugrenzen ist. Die Herausforderung liegt dann darin, diesen Zeitraum nicht auszuschöpfen, sondern alles dafür zu geben, um noch schneller zurückzukommen. Das ist körperlich zwar immens anstrengend, psychisch aber, so empfinde ich es zumindest, positiv besetzt, weil ich etwas gewinnen kann.

Wir Leistungssportler sind Optimisten, die an den besten Fall glauben. Sobald also auch nur eine einprozentige Chance besteht, mit der richtigen Pflege und der nötigen Einstellung schnell wieder auf die Beine zu kommen, sind wir bereit, nicht nur daran zu glauben, sondern auch mit Vollgas darauf hinzuarbeiten. Ich wusste immer, dass nicht die gesamte antrainierte Leistungsfähigkeit von heute auf morgen verschwunden war, nur weil ich einen Teil meines Körpers nicht wie gewohnt benutzen konnte. Deshalb habe ich bei Verletzungen sehr schnell Pläne für mein Comeback geschmiedet.

Mit dem Aufbau bis zum Comeback nach einer Niederlage verhält es sich dagegen völlig anders. Als Beispiel möchte ich den Marathon in Berlin 2017 anführen, als ich dachte, in Topform anzutreten, und dann kurz vor dem Ende völlig entkräftet kollabierte. Wer zwölf bis 15 Wochen auf ein Ziel hinarbeitet und dieses dann nicht nur nicht erreicht, sondern beim Versuch dabei gnadenlos versagt, der wird in seinen Grundfesten erschüttert. Ich glaube, dass Menschen generell ungern mit ihrem eigenen Versagen konfrontiert werden. Dieses Gefühl, alles getan zu haben, um erfolgreich sein zu können, und dann ohne erkennbaren Grund trotzdem zu scheitern, ist extrem.

Im Marathon kommt eine nicht zu unterschätzende Komponente hinzu. Die meisten Leistungssportler erhalten recht schnell die Chance, ein Versagen geradezurücken. Manchmal noch im selben Spiel, manchmal am nächsten Tag, manchmal am kommenden Wochenende. Als Marathon-Läufer, der zwei, höchstens drei Starts pro Jahr absolvieren kann, kommt die Gelegenheit zur Wiedergutmachung erst in einigen Monaten. Dazwischen liegt die lange, quälende Phase der Vorbereitung. Sich darauf einzustellen, wieder den Mut und die Motivation zu finden, um sich durch endlose Trainingseinheiten zu quälen, erfordert unglaublich Energie. Häufig habe ich mir schon gewünscht, wie ein Mannschaftssportler mal ausgewechselt werden zu können, wenn es nicht so läuft. Oder wie ein Tennisprofi nach einem verlorenen Finale zum nächsten Turnier weiterzureisen. Neuer Aufschlag, neues Glück.

Im Marathon, so empfinde ich es zumindest, geht das einfach nicht. Die Zeit zum Verarbeiten ist lang, das macht ein Scheitern so drastisch. Auf der anderen Seite aber, und auch das gehört zur Wahrheit, liegt die Magie meines Sports ja gerade in den Wahnsinnsemotionen, die ein positiver Rennverlauf auslöst. Das Glücksgefühl, das ein gelungener Marathon auslöst, ist vermutlich das Äquivalent zur tiefen Traurigkeit nach einem gescheiterten Marathon.

Allerdings: Ich bin davon überzeugt, dass man aus einem Scheitern eher stärker hervorgehen kann als aus einer Verletzungspause. Dafür braucht es Geduld. Den Punkt zu finden, an dem aus der Antriebslosigkeit nach der Niederlage neue Motivation wird, ist nicht ganz einfach. Die Phase der Selbstreflexion ist enorm wichtig, die umfassende Analyse, um mit Geschehenem abschließen zu können. Natürlich spielen Routine und positive Erfahrungen dabei eine Rolle. Aber bevor ich nicht spüre, dass ich bereit bin, neue Grenzen ins Visier zu nehmen und mein Leistungsniveau verschieben zu wollen, brauche ich nicht mit dem Trainieren anzufangen.

Generell macht mir das Basteln an einer neuen Strategie Spaß. Deshalb hat die lange Phase des Aufbaus nach einem Scheitern auch durchaus eine gute Seite. Ich stelle dann Dinge infrage, baue manche Inhalte komplett neu zusammen und versuche, mich auf eine gewisse Art noch einmal neu zu erfinden. Gute Erfahrungen habe ich damit gemacht, in solchen Phasen das „normale Leben" mehr zu genießen. Ich unternehme dann Dinge mit Freunden, zu denen ich mir sonst keine Zeit gebe, der Perspektivenwechsel tut mir einfach gut und macht mich geistig frisch. In einer Verletzungsphase bleibt dazu keine Zeit, denn da ist der Plan bis zum Gesundwerden durchgetaktet, und ich stecke jede Minute in die Arbeit, die erledigt werden muss, um fit zu werden.

Aber nach einem Scheitern ist der Ausbruch aus dem Hamsterrad für mich unerlässlich, ich brauche den klaren Cut. Vor dem Hamburg-Marathon 2018 bin ich sehr häufig gefragt worden, wie ich das Berlin-Drama aus dem vorangegangenen Herbst verarbeitet hätte. Tatsächlich hatte ich mir die Szene, in der ich kollabiert bin, schon am Abend des Renntages 30-mal angeschaut, obwohl mich viele davor gewarnt hatten. In den Tagen danach habe ich mir die zehnminütige Sequenz wohl 200-mal reingezogen, immer und immer wieder, bis ich das Gefühl hatte, es oft genug gesehen zu haben.

Rückblickend glaube ich, dass das eine gute Strategie war. Ich bin mehr der Konfrontationstyp und will Dämonen erst gar keine Chance geben, sich im Kopf einzunisten. Von da an war das Scheitern zwar noch nicht verarbeitet, aber ich konnte mit dem Prozess beginnen, die kommenden Monate und mein Comeback zu planen. Und ich habe auf meinen Bauch gehört. Vor Hamburg hatte mein Kollaps in Berlin keinen Platz in meinen Gedanken, ich fühlte mich einfach frei und bereit – und erlebte dann den vielleicht rundesten, entspanntesten Marathon meiner Karriere.

Erzwungene Auszeiten vom Sport sind in diesem Sinne eine wichtige Gelegenheit, den Fokus neu zu justieren und Veränderungen zuzulassen. Der Aufbau bis zu einem Comeback kann, wenn man ihn bewusst und professionell angeht, die wichtigste Zeit in der Leistungssportkarriere sein.

#VERPFLEGUNG 7

DIE GRÖSSTEN LÄUFER UND LÄUFERINNEN

Haile Gebrselassie: Er war zweimal Olympiasieger und viermal Weltmeister über 10.000 Meter, war von 2007 bis 2011 Weltrekordhalter im Marathon und stellte insgesamt 26 Bestmarken auf. Ich habe ihn als Jugendlicher live in der Stuttgarter Schleyer-Halle laufen sehen und war, wie so viele, von seinem Stil tief beeindruckt: Er ließ das Laufen so leicht aussehen, als würde er fliegen. Zudem war der Äthiopier eine beeindruckende Persönlichkeit. Er hat die Herzen der Fans auch durch seine offene Art und sein Lächeln erobert und dadurch für den Laufsport enorm viel getan.

Kathrine Switzer: Die US-Amerikanerin gilt als Pionierin des Marathon-Laufs, seit sie 1967 als damals 20-Jährige beim Boston-Marathon startete, obwohl Frauen nur für Distanzen bis zu 800 Meter starten durften. Sie meldete sich unter dem Namen „K. V. Switzer" an – K. V. stand für Kathrine Virginia –, um keinen Verdacht zu erwecken. Als nach einigen Meilen aufflog, dass sie als Frau mit einer offiziellen Startnummer auf der Strecke war, versuchte Renndirektor Jock Semple ihr die Nummer abzureißen, wurde dabei aber von Switzers Freund Tom Miller, einem Hammerwerfer, abgedrängt. So konnte Kathrine das Rennen fortsetzen und erreichte in 4:20 Stunden das Ziel. Als fünf Jahre später erstmals Frauen offiziell zugelassen waren, wurde sie in 3:29:51 Stunden Dritte und steigerte ihre Bestzeit 1975 auf 2:51:37. Genau 50 Jahre nach ihrem „illegalen" Debüt lief sie 2017 erneut in Boston und kam nach 4:44:31 Stunden ins Ziel. Sie trug dieselbe Startnummer wie 1967 – die 261.

Dathan Ritzenhein: Der US-Amerikaner, der nur fünf Jahre älter ist als ich, hat für mich Vorbildfunktion, weil er eine noch deutlich krassere Verletzungshistorie als ich hat und es trotzdem immer wieder auf Weltspitzenniveau zurückschaffte. Er ist die 5000 Meter 2009 im damaligen US-Rekord von 12:56,27 Minuten gelaufen, hat über 10.000 Meter ebenfalls 2009 bei der WM in Berlin auf Platz sechs eine 27:22,28 aufgestellt, lief den Halbmarathon in 60:00 Minuten und hat eine 2:07 im Marathon stehen. Er hat mich über Phasen meiner Karriere aufgrund seines Durchhaltevermögens inspiriert.

Callum Hawkins: Der Schotte ist fünf Jahre jünger als ich, hat aber ebenfalls schon einen Kreislaufkollaps live im Fernsehen zu bieten: 2018 brach er beim Marathon bei den Commonwealth Games in Australien bei Kilometer 40 in Führung liegend zusammen. Das ist allerdings nicht der Grund dafür, dass ich ihn zu den größten Läufern zähle. Vielmehr hat er ein enormes Talent für Straßenläufe. Callum läuft Halbmarathon in 60:00 Minuten und hat im Marathon eine Bestzeit von 2:08:14 zu bieten. Herausragende Zeiten für einen europäischen Läufer, die in einem Bereich liegen, den man in meinen Augen sauber erreichen kann. Deshalb ist er ein gutes Beispiel dafür, was mit diszipliniertem Training möglich ist.

Barbara Ferstl: Meine Freundin steht stellvertretend für all diejenigen, die es schaffen, trotz eines Vollzeitjobs so hart zu trainieren, dass sie einen Marathon unter drei Stunden laufen können. Ich halte das für eine mindestens so große Leistung wie die von uns Laufprofis, wo wir uns ununterbrochen auf den Sport konzentrieren können. Barbaras Bestzeit liegt bei 2:54:38 Stunden, und darauf bin ich sehr stolz.

TEIL 8
DURCHZIEHEN

KILOMETER 36

SELBSTVERMARKTUNG

Wer den Namen Anna Kurnikowa hört, hat sofort ein Bild vor Augen. Die blonde Russin war zu ihrer aktiven Zeit die bestbezahlte Tennisspielerin der Welt. Die beste Tennisspielerin der Welt war sie nie, höher als Rang acht in der Weltrangliste kam sie nicht. Zehn Titel im Doppel holte sie. Im Einzel konnte sie kein Turnier gewinnen. Dennoch war sie einer breiten Öffentlichkeit bekannt – was auch an ihrem attraktiven Erscheinungsbild gelegen haben dürfte.

Aber, und das führt mich zu dem Teil meines beruflichen Lebens, um den es in diesem letzten Streckenabschnitt gehen soll: Anna Kurnikowa, heute mit dem spanischen Popstar Enrique Iglesias verheiratet und Mutter von Zwillingen, war eine Meisterin der Selbstvermarktung. Als sie zwischen 1995 und 2003 aktiv war, verstand sie es, ihr Äußeres und ihre sportliche Leistung zu einer Mischung zu verbinden, die auf dem Werbemarkt unschlagbar war.

Nun sind Sportarten wie Tennis, in denen auf Weltspitzenniveau so viel Geld zu verdienen ist, dass die Sorgen um das Leben nach der Karriere marginal werden, die Ausnahme. Die meisten Athletinnen und Athleten kommen in frühen Phasen ihrer Karrieren um die existenzielle Frage nicht herum, wie sie sich ein Leben im Leistungssport überhaupt finanzieren wollen. Antworten gibt es nicht viele. Es gibt Verbände wie zum Beispiel im Wintersport, die ihre Topleute beim Zoll oder bei der Bundespolizei anstellen lassen und ihnen darüber ein festes Gehalt und die Chance ermöglichen, sich voll auf ihren Sport konzentrieren zu können. Nach der Karriere bleiben diese Sportler häufig im Staatsdienst.

Ein ähnliches Modell ist die Sportfördergruppe der Bundeswehr. Athleten beziehen dort einen Sold und werden für ihren Sport freigestellt. Die Bundeswehr bietet auch Studiengänge an, und sie erwartet nicht (mehr), dass sich die Athleten in Uniform für eine lange Zeit verpflichten, sondern prüft in jedem Jahr aufs Neue, ob die Leistung der Sportsoldaten ausreicht, um weiterhin Mitglied der Truppe zu bleiben.

Diese Modelle sind lobenswert. Sie sind gut, weil es vielen Sportlern auf diese Weise gelingt, ihre Karriere um einige Jahre zu verlängern. Im anderen Fall müssten sie einen Beruf ausüben, um nicht in Armut zu fallen, da ihr Sport keinen finanziellen Gewinn abwirft.

Polizei oder Bundeswehr – das war schnell klar – kamen für mich nicht infrage. Die Verpflichtung bei einem dieser Dienstherren hat in manchen Sportarten unter anderem die Nebenwirkung, dass es feste Sponsoren gibt, die die Verbände finanzieren, und Athleten haben deshalb nicht die Möglichkeit, eigene Verträge zu schließen. Und: Ein, zwei sportlich schlechte Jahre bewirken, dass man aus der Förderung fliegt und plötzlich vor dem ganz großen Nichts steht.

Es musste eine andere Lösung her. Schon während meines Studiums interessierte ich mich für Marketing und Werbung. Auch das Thema Social Media hat mich früh fasziniert. 2010 habe ich mich bei Twitter registriert, weil das in den USA ein riesiger Trend war und ich auf diese Weise spannenden Sportlern folgen konnte. In Deutschland kannte das zu der Zeit kaum jemand. Nach und nach kamen dann Facebook und Instagram dazu. Sie bilden heute die Social-Media-Kanäle, die ich aktiv nutze.

Mein Gefühl damals war: Wenn ich selbst es spannend finde, anderen Sportlern zu folgen und Dinge aus deren sportlichem und privatem Leben zu erfahren, dann wird es mit Sicherheit auch vielen anderen so gehen. Und weil ich von Grund auf ein kommunikativer Mensch bin, war es für mich ein logischer Weg, mich Schritt für Schritt auch in den sozialen Netzwerken zu positionieren. Darüber lassen sich mit relativ wenig Aufwand sehr viele Menschen erreichen. Ein Mehrwert, der auch für Sponsoren interessant sein kann.

Natürlich muss man sich im Klaren darüber sein, dass Selbstvermarktung Arbeit ist. Vor einer Kamera zu stehen oder vor einer großen Gruppe von Menschen in ein Mikrofon zu sprechen, ist außerdem nicht jedermanns Sache. In Deutschland ist es noch immer eher negativ behaftet, wenn man seine Arbeit und sich selbst darstellt. Ich finde das schade. Ich verstehe jeden, der sagt, dass er sich nur auf seinen Sport konzentrieren will oder sich bei öffentlichkeitswirksamen Auftritten unwohl fühlt. Dadurch wird aber auch Potenzial verschenkt. Die Leichtathletik im Allgemeinen und der Marathon im Besonderen haben nämlich ein großes Problem: Sie sind viel zu selten im frei empfangbaren Fernsehen zu verfolgen. Die meisten Events verschwinden im Pay-TV oder als Livestream im Internet. Und wer professionell Marathon läuft, hat in der Regel, wie gesagt, nur zwei Wettkämpfe im Jahr, um überhaupt irgendwo aufzutauchen. Da ist eine ganze Menge Zeit zu füllen, wenn man im Gespräch bleiben will. Ich lasse Fans und Follower an meinem Trainingsalltag teilhaben. Dass dabei auch Produkte der Partner in Szene gesetzt werden, ist okay. Im Gegenteil: Mich erreichen fast täglich gezielte Fragen der Lauf-Community zu meinem Equipment. Das Interesse ist also vorhanden.

Ich schaue gern über den Tellerrand und finde es spannend zu beobachten, wie sich andere positionieren und vermarkten. Beim Langdistanz-Triathlon wird in meinen Augen sowohl von Athleten- wie auch von Verbandsseite bei der Selbstvermarktung richtig gute Arbeit gemacht. Es gibt praktisch nichts, was nicht versponsert ist. Oder der Beachvolleyball: Die Art, wie die Turniere als Events gestaltet werden, ist faszinierend. Dort hat man es geschafft, ein ganzes Lebensgefühl zu kreieren.

Bevor mir nun jemand unterstellt, dass mir die Verpackung wichtiger sei als der Inhalt: Natürlich kommt es bei Sportlern, die sich selbst vermarkten wollen, letztlich immer auf die sportliche Leistung an. Wäre Anna Kurnikowa die Nummer 214 der Welt gewesen, hätten ihr weder Aussehen noch geschickte Vermarktung geholfen. Das Gesamtpaket muss stimmen. Da gehören gewisse sportliche Qualifikationen dazu. Deshalb wurde das Thema Selbstvermarktung für mich auch erst so richtig relevant, als ich die Qualifikation für die Olympischen Spiele in Rio geschafft hatte.

KILOMETER 37

AGENTUR

Nach meiner Olympiateilnahme in Rio 2016 hatte ich mir Gedanken darüber gemacht, wie ich meine weitere Laufbahn – vor allem auch finanziell – gestalten wollte (und musste). Und da ich in puncto Selbstvermarktung zwar Ideen hatte, aber für die Ausgestaltung eines dafür notwendigen Konzeptes doch lieber mit Fachleuten zusammenarbeiten wollte, war ich auf die sehr renommierte Agentur Jung von Matt/Sports gestoßen. Über einen Kontakt von adidas war ich an die E-Mail-Adresse des damaligen Geschäftsführers gekommen. Ich schrieb also eine Mail, in der ich mich und meine Ideen kurz vorstellte. Ich war mir gar nicht sicher, ob der Geschäftsführer mit meinem Namen überhaupt etwas anfangen konnte und mein sportlicher Erfolg interessant genug sein würde für eine Agentur dieses Kalibers. Wenige Stunden später lag eine Antwort im Postfach. Ob ich nicht Lust hätte, mal zu einem Kennlerntreffen nach Hamburg zu kommen. Na klar!

Am 16. Dezember 2016 reiste ich also ins Hamburger Karolinenviertel, mein Kumpel Felix, der mich begleitete, wartete draußen. Der Geschäftsführer hatte selbst kurzfristig leider keine Zeit, ich sollte stattdessen einen Arne treffen. Für mich war das völlig in Ordnung, ich war so oder so einigermaßen aufgeregt. Zum ersten Mal in meinem Leben ging ich zu einer Art Vorstellungsgespräch.

Im Büro angekommen hieß es, ich möge es mir im Konferenzraum bequem machen, Arne sei gleich da. Kurze Zeit später hörte ich auf dem Flur eine Stimme, die mir irgendwie bekannt vorkam, und als ich zur Tür schaute, wusste ich schlagartig auch, woher. Arne war Arne Friedrich, der Fußballnationalspieler! Darauf war ich echt nicht vorbereitet gewesen. Bei der Neuformierung der Unterabteilung für Persönlichkeitsmarken – Jung von Matt/Stars – war er als Gründungsgeschäftsführer eingestiegen. Gemeinsam mit seinem Kollegen Nico Rieber grillte er mich dann eine Stunde lang. Den Einstieg ins Gespräch machte er mir nicht so leicht, er verriet nämlich, dass er als Fußballer die Laufeinheiten gehasst hatte. Nicht ganz einfach, da die Sportart Laufen zu promoten, die eigene Leidenschaft zu erklären und warum ich der Meinung war, als Gesicht dieser Sportart dienen zu können.

Nach dem Gespräch fragte Felix draußen sofort: „Und, wie war es?“ Ich konnte gar nicht sagen, ob es gut oder schlecht gelaufen war. Ich hatte mich wohl gefühlt im Gespräch, aber ob das gereicht hatte, um die Agentur von der Zusammenarbeit zu überzeugen? Eine Woche später, kurz vor Weihnachten, war ich in Herzogenaurach am adidas-Firmensitz, wo ich – für mich ziemlich überraschend – als adidas-Athlet des Jahres ausgezeichnet wurde. Da erhielt ich eine SMS von Arne. Er wollte möglichst schnell ein zweites Treffen, um unsere Zusammenarbeit zu planen. Das war die Zusage, auf die ich gewartet hatte! Ich denke, zwei Dinge haben da den Ausschlag gegeben: Zum einen war die Unterabteilung zur Vermarktung von Einzelsportlern, JvM/Stars, gerade frisch gegründet. Zum anderen herrscht in der Agentur ein ausgesprochen laufaffines Klima, denn viele Mitarbeiter sind selbst begeisterte Läufer und nehmen an Wettkämpfen teil. Das passte also!

Wie funktioniert nun die Zusammenarbeit zwischen der Agentur und mir? Es gibt ein kleines Team, das sich um mich kümmert. Da ist in erster Linie Sören Jeßen zu nennen, der selbst passionierter Marathon-Läufer ist. Er begleitet mich zu Sponsorenterminen oder bei Rennen und achtet darauf, dass die Ablenkungen oder Anforderungen nicht allzu groß werden. Zum anderen ist da Lena Wanders, die sich um Presse- und PR-Arbeit kümmert. Im Prinzip unterstützt mich JvM bei all meinen Vertragspartnerschaften mit adidas und adidas Eyewear Generali, Polar, ultraSPORTS. Die meisten meiner Partner kenne ich schon lange, deswegen führe ich häufig die Gespräche trotzdem persönlich. Natürlich versucht JvM auch, neue Partner für mich zu generieren. An meinen Verträgen partizipieren sie prozentual, wie das generell in der Branche üblich ist. Mir ist selbstverständlich bewusst, dass ich für JvM/Sports keine relevante Größe bin. Ihr Geld verdienen sie mit Kunden wie dem DFB, der FIFA, adidas oder Intersport. Umso mehr weiß ich das Engagement zu schätzen. Und ich versuche im Gegenzug, für Aktionen der Agentur zur Verfügung zu stehen. In der Special-Interest-Szene, die das Laufen darstellt, bin ich für sie ein Testimonial.

In der Leichtathletik ist es so, dass der deutsche Verband Nike als Hauptsponsor hat. In der Athletenvereinbarung unterschreibt man, dass man bei Wettkämpfen für sein Land, etwa Welt- und Europameisterschaften, die Kleidung des Verbandssponsors tragen muss. Zuwiderhandlung kann mit dem Ausschluss vom Rennen bestraft werden. Eine Ausnahme stellen Schuhe dar, da diese für jeden Athleten sehr individuell sind, allerdings sind sie im Fernsehen und auf Fotos meist nicht zu sehen. Da darf ich also statt Nike- meine adidas-Schuhe tragen. Noch krasser ist es bei den Olympischen Spielen: Im Wettkampf muss man tragen, was der Verband vorschreibt, und außerhalb des Wettkampfes das, was der Deutsche Olympische Sportbund (DOSB) vorschreibt. Dass der DOSB eine Partnerschaft mit adidas hat, ist für mich persönlich einfach Glück. Bei Olympia gelten verschärfte Werbeeinschränkungen, um die Exklusivsponsoren des Internationalen Olympischen Komitees (IOC) zu schützen. Außerdem werden Logo-Größen und deren Anzahl reglementiert. Das ist ein ziemlicher Wirrwarr und kann potenzielle Sponsoren abschrecken.

Umso wichtiger ist es heute, ein übergeordnetes Vermarktungskonzept zu haben. Klar, Logos und Sichtbarkeit helfen grundsätzlich, um Aufmerksamkeit zu generieren, aber heutzutage muss eine Werbepartnerschaft auch mit Leben gefüllt werden. Storytelling, Aktivierungen und Kampagnen tun das und machen es für den potenziellen Kunden damit auch erlebbar. Darüber hinaus hilft es, ein gewisses Product-Placement zu nutzen. Ich laufe zum Beispiel mit Socken, die über die Achillessehne reichen. Das hat zusätzlich zu dem Effekt, dass die Sehne warmgehalten wird, den Nutzen, dass man auf dem Socken ein Logo präsentieren kann.

Darüber hinaus braucht es eine Strategie, um in den sozialen Medien aufzufallen. Wie wir daran gearbeitet haben, beschreibe ich im nächsten Kapitel. Zudem muss man bereit sein, den Partnern für Aktionen und Events zur Verfügung zu stehen. Egal ob Shootings, Talks oder Eventbegleitung – auch das gehört für mich als Markenbotschafter dazu. Dass das ab und an in der Vergangenheit schon für Konfliktpotenzial mit dem Coach gesorgt hat, ist aus sportlicher Sicht irgendwo nachvollziehbar. Aber auch das ist heute Teil meiner Berufswelt und macht mir ehrlich gesagt auch Spaß. Mit dem entsprechenden Vorlauf lässt sich alles planen und bei einem Blick in meinen Kalender weißt ich heute schon, was ich in drei Monaten machen werde.

Wenn ich sehe, mit welchen tollen Partnern ich in den vergangenen Jahren zusammenarbeiten durfte, nehme ich das zusätzliche Reisen gern in Kauf. Und das nicht nur, weil es sich auf dem Konto bemerkbar macht, sondern einfach, weil es eine schöne und für mich wichtige Abwechslung zu meinem Profisport-Alltag ist.

Weil mir dieses Feld so wichtig ist, läuft alle Kommunikation auch immer noch direkt über mich. Wäre ich Angelique Kerber, Dirk Nowitzki oder gar ein Fußballstar, wäre das selbstverständlich schon rein zeitlich gar nicht zu bewerkstelligen. Aber mir macht es Spaß, meine Fanpost selbst zu beantworten und meine Social-Media-Kanäle eigenständig zu bedienen. Eine Ausnahme gibt es: Auf Wettkämpfen übernimmt die Agentur als Mehrwert für die Fans die Begleitung aus dem Umfeld des Rennens, zum Beispiel aus dem Start- und Zielbereich, denn das ist nicht zu leisten, wenn man sportliche Höchstleistung bringen will. Da gilt es, sich voll und ganz auf sein Rennen zu konzentrieren.

In erster Linie ist für mich wichtig, dass das, was unter meinem Namen gepostet wird, authentisch ist. Ich achte sehr darauf, kein Kunstprodukt meiner selbst zu erschaffen. Und der Sport muss immer im Mittelpunkt stehen. Das bedeutet auch, Angebote stark zu selektieren. Woche für Woche werde ich von irgendwelchen Marken angeschrieben, ob ich nicht auf meinen Kanälen eins ihrer Produkte präsentieren möchte. Dafür bieten sie entweder ihre

Produkte, Geld oder beides an. Aber es soll nicht beliebig wirken, was ich poste. Die Expertise von JvM lasse ich in solche Überlegungen deswegen immer mit einfließen.

Ich habe nicht erwartet, dass mir der Abschluss mit JvM sofort eine Reihe neuer, hochkarätiger Partner bringt. Ich bin ja kein Weltstar. Aber ich habe schnell gespürt, dass unsere Art zu denken in vielen Feldern gut zusammenpasst. Manchmal sind auch Überraschungen möglich: Dieses Buch zum Beispiel wäre ohne meine Agentur niemals zustande gekommen.

KILOMETER 38

SOCIAL MEDIA

2007, als ich nach dem Abi den Weg in Richtung Profisport einschlug, wollte ich ganz viel über die Stars der Laufszene wissen. Meine Informationen suchte ich auf verschiedenen Internetseiten zusammen. Meine liebsten Nachrichtenquellen waren die US-Portale Flotrack.org und LetsRun.com. Heute ist vor allem Ersteres sehr kommerziell geworden. Damals war es die beste Seite für umfassende Informationen aus Amerikas Athletenzirkeln. Besonders das Format „Workout Wednesday" habe ich geliebt, weil es spannende Einblicke in die US-Trainingssysteme mit Storys über die Stars verband.

Über dieses Portal bin ich mit Twitter in Berührung gekommen. Twitter bot die Möglichkeit, die Kanäle der internationalen Laufelite zu abonnieren und dadurch ihren „Running Lifestyle" verfolgen zu können. Das fand ich unglaublich faszinierend. Twitter ist bis heute im englischen Sprachraum deutlich weiter verbreitet als bei uns in Deutschland, was man auch daran ablesen kann, dass mir bei Twitter aktuell knapp 2000 Menschen folgen, bei Facebook (13.000) und Instagram (15.000) dagegen deutlich mehr.

Aber für mich war Twitter der Einstieg ins soziale Netz. Ich begann, verschiedene Dinge auszuprobieren und selbst zu twittern. Ich nutze die Plattform vor allem als strategisches Meinungsmedium. Insbesondere erreicht man darüber Journalisten. Zum Beispiel habe ich vor den Olympischen Spielen 2016 auf meinen Twitter-Account den Artikel 40 der IOC-Charta kritisiert, der im Umfeld der Spiele Werbung für persönliche Sponsoren untersagt. Daraufhin erhielt ich eine Anfrage der „Süddeutschen Zeitung", ob ich ein Interview dazu geben würde.

Nicht lange nach Twitter kam Facebook dazu, zunächst mit einem privaten Account, der allerdings auf 5000 Nutzer limitiert ist, sodass ich mittlerweile eine offizielle Fanpage bei Facebook habe. Auf Instagram bin ich seit 2011 aktiv, es ist heute das wichtigste Medium für mich und das werblich relevanteste. Auch einen YouTube-Account habe ich mir mal vor einigen Jahren angelegt. Diesen aber regelmäßig und qualitativ anspruchsvoll zu bestücken ist ein extrem hoher Aufwand. Deshalb nutze ich meinen YouTube-Kanal hauptsächlich als Archiv für Videos, in denen ich zu sehen bin. Ich finde YouTube spannend und würde da gern mehr machen, aber diesen Aufwand kann ich aktuell nicht stemmen. Eine Website (www.philipp-pflieger.de) habe ich mittlerweile auch wieder. Angefangen hatte ich damit 2008, indem ich zweimal im Monat einen Blog geschrieben habe. Im Herbst 2018 war die Seite gehackt worden, deshalb sind wir jetzt dabei, sie neu aufzubauen.

Zu Anfang war Social Media für mich ein Hobby, das ich hauptsächlich aus Konsumentensicht betrieb. Ich fand es einfach genial, quasi aus erster Hand und sogar gratis Insiderinformationen von Stars aus der Laufszene zu erhalten. Die Möglichkeiten, sich selbst, aber auch seine Partner zu präsentieren, ist in meinen Augen eine Win-win-Situation. Unabhängig von Wettkämpfen ist es 365 Tage im Jahr möglich, im Gespräch zu bleiben und Menschen, die es interessiert, zu informieren. Ich frage mich manchmal, warum jemand meine Kanäle abonniert. Die Zahlen zeigen mir, dass es anscheinend einige gibt, die sich für meine Karriere interessieren. Denen möchte ich etwas bieten, und ich schätze besonders die Möglichkeit zur Interaktion. Deswegen versuche ich, so gut ich kann, auf Fragen oder Kommentare einzugehen.

95 Prozent der Inhalte auf meinen Kanälen produziere ich selbst. Mein Credo ist, ausgewogenen Inhalt zu bieten und die Leute, die es interessiert, durch Höhen und Tiefen mitzunehmen. Ich möchte alles ansprechen können, was mir wichtig ist, und sehe auch eine Art Aufklärungspflicht. Besonders, wenn ich Dinge poste, an denen viel Herzblut hängt, ecke ich schon mal an. Manchmal ist dieses Anecken auch kalkuliert, um eine bestimmte Diskussion anzustoßen.

Welche Power im Netz steckt, ohne dass es dabei immer um Geld gehen muss, zeigen zwei Anekdoten.

Unter dem Motto „Race the Tube" gibt es im Internet Filme über Läufer in London, Wien, Paris oder Prag, die im Wettrennen gegen eine U-Bahn antreten: Es geht darum, zwischen zwei Stationen schneller als die Bahn zu sein. Man sprintet an der ersten Station los, sobald die Bahn abfährt, um dann an der zweiten Station wieder in diese einzusteigen. Die Idee meiner Agentur JvM war im März 2017, das auf einen Langstreckenlauf zu übertragen. Als Stadt wählten wir Berlin und eine rund zehn Kilometer lange U- und S-Bahn-Strecke vom Naturkundemuseum bis Neu-Westend. Mein Wettpartner Fab – Captain der Berliner „adidas Runners", einer Lauf-Community, die weltweit in vielen Städten vertreten ist – fuhr die Bahnstrecke und musste einmal umsteigen. Die Fahrtzeit betrug 34 Minuten. Wir starteten an einem Sonntagmorgen um 6.30 Uhr, damit weniger Verkehr ist – eine ziemliche Herausforderung für mich. Das Ganze habe ich per Handy via Facebook live gestreamt. Was soll ich sagen? Trotz der einen oder anderen roten Ampel war ich rund eineinhalb Minuten schneller als die Bahn. Puh! Aber vor allem: 206.490-mal wurde bei Facebook der Livestream aufgerufen, das Zwei-Minuten-Highlight-Video wurde weitere 142.435-mal angeklickt. Mit den beiden Videos haben wir viele, viele Menschen erreicht, und das ohne Media-Einsatz, also bezahlte Werbung, zu pushen. Beide Videos findet ihr auch heute noch auf meiner Facebook-Seite.

Ein halbes Jahr später kollabierte ich beim Berlin-Marathon 2017 bei Kilometer 39. Ein junger Mann an der Strecke fing mich auf und stabilisierte mich. Als mein Manager mich dann übernahm, dachte im Eifer des Gefechts natürlich niemand daran, den hilfsbereiten Mann nach seinem Namen zu fragen. Abends saß ich mit meiner Familie im Restaurant, und mein Bruder schlug vor, den Mann über Social Media ausfindig zu machen. Am Mittwoch nach dem Rennen postete ich auf meinen Kanälen die Bitte, der Helfer möge sich bei meiner Agentur melden, damit ich mich bei ihm bedanken könnte. Die Welle, die ich damit lostrat, war ungeahnt und unglaublich. Der Aufruf wurde allein bei Facebook 7079-mal geteilt. Berliner Medien griffen das Thema auf, Zeitungen und

Radiosender, im internen U-Bahn-TV wurde der Aufruf samt Standbild des Mannes gezeigt. Auch auf der Startseite von Web.de und anderen Internetportalen wurde die Meldung aufgegriffen. Das war vollkommen verrückt!

Immer mehr Menschen beteiligten sich an der Suche, tauschten wildeste Theorien aus. Eine davon führte wirklich zum Erfolg: Der Mann hatte eine Sporttasche dabeigehabt, und jemand vermutete, er sei vielleicht Mitglied eines Fitnessstudios in der Nähe des Streckenabschnitts. Genau so war es. Keine 24 Stunden nach Erscheinen des Aufrufs meldete sich Clemens und wir telefonierten per FaceTime. Mein Helfer in der Not war nicht nur ehemaliger Triathlet, sondern auch ausgebildeter Rettungssanitäter, was der Grund für sein besonnenes Eingreifen bei meinem Kollaps war. Zwei Monate später traf ich mich mit ihm in Berlin und konnte mich dann auch nochmal persönlich bei ihm bedanken.

Die beiden Anekdoten zeigen, welche Kreise Geschichten in den sozialen Medien ziehen können. Das macht einfach Spaß!

KILOMETER 39

SPONSOREN

An die Premieren im Leben erinnert man sich meist besonders gut. Nicht immer gern, denn Premieren gehen auch mal in die Hose. Aber im Fall meines ersten Förderers habe ich nur positive Erinnerungen. Ich war 13 Jahre alt und mächtig stolz darauf, dass ein Sportladen aus Sindelfingen meinen Teamkollegen und mir kostenlos Schuhe und Laufkleidung zur Verfügung stellte. Es war wirklich ein super Gefühl, dass ich sportlich gut genug war, um ein Unternehmen aus der Region davon zu überzeugen, mich zu fördern.

Natürlich hatten wir mit dem Sportladen keinen Sponsoringvertrag. Einen solchen unterschrieb ich erstmals 2009 mit der Firma ultraSPORTS, die seitdem mein Partner in Sachen Sporternährung ist. Der Abschluss kam über meinen damaligen Manager Jochen Habermaier zustande, mein Vater und der Firmengründer Dr. Wolfgang Feil kannten sich aber schon jahrelang. Das Gleiche galt auch für meinen ersten Trikotsponsor, die Firma Schwabenstolz, die Lebensmittelkonserven produzierte. Die stammten aus meinem Heimatort Ehningen und ließen mir 2009 eine finanzielle Unterstützung zukommen, mit der es mir möglich war, zwei Trainingslager zu finanzieren. Für einen Studenten war das schon ein Erfolg.

Zu der Zeit wäre mir nicht ansatzweise in den Sinn gekommen, Geld, das über die sportliche Leistung hereinkommt, für privaten Luxus auszugeben. Für mich war Sponsoringgeld immer ein Reinvestment in meinen Sport. Das Problem ist nur: Je erfolgreicher ein Sportler ist, desto mehr Geld benötigt er. Die Reisen zu bedeutenderen Rennen werden teurer, und über Preisgelder ist das selten reinzuholen. Also stand ich spätestens nach meiner Entscheidung, nach Regensburg zu wechseln und das Laufen professionell anzugehen, vor der Aufgabe, für eine entsprechende Finanzierung zu sorgen.

Die Frage, wie man als selbstbestimmter Athlet Sponsoren findet, ist nicht leicht zu beantworten. Dafür gibt es natürlich kein Patentrezept. Am einfachsten ist es sicherlich, wenn man zu den Besten seiner Zunft zählt und die Unternehmen von sich aus anbieten, vollkommen unvernünftige Summen zu zahlen, damit man ihre Produkte bewirbt. Das erleben die wenigsten Sportler. Die ganz überwiegende Mehrheit muss selbst aktiv werden.

Der natürlichste Weg, Sponsoren zu finden, ist, sich im regionalen Umfeld umzuschauen. Für mich war das aus zwei Gründen schwierig, als ich nach Regensburg ging. Für meine Heimat Sindelfingen war ich aufgrund der räumlichen Entfernung nicht mehr interessant genug. Und in Regensburg fehlten mir die Anknüpfungspunkte. Bis heute habe ich keinen einzigen regionalen Partner. Das Unternehmen Telis Finanz AG, das die LG Regensburg unterstützt, nehme ich explizit aus, da es keinen Einzelvertrag zwischen uns gibt, sondern es als Teamsponsor meines Vereins auftritt, was deren langjähriges Engagement natürlich nicht schmälern soll.

Ich musste also versuchen, eine überregionale Resonanz zu erzeugen. Dafür muss selbstverständlich die sportliche Leistung stimmen. Aber genauso wichtig ist das, was ein Athlet abseits seiner Wettkämpfe zu geben bereit ist. Sponsoren kommen in der Regel eben nicht von sich aus, sondern wollen animiert und überzeugt werden. Am besten fand ich deswegen (und finde es noch immer): Mehrgleisig fahren ist am besten.

Ich habe früh auf die sozialen Medien gesetzt, um dort eine Reichweite zu schaffen. „Organic Growth" ist hier das Zauberwort. Lieber weniger Follower und dafür echte Fans als tausende gekaufte Bots. Die Zahlen mögen auf den ersten Blick vielleicht besser aussehen, aber den Partnern bringen Fake-Accounts oder die falsche Zielgruppe herzlich wenig. Jedes Interview ist Arbeit, und doch auch eine Chance, die eigene Bekanntheit ein Stück weit zu steigern. Ich bin zu Vorträgen gereist, manche bezahlt, andere unbezahlt. Ausgezahlt hat sich am Ende beides, früher oder später. All das hatte nichts damit zu tun, dass ich mich wichtigmachen wollte, sondern war Teil einer Vermarktungsstrategie.

Ich würde deshalb nie jemandem vorhalten, dass er sich zu sehr vermarktet, weil ich weiß, wie viel Arbeit dahintersteckt. Ich klage nicht darüber, dass ich heute als selbstständiger Unternehmer keinen freien Tag mehr habe, weil immer irgendetwas zu tun ist. Dafür habe ich die Freiheit, das umzusetzen, wovon ich überzeugt bin.

Im Herbst 2017 erhielt ich eine Anfrage für einen Marketingkongress in Berlin. Dort sollte ich zusammen mit meinem Partner adidas eine Keynote halten über unsere Zusammenarbeit und Projekte wie „Race the Tube", die adidas-Runners-„Speed Squad"-Kampagne und die Bedeutung von Social-Media-Storytelling. Rund 300 Leute aus der Marketingwelt saßen da und hörten mir zu, was in erster Linie aufregend, weil ungewohnt war. Der Vortrag lief gut, das Event machte Spaß.

Ein halbes Jahr später sprach mich am Rande des DFB-Pokalfinales in Berlin, wo ich auf Einladung von adidas zu Gast war, ein Vertreter des Versicherungsunternehmens Generali an. Er hätte meinen Vortrag im vergangenen Herbst gehört und schon damals gedacht, dass ich der Richtige für eine Kampagne sei, die sie gerade planten. Man würde sich freuen, mit mir zusammenzuarbeiten. Das tun wir seitdem.

Über Geld rede ich dabei niemals zu früh. Auch wenn alle Beteiligten wissen, dass man den Punkt in Verhandlungen irgendwann ansprechen muss, ist es meines Erachtens sinnvoll, zunächst die Rahmenbedingungen abzustecken. Gerade hier kann die Zusammenarbeit mit einem erfahrenen Management sehr sinnvoll sein. Als Sportler begibt man sich bei der Vermarktung ja in eine fremde Welt. Und da ist es wichtig, Fachleute an seiner Seite zu wissen.

KILOMETER 40

ZUKUNFT

Leistungssport verschiebt Altersgrenzen, wenigstens die gefühlten. Ich bin 32 Jahre alt, wenn dieses Buch erscheint. Damit bin ich also noch nicht alt, in dem Sinne, aber aus der Perspektive des Leistungssportlers gesehen auch nicht mehr jung. Das führt dazu, dass ich in den meisten meiner Trainingspartner, die häufig fünf bis zehn Jahre jünger sind, oft mein früheres Ich erkenne. Ihr Bedürfnis, in jedem Training die Welt einreißen zu wollen, das habe ich so nicht mehr. Mit zunehmendem Alter wird man reflektierter, hat mehr das große Bild im Blick. Aber ich denke oft darüber nach, wie unbeschwert die Zeit war, in der ich mich um nichts außer Sport und Studium kümmern musste und das Gefühl hatte, dass alles noch vor mir liegt.

Irgendwann komme ich im Zuge meiner Grübeleien über dieses Thema zu der Frage, was ich im Rückblick besser anders gemacht hätte. Und ich freue mich jedes Mal über die Antwort: Das meiste würde ich noch einmal genauso machen. Ich kann bis heute meinen Traum leben, lerne Leute aus allen möglichen Bereichen kennen, kann reisen, coole Projekte umsetzen. Mir ist klar, dass es ein Privileg ist, sein Hobby zum Beruf zu haben.

Die Eigenverantwortung, die ich als Einzelunternehmer für mein persönliches Fortkommen habe, ist schon groß. Der Sport muss Priorität haben, keine Frage. Aber wer die anderen Aufgaben vernachlässigt, läuft Gefahr, die Priorität eben nicht mehr auf den Sport legen zu können. Nur noch rund 30 Prozent meines Einkommens generiere ich heute unmittelbar aus dem Sport, rund 70 Prozent aus Werbeverträgen. Das ist nur möglich, wenn man bereit ist, neben dem Sport auch in anderes zu investieren.

Die Disziplin, die man als Läufer lernt, hat mir zweifellos geholfen, meinen Alltag strukturiert anzugehen. Ich muss priorisieren.

Muss schauen, was ich selbst leisten kann und wo ich mir Hilfe dazuholen sollte. Steuerberater, Rechtsanwalt, Vermarktungsagentur – für mich sind das wichtige Felder, in denen ich für Unterstützung dankbar bin.

Heute geht es mir für einen Sportler ohne internationale Medaillen überdurchschnittlich gut. Dass das lange Zeit nicht so war, hilft mir, die Dinge realistisch einzuordnen, aber auch, Geduld zu haben und beharrlich an dem zu arbeiten, was mir wichtig erscheint. Heute sind meine Verträge mit Werbepartnern meist langfristig angelegt und bieten eine Planungssicherheit über mehrere Jahre. Das gibt mir die Ruhe, in Krisenzeiten nicht die Nerven zu verlieren.

Ich verhehle nicht, dass ich ein Mensch bin, der alles gern selbst erledigt. Ich habe die Tendenz dazu, immer zu viel machen zu wollen. Das war früher, zu Schul- und Studienzeiten, eindeutig anders. Da habe ich an alles gedacht, außer an die Arbeit. Vor einigen Jahren hat sich das gewandelt. Und da es ständig so viele Sachen zu erledigen gibt, bleibt für Freizeit oft wenig Raum. Tatsächlich habe ich meistens aber das Gefühl, dass mich das gar nicht stört. Das liegt daran, dass mich mein Beruf einfach total erfüllt. Ich bin glücklich, heute Sachen machen zu können, die früher utopisch waren. Dass ich Chancen bekommen habe, Dinge zu tun, von denen ich früher nicht einmal geträumt habe. Noch immer fühlt sich das manchmal surreal an.

Ich habe meinen Platz gefunden. Wenn ich nach guten Tagen abends zur Ruhe komme, vergegenwärtige ich mir, was ich geschafft habe, bin dankbar und versuche es zu genießen, ohne bereits an die Aufgaben zu denken, die am nächsten Tag, in den nächsten Wochen oder Monaten auf mich warten. Obwohl eines sicher ist: dass die Zukunft immer wieder spannende Aufgaben bereithält.

#VERPFLEGUNG 8

DIE FÜNF BESTEN LAUFSTRECKEN

Iten, Kenia: Nirgendwo in der Welt ist Laufen so anders als in Kenia. Das Gelände ist mit seinen vielen Bergen und den staubigen, steinigen Straßen sehr fordernd. Durch die wunderbaren Eindrücke um einen herum fühlt man sich wie in eine andere Welt versetzt. Alles zusammen macht die Umgebung von Iten zu etwas ganz Besonderem. Ich hoffe, dass ich dort noch einige Trainingslager absolvieren kann.

St. Moritz, Schweiz: Im Sommer gibt es keine schönere Laufkulisse als die malerisch-romantischen Berggipfel und die wie an einer Perlenkette aufgereihten Seen im Tal. Ein herrlicher Kontrast, den man allerdings am Vormittag genießen sollte. Nachmittags ist der berüchtigte Malojawind, der die Gegend im Sommer auch zu einem Hotspot für Kitesurfer macht, krass zu spüren.

Winzerer Höhen, Regensburg: meine Heimstrecke, geliebt und gehasst zugleich. Landschaftlich ist die Pendelstrecke sehr schön, aber es geht auf anspruchsvollem Gelände auf und ab. Man muss fit und wach sein, um dort zu laufen. Im Sommer ist es am schönsten, wenn das Blätterdach der Bäume geschlossen ist und man wie durch einen grünen Tunnel läuft, der ab und an einen wunderbaren Panoramablick auf Regensburg und die Donau freigibt.

Naturpark Schönbuch, Hildrizhausen: In diesem Waldgebiet bin ich quasi läuferisch aufgewachsen. Dort hat schon Dieter Baumann oft trainiert und tut es wahrscheinlich noch heute. Mein Vater hat viele Jahre den 25 Kilometer langen Naturpark Schönbuchlauf organisiert. 156 Quadratkilometer schönstes Forstgebiet mit ausgeschilderten Routen für Läufer, Wanderer und Radfahrer auf 300 bis 580 Meter Höhe. Traumhaft!

Berlin: Die Marathon-Strecke, die meine Karriere auf ein anderes Level gehoben hat, darf in dieser Aufzählung nicht fehlen. Berlin hat nicht nur bei mir, sondern in Deutschland und der Welt eine exponierte Stellung. Es ist die Weltrekordstrecke! Die Stimmung ist grandios, die Teilnehmerzahl stellt in Deutschland alles in den Schatten. Und die Strecke mit den vielen touristischen Sehenswürdigkeiten bietet eine Magie, der sich niemand entziehen kann. Emotional ist Berlin für mich die wichtigste Strecke.

TEIL 9
ENDSPURT

DIE LETZTEN 2,195 KILOMETER

LEISTUNGSLIMIT

Die Realität schmerzt bisweilen. Vier Jahre ist es her, dass ich beim Berlin-Marathon 2015 meine Bestzeit von 2:12:50 Stunden aufgestellt habe. Vier Jahre, in denen ich es nicht geschafft habe, auch nur eine einzige Sekunde schneller zu laufen. Wer mich fragt, ob ich damit gerechnet hätte, dem antworte ich ehrlich: Nein. Ich dachte, dass ich mich deutlich schneller entwickeln würde, die 2:10 Stunden schon ein Jahr darauf fallen würden. Wie Sportler halt so denken.

Bin ich deshalb unglücklich mit meiner Entwicklung? Auch hier sage ich: Nein. Ich bin ein anderer, ja, ich glaube, ein besserer Athlet als vor vier Jahren, auch wenn das an meiner Marathon-Zeit nicht abzulesen ist. Ich bin belastbarer, verletzungsresistenter, kann höhere Umfänge trainieren und bin dank meiner Erfahrung gelassener geworden. Was ich anfangs einfach total unterschätzt habe: Marathon braucht einen langen Atem, in jeglicher Hinsicht.

Wir Marathon-Profis haben meist nur zwei Chancen im Jahr, die Bestzeit zu unterbieten. Da reicht es nicht, die besten Trainingsleistungen einfach zu reproduzieren, sondern man muss einen perfekten Tag erwischen. Einen, an dem man sich körperlich und mental am Optimum bewegt und an dem auch sämtliche äußeren Einflüsse passen. In Berlin 2015 bin ich eine Zeit gelaufen, die seit der Jahrtausendwende nur von einem einzigen Deutschen unterboten wurde: von Arne Gabius, dessen Bestzeit von 2:08:33 Stunden bis heute deutscher Rekord ist.

Es könnte gut sein, dass die 2:12:50 meine Bestzeit bleibt. Wäre ich dann enttäuscht? Nein. Schon kurz nach dem Rennen stand für mich fest: Wenn es das Maximum ist, was ich erreichen kann, dann werde ich darauf mein Leben lang stolz sein. Weil ich zum ersten Mal in meiner Karriere an jenem Tag in Berlin das Gefühl hatte, mein gesamtes Vermögen ausgeschöpft zu haben. Weil es für den

Leistungsstand zu dieser Zeit das perfekte Rennen war. Ich hätte nichts besser machen können.

Trotzdem glaube ich heute noch daran, die 2:12:50 knacken zu können. Andernfalls hätte ich schon aufgehört. Nach Berlin 2015 habe ich gelernt, die Erwartungshaltung an mich selbst vorsichtiger zu formulieren. Ich bin im Nachhinein sehr froh, dass ich nie als Ziel formuliert habe, Arnes deutschen Rekord zu brechen. Zeiten von 2:07 bis 2:10 Stunden sind für europäische Läufer in meinen Augen sauber machbar, mit dem entsprechenden Talent, einer Menge harter Trainingsarbeit – und das über viele Jahre.

Viel wichtiger, als eine Zielzeit zu nennen, die ich irgendwann einmal erreichen will, sind realistische Etappenziele. Ich denke gerne groß. Aber um den Prozess bis zum Erreichen der Ziele positiv zu gestalten, sollten diese Ziele greifbar sein. Nichts zermürbt mehr als ständiges Scheitern. Geduld ist immens wichtig – zugegeben, nicht meine Stärke. Und der Marathon ist ein unberechenbares Biest. Es gibt keine Garantie, dass du am Tag X deine optimale Leistung erreichst.

Ich würde mir eine Zeit im Bereich von 2:10 Stunden irgendwann zutrauen. Ob ich den deutschen Rekord in den Beinen habe (eine Lieblingsfrage von Journalisten)? Keine Ahnung. Damit muss ich mich aktuell, glaube ich, nicht beschäftigen. Was mich überhaupt nicht reizt, sind sterile Rekordversuche wie der von Eliud Kipchoge, den Marathon unter Laborbedingungen unter zwei Stunden zu laufen. Da bin ich einfach „oldschool". Für mich hat sportlicher Wettkampf immer auch mit Gegnern zu tun, mit äußeren Einflüssen. Mein nächstes Ziel ist es, die Norm für die Olympischen Spiele 2020 in Tokio zu schaffen, die der Weltverband auf 2:11:30 Stunden angesetzt hat. Sollte mir das gelingen, kann ich an eine 2:10 denken. Vorher nicht.

Warum ich glaube, dass ich diese Limits erreichen kann? Weil ich in meiner Trainingsgestaltung noch eine Menge nicht ausgeschöpftes Potenzial sehe. Die Umstellung im Krafttraining etwa hat einiges bewirkt. Auch im Bereich des Höhentrainings stehe ich erst am Anfang, daran werden wir in den kommenden Jahren noch gezielter arbeiten. Und niemand weiß, wie sich die Ausrüstung verändern wird. Es gibt schon die ersten Schuhe, deren Sohle mit einer Carbonplatte versehen ist, die leistungssteigernd sein soll.

Wo mein Leistungslimit liegt, vermag ich also nicht zu beantworten. Ich bin selbst gespannt und heiß darauf, es herauszufinden.

Neben der Frage nach dem Leistungslimit beschäftigen wenige Fragen Leistungssportler und alle, die mit ihnen fiebern oder arbeiten, mehr als die nach dem perfekten Abgang aus dem Sport und dem ebenso reibungslosen Übergang in den nächsten Lebensabschnitt. Der ehemalige Schwergewichts-Boxweltmeister Wladimir Klitschko hat dazu sogar einen Studiengang erfunden: Change und Challenge Management. Dennoch hat auch er mehr als einmal mit einem Rücktritt vom Rücktritt kokettiert. Das zeigt, wie kompliziert das Thema ist.

Tatsächlich habe ich mir über mein Karriereende bislang sehr selten Gedanken gemacht. Aber ob ich in drei Jahren noch laufe? Ich weiß es nicht. Wenn in meinem Leben eins immer sicher war, dann die Unsicherheit. Früher hat mich das belastet. Heute empfinde ich es als positives Abenteuer. Wie ich mir den perfekten Zeitpunkt für das Karriereende vorstelle, kann ich also gar nicht genau sagen. Noch einmal ein perfektes Rennen?! Es heißt, man solle aufhören, wenn es am schönsten ist. Wäre das dann der Moment? Ich weiß es nicht.

Ganz sicher ist nur eines: Ich werde immer laufen. Das Gute an meinem Sport ist ja, dass man ihn bis ins hohe Alter betreiben kann, so lange, wie die Knochen einen tragen. Ich möchte allerdings nach dem Leistungssport nicht mehr bei den für mich klassischen Wettkämpfen antreten. Gut vorstellen kann ich mir schon eher, zum Beispiel bei einem Berglauf- oder Trail-Event mitzumachen. Oder den Rotwein-Marathon in Frankreich, wo man von Winzer zu Winzer läuft und verkostet. Einfach, um Spaß zu haben. Und weil mich das antreibt, was auch der Anstoß dazu war, dieses Buch zu schreiben: die Liebe zum Laufen.

DANKSAGUNG

Philipp und Björn danken:

Dem Verlag Edel Books für das in uns gesetzte Vertrauen und das Interesse für das Thema „Laufen am Limit“, ohne das es dieses Projekt nicht gegeben hätte.

Unseren Lektoren Dorit Aurich und Marten Brandt für die unkomplizierte, hoch professionelle und aufmerksame Betreuung.

Dem Presseteam um Nadja Schreiber für die Kreativität, Beharrlichkeit und Geduld in der Vermarktung unseres gemeinsamen Produkts.

Philipp dankt:

Ich danke meiner Freundin Barbara für all die gemeinsamen Jahre, in denen sie mit mir durch so viele Höhen und vor allem auch Tiefen gegangen ist. Die all die Ups & Downs des Profisportalltags hautnah miterleben musste, an mich geglaubt und immer hinter mir gestanden hat. Danke dir, dass du all meine Verrücktheiten unterstützt und mich ermunterst, meinen eigenen Weg zu gehen. Ich liebe dich!

Danke an meine Eltern, die nicht nur meine Begeisterung fürs Laufen geweckt, sondern auch immer gefördert haben, gerade in jungen Jahren. Danke, dass ihr mich nie habt aufgeben lassen, obwohl es weit mehr als einen Grund gegeben hätte, und stattdessen diesen verrückten Traum eines mittelmäßig talentierten Kinds immer unterstützt habt.

Danke auch an meinen Bruder Roman für deinen reflektierten Blick von außen und deine Ratschläge. Ich weiß, dass ich immer auf dich zählen kann.

Danke an meinen Trainer Kurt Ring und deine Frau Doris Scheck: Ohne euch wäre ich heute nicht da, wo ich bin.

Danke auch an meinen Verein, die LG Telis Finanz Regensburg, der ich nun schon seit zwölf Jahren angehöre, für eure Unterstützung über all die Jahre.

Danke an Holger Hansen von Jung von Matt/SPORTS für die Möglichkeit, dieses Buch zu schreiben. Danke an Lena Wanders und Sören Jeßen, stellvertretend auch für die gesamte Agentur Jung von Matt/SPORTS, dass ihr mir nicht nur bis heute den Rücken stärkt, sondern auch, dass ihr mir damals eine Chance gegeben habt. Viele hätten das nicht getan; das weiß ich. Umso mehr freut es mich, dass uns heute mehr als Arbeit verbindet.

Danke an all meine Partner und medizinischen Betreuer, ohne die ich heute nicht Sportprofi wäre, und ohne die der Weg nach Rio 2016 auch nicht möglich gewesen wäre. Ihr könnt euch nicht vorstellen, wie glücklich ich mich schätze, mit euch zusammenarbeiten zu dürfen.

Danke an alle Freunde und Wegbegleiter, die mich in meinem Werdegang geprägt und unterstützt haben, die ich aber leider nicht alle namentlich aufzählen kann. Seid euch sicher, ihr habt alle einen speziellen Platz in meinem Herzen.

Last but not least danke ich meinem großartigen Co-Autor Björn Jensen. Nicht nur für seine Erfahrung und Professionalität, die er in unser Projekt eingebracht hat, sondern auch für seine Neugier, mich kennenzulernen, und seine Flexibilität, die mein Profisportalltag ab und an gefordert hat.

Björn dankt:

Dem „Hamburger Abendblatt" und in erster Linie meinem Sportchef Alexander Laux für die Erlaubnis, das Buch im Nebenjob schreiben zu können.

Meiner Familie, Freunden und Kollegen, die am Entstehungsprozess Anteil genommen und mir in den üblichen Schwächephasen den Rücken gestärkt haben.

Meinem wichtigsten Mentor Volker Roggatz und meinem liebsten Freund Nils Weber für wichtige Anregungen und interessante Gedanken.

Philipp für eine sehr intensive, hoch interessante und lehrreiche Zeit und für dein Vertrauen, mich als Co-Autor in dein Team aufzunehmen und mich so tief in dein Leben eintauchen zu lassen.

Und natürlich meiner Frau und meinen Kindern. Buchprojekte sind meine Marathons, und ohne eure Unterstützung, eure Liebe und euer Verständnis würde ich keinen einzigen dieser mittlerweile vier Marathons durchgehalten haben.

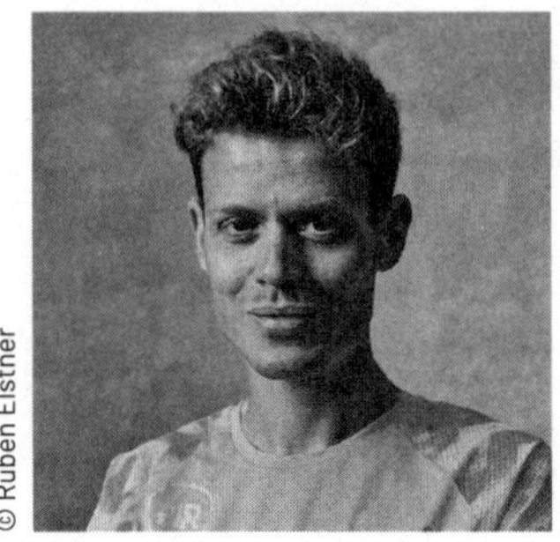

© Ruben Elstner

ZUM AUTOR

Philipp Pflieger, geboren 1987 in Sindelfingen, läuft, seit er 10 Jahre alt ist und gewann 14 Deutsche Meistertitel in verschiedenen Laufdisziplinen. 2016 nahm er bei den Olympischen Spielen in Rio am Marathonwettbewerb teil. Seit Mai 2020 produziert er den Podcast *Bestzeit* zusammen mit dem Sportjournalisten Ralf Scholt.

IMPRESSUM

Projektkoordination: *Dr. Marten Brandt*
Lektorat: *lektoratplus | Dorit Aurich*
Umschlagfotos: *Ruben Elstner*
Layout und Satz: *Datagrafix GSP GmbH, Berlin | www.datagrafix.com*
Umschlaggestaltung: *Rothfos & Gabler, Hamburg*
Lithografie: *Frische Grafik, Hamburg*
Druck und Bindung: *GGP Media GmbH, Pößneck*

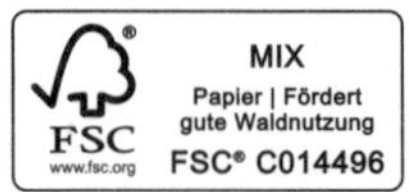

3. Auflage 2024
© 2019 Edel Verlagsgruppe GmbH
Neumühlen 17
D-22763 Hamburg
ISBN: 978-3-98588-113-0

LIEBE LESERINNEN, LIEBE LESER

wie schön, dass Sie ein Buch von EDEL SPORTS lesen! Wir lieben große Geschichten, herausragende Persönlichkeiten und starke Meinungen aus der faszinierenden Welt des Sports und freuen uns sehr, dass Sie diese Leidenschaft mit uns teilen. Sport ist Emotion, Entertainment und Business zugleich. Geben Sie uns gern Ihr Feedback auf Instagram (@edel.sports) oder schreiben uns an: *info@edelsports.com*

UNSER VERLAGSHAUS

Mit Standorten in Hamburg und München zählt die Edel Verlagsgruppe zu den größten unabhängigen Buchanbietern Deutschlands. Zur Gruppe gehören die Verlage Dr. Oetker Verlag, Edel Sports, KARIBU und ZS.

EDEL Sports – Ein Verlag der Edel Verlagsgruppe
www.edelsports.com
www.instagram.com/edel.sports